民法典高职系列教材
审定委员会

民法典高职系列教材

总主编◎万安中　副总主编◎王　亮

民法原理与实务 总则编

MINFA YUANLI YU SHIWU ZONGZE BIAN

主　编◎吴晓苹　但小红

副主编◎熊小琼

撰稿人◎（按撰写章节顺序）

朱文博　但小红　吴晓苹

黄惠萍　熊小琼　谢世平

白　云

中国政法大学出版社

2021·北京

图书在版编目（CIP）数据

民法原理与实务. 总则编/吴晓苹，但小红主编. —北京：中国政法大学出版社，2021.8（2023.1重印）
ISBN 978-7-5764-0024-3

Ⅰ.①民…　Ⅱ.①吴…②但…　Ⅲ.①民法－总则－中国－高等职业教育－教材　Ⅳ.①D923

中国版本图书馆CIP数据核字(2021)第173448号

书　　名	民法原理与实务：总则编
出 版 者	中国政法大学出版社
地　　址	北京市海淀区西土城路 25 号
邮　　箱	fadapress@163.com
网　　址	http://www.cuplpress.com（网络实名：中国政法大学出版社）
电　　话	010-58908435(第一编辑部) 58908334(邮购部)
承　　印	固安华明印业有限公司
开　　本	787mm×1092mm　1/16
印　　张	13
字　　数	275 千字
版　　次	2021 年 8 月第 1 版
印　　次	2023 年 1 月第 2 次印刷
印　　数	5001~9000 册
定　　价	46.00 元

Preface

总 序

    高等法律职业化教育已成为社会的广泛共识。2008 年，由中央政法委等 15 部委联合启动的全国政法干警招录体制改革试点工作，更成为中国法律职业化教育发展的里程碑。这也必将带来高等法律职业教育人才培养机制的深层次变革。顺应时代法治发展需要，培养高素质、技能型的法律职业人才，是高等法律职业教育亟待破解的重大实践课题。

    目前，受高等职业教育大趋势的牵引、拉动，我国高等法律职业教育开始了教育观念和人才培养模式的重塑。改革传统的理论灌输型学科教学模式，吸收、内化"校企合作、工学结合"的高等职业教育办学理念，从办学"基因"——专业建设、课程设置上"颠覆"教学模式："校警合作"办专业，以"工作过程导向"为基点，设计开发课程，探索出了富有成效的法律职业化教学之路。为积累教学经验、深化教学改革、凝塑教育成果，我们着手推出"基于工作过程导向系统化"的法律职业系列教材。

    《国家中长期教育改革和发展规划纲要（2010~2020 年）》明确指出，高等教育要注重知行统一，坚持教育教学与生产劳动、社会实践相结合。该系列教材的一个重要出发点就是尝试为高等法律职业教育在"知"与"行"之间搭建平台，努力对法律教育如何职业化这一教育课题进行研究、破解。在编排形式上，打破了传统篇、章、节的体例，以司法行政工作的法律应用过程为学习单元设计体例，以职业岗位的真实任务为基础，突出职业核心技能的培养；在内容设计上，改变传统历史、原则、概念的理论型解读，采取"教、学、练、训"一体化的编写模式。以案例等导出问题，根据内容设计相应的情境训练，将相关原理与实操训练有机地结合，围绕关键知识点引入相关实例，归纳总结理论，分析判断解决问题的途径，充分展现法律职业活动的演进过程和应用法律的流程。

法律的生命不在于逻辑，而在于实践。法律职业化教育之舟只有驶入法律实践的海洋当中，才能激发出勃勃生机。在以高等职业教育实践性教学改革为平台进行法律职业化教育改革的路径探索过程中，有一个不容忽视的现实问题：高等职业教育人才培养模式主要适用于机械工程制造等以"物"作为工作对象的职业领域，而法律职业教育主要针对的是司法机关、行政机关等以"人"作为工作对象的职业领域，这就要求在法律职业教育中对高等职业教育人才培养模式进行"辩证"地吸纳与深化，而不是简单、盲目地照搬照抄。我们所培养的人才不应是"无生命"的执法机器，而是有法律智慧、正义良知、训练有素的有生命的法律职业人员。但愿这套系列教材能为我国高等法律职业化教育改革作出有益的探索，为法律职业人才的培养提供宝贵的经验、借鉴。

2016 年 6 月

Foreword
前 言

　　《中华人民共和国民法典》于 2020 年 5 月 28 日十三届全国人大三次会议上高票通过，并于 2021 年 1 月 1 日起实施。这是新中国历史上首部以"法典"命名的法律。从此，我国进入了民法典时代。

　　习近平总书记 2020 年 5 月 29 日在十九届中央政治局第二十次集体学习时的讲话中指出：民法典在中国特色社会主义法律体系中具有重要地位，是一部固根本、稳预期、利长远的基础性法律，对推进全面依法治国、加快建设社会主义法治国家，对发展社会主义市场经济、巩固社会主义基本经济制度，对坚持以人民为中心的发展思想、依法维护人民权益、推动我国人权事业发展，对推进国家治理体系和治理能力现代化，都具有重大意义。要加强民法典重大意义的宣传教育，讲清楚、实施好民法典。

　　高职法律院校肩负着讲清楚民法典的重大责任，以培养优秀的高职法律人才。为适应讲清楚民法典的需要，从如何处理民事纠纷的角度入手编写一部民法典教材，以便让学生迅速掌握民法典知识、更好地应对和解决民事纠纷就显得尤为重要。基于此，广东司法警官职业学院法律系组织教师进行了民法典系列教材的编写，命名为"民法原理与实务"，分五编撰写。本部分为《民法原理与实务：总则编》。

　　本教材分为四个学习单元，每个学习单元包含若干教学项目，以模块形式组织内容。各学习单元根据"知识目标"和"能力目标"的培养要求，设计典型案例，导入相应教学项目"应知"的"基本理论"和"应会"的"工作任务"。每个项目都设计了"思考与练习"，指导学生自主学习，以检验学习效果；并以情境训练的方式，通过对实训形式及其环节、步骤的细化，进一步帮助学生将民法理论与实操训练有机地结合起来。各个单元还以"拓展阅读"的形式推荐相关书目，以便学生及时了解民法理论的发展状况，开阔视野。

　　本教材除了满足警官职业学院的教学需要之外，还可以作为司法从业人员的培训教材以及其他类型职业学校、高等专科、成人高等学校法学及相关专业的实用教材，亦可供广大法律爱好者自学使用。

本教材由吴晓苹、但小红任主编，熊小琼任副主编，具体写作及分工如下（按撰写单元先后排序）：

朱文博：单元一项目一、单元二项目一；

但小红：单元一项目二之"民事法律关系的构成""民事权利和民事义务"；

吴晓苹：单元一项目二之"民事法律事实"、各单元之"思考与练习"及"情境训练"；

黄惠萍：单元二项目二、三；

熊小琼：单元三项目一、二；

谢世平：单元三项目三；

白　云：单元四。

感谢广东司法警官职业学院教材编写委员会对本教材从立项到编写全程的大力支持和帮助！为圆满完成教材的编写工作，编写组参阅和借鉴了国内外有关学者的研究成果和文献资料，在此，亦向他们表示诚挚的谢意！

由于编著者水平所限，本教材的编写不可避免地存在不足和缺陷，敬请广大读者批评指正！

教材编写组

2020 年 10 月 30 日于广州

Comparison table

本书主要参考法律文件对照表

全　称	简　称
《中华人民共和国宪法》（1982 年）	《宪法》
《中华人民共和国立法法》（2015 年）	《立法法》
《中华人民共和国民法通则》（1987 年）	《民法通则》
《中华人民共和国民法总则》（2017 年）	《民法总则》
《中华人民共和国民法典》（2021 年）	《民法典》
《中华人民共和国著作权法》（2010 年）	《著作权法》
《中华人民共和国专利法》（2008 年）	《专利法》
《中华人民共和国商标法》（2019 年）	《商标法》
《中华人民共和国保险法》（2015 年）	《保险法》
《中华人民共和国公司法》（2018 年）	《公司法》
《中华人民共和国票据法》（2004 年）	《票据法》
《中华人民共和国证券法》（2019 年）	《证券法》
《中华人民共和国海商法》（1992 年）	《海商法》
《中华人民共和国民事诉讼法》（2017 年）	《民事诉讼法》
《中华人民共和国土地管理法》（2019 年）	《土地管理法》
《中华人民共和国城市房地产管理法》（2019 年）	《城市房地产管理法》
《中华人民共和国产品质量法》（2018 年）	《产品质量法》
《中华人民共和国老年人权益保障法》（2018 年）	《老年人权益保障法》
《中华人民共和国全民所有制工业企业法》（2009 年）	《全民所有制工业企业法》
《中华人民共和国乡镇企业法》（1996 年）	《乡镇企业法》

续表

全 称	简 称
《中华人民共和国外商投资法》（2019 年）	《外商投资法》
《中华人民共和国个人独资企业法》（2000 年）	《个人独资企业法》
《中华人民共和国合伙企业法》（2007 年）	《合伙企业法》
《中华人民共和国律师法》（2018 年）	《律师法》
《中华人民共和国注册会计师法》（2014 年）	《注册会计师法》
《中华人民共和国城镇集体所有制企业条例》（2016 年）	《城镇集体所有制企业条例》
《中华人民共和国企业法人登记管理条例》（2019 年）	《企业法人登记管理条例》
《最高人民法院关于审理民事案件适用诉讼时效制度若干问题的规定》（2021 年）	《适用诉讼时效制度规定》
《最高人民法院关于适用〈中华人民共和国民事诉讼法〉的解释》（2021 年）	《适用民诉法解释》

Contents

目　录

单元一　民法概论

本单元是对民法最为基础的理论和知识的概括，内容涉及民法的含义、民法的调整对象、民法的渊源和体系、民法与其他法律部门的区别、民法的适用及民事法律关系的确认等。学习民法，不仅需要理解并掌握民法的基本知识和原理，更要领会民法的精神，树立正确的权利义务观念，强化法律意识，并以民法的规范指导日常生活及自身的行为。

知识目标

1. 理解并掌握民法的含义、调整对象，理解其本质特征。
2. 了解民法的渊源及其体系，熟知民法与其他法律部门的区别。
3. 理解民法各项基本原则的含义和功能。
4. 理解并掌握民事法律关系的含义及其内在构成。

能力目标

1. 能够正确区分民法与其他法律部门的调整对象，准确判断民法规范的效力范围。
2. 能够正确判断不同社会关系的性质，准确认定民事法律关系及其包含的各要素。
3. 熟悉并能正确适用民法的基本原则解决民事纠纷。

项目一　认识民法

引例 1

许某和家人到重庆看病，中途找了饭馆吃饭。许某吃不了辣，于是她在点了一道回锅肉之后三次嘱咐千万不要放辣椒，麻椒最好也不要放，服务员满口答应。可端上来的菜里不仅有青椒和辣椒，还有麻椒。许某找来饭馆老板进行沟通，说希望厨师重新做一份，或者退钱，不料被直接拒绝。一怒之下，许某报了警。许某说，自己是外地人，之前也没吃过重庆的回锅肉，点菜的时候服务员答应可以不放辣，可答应了自己的要求却没有做到，菜不给重做，钱还不给退，摆明了欺负外地人。而饭馆老板也觉得很委屈，回锅肉就得放辣椒、麻椒，本来还要放很辣的豆瓣酱，怕顾客受不了才没放。更让厨师觉得委屈的是，顾客要他用四季豆炒回锅肉，不尊重当地的饮食文化，强人所难。

问题：

这一纠纷可以适用民法调整吗？应当如何妥善解决？

引例 2

张某、李某夫妇有两个儿子张某 1、张某 2，均已成家。随着年纪增大，张某、李某病痛不断，没有了劳动能力和生活来源，两个儿子却相互推脱对老人的赡养义务。2016 年 5 月，在村干部的主持下，张某 1 和张某 2 终于达成了协议：父亲随张某 1 生活，由张某 1 承担其生养死葬所需费用，同时张某 1 不再对母亲承担任何义务；母亲随张某 2 生活，由张某 2 承担其生养死葬所需费用，张某 2 也不再对父亲承担任何义务。两位老人本不想分开，但迫于无奈只得按协议分别跟随两个儿子生活。2019 年 7 月，张某 2 在修葺自家房屋时不慎从房顶摔下，之后便瘫痪在床，自己的生活都不能自理，更难以对母亲承担赡养义务，无法负担李某的生活费和医药费。李某想从张某 1 处得到帮助，张某 1 却以协议已对老人的赡养进行了约定为由予以拒绝。同村村民卢某上门劝说张某 1，张某 1 却恶语相向，二人发生争吵，张某 1 还动手打了卢某。卢某报警，当地派出所对张某 1 不赡养母亲和殴打他人作出了警告的行政处罚，并由村委会将处罚决定书粘贴在该村的布告栏。张某 1 仍然拒绝赡养母亲，李某将他告上了法庭，要求其每月支付赡养费 800 元。张某 1 主张自己与父母、弟弟订立了协议，就应该按照协议内容执行。他还认为赡养父母的事情不归派出所管，派出所对他进行警告没有道理，请求法院撤销派出所的处罚决定。

问题：

1. 子女对父母的赡养义务能否通过协议予以免除？

2. 在李某起诉张某 1 的诉讼中，张某 1 可以请求人民法院撤销派出所的处罚决定吗？

基本理论

民法对平等主体之间财产关系的调整，为确保市场经济的有序运行、促进社会经济的发展和人民福祉的增进提供了法律基础；民法对平等主体之间人身关系的调整，为保障个人能够进行独立的、有尊严的社会活动增添了法律力量。

一、民法的含义

"民法"一词来源于罗马法中的市民法（jus civile）。古罗马依调整对象的不同，将法律分为公法和私法，市民法属私法范畴。这一分类的传统被大陆法系各国继承下来。我国法律传统上存在着"诸法合体、民刑不分"的特点，从法律文化到法律制度上都没有形成和建立独立的民法观念和民法制度体系，直到清朝末年沈家本主持制定《大清民律草案》时，聘请日本学者松冈义正等人起草民法而从日本引进"民法"一词，之后民法的概念、观念及其整体制度才被引入我国，在主体上继受了大陆法系传统并延续至今。民法是我国法律体系中重要的部门法之一。

（一）民法的不同含义

民法一词有多种含义，通常可作如下区分：

1. 形式民法和实质民法

形式民法是指以一定体例编纂并以民法命名的成文法典，如《法国民法典》《意大利民法典》《日本民法典》和《中华人民共和国民法典》等。实质民法是指一切具有民法性质的法律规范，既包括民法典，也包括各种民事单行法，如《公司法》《专利法》等。

2. 广义民法与狭义民法

广义民法是指所有调整包括物质资料占有关系、商品交换关系、继承关系、婚姻家庭关系、智力成果专有关系在内的各种民事关系的法律规范。广义民法包含了公司、证券、保险、票据、海商等商事法律，与"民商合一"的立法体例相对应，在"民商合一"的国家谈及的"民法"就是广义的民法。狭义民法指的是只调整一定范围内的民事关系并对其作一般规定的法律规范，其他民事关系则由单行法律（如《著作权法》《专利法》《商标法》《保险法》《票据法》《公司法》等）加以调整。与"民商分立"的立法体例相联系，在"民商分立"的国家谈及的"民法"即为狭义民法。

3. 普通民法和特别民法

普通民法是指对民事法律关系集中作出一般性规定的民法规范，如各国民法典。特别民法是指对一定范围内的私人关系进行调整的民法规范，如单行的《商标法》《公司法》等。

《民法典》是形式民法、普通民法。其中第 2 条规定："民法调整平等主体的自然人、法人和非法人组织之间的人身关系和财产关系。"

（二）民法的性质

我们还要了解民法的性质，这样可以进一步理解民法的含义和民法调整对象的意义。

1. 民法是私法

早在古罗马时期，就已经产生了公法与私法的划分。在大陆法系形成后，属于这一法系的国家均将其作为法律的基本划分方法。我们可以大致认为：在平等的私主体之间基于意思自治建立的财产关系和人身关系属于私法关系，以公权力主体的身份基于强制命令建立的法律关系属于公法关系。根据这一划分标准，民法属于私法。

强调民法的私法属性有助于我们在民事立法和司法实践中将民法的职能重心放在对民事主体私人利益的鼓励和尊重上，放在对民事主体权利的确认和保护上，规定对民事权利的合理限制和干预程序，排除各个方面（特别是公权力）对民事权利的不当干预。

2. 民法是权利法

民法是私法，私法以保护私人利益为目的，这就决定了民法必须以权利为本位，是以规定主体权利为主要内容的权利法。民法作为权利法的属性是由民法的私法性质决定的。民法作为私法，调整平等主体之间的民事活动，其立法目的在于通过对私权的维护调动平等主体从事民事活动的积极性，促进社会、经济、文化诸领域的发展。这就决定了民法应以权利为中心建立其规范体系，在规范形式上多采用授权性规范与任意性规范。

民法是以权利为中心的规范体系。民法通过体系化的方法，建立了金字塔型的权利模式，处于顶端的是"民事权利"这一总概念。民法总论围绕着这一概念，规定了民事权利的主体，民事权利发生、变更和消灭的根据，法院保护民事权利的期限。在民事法律关系中，权利与义务往往是相对应的，一方当事人的权利往往就是另一方当事人的义务。不过，在法律思维方法上，民法强调以权利为本位，民事义务的设置是为了实现民事权利服务。

二、民法的调整对象

每一个独立的法律部门，都有自己特定的调整对象，解决特定的社会矛盾，从而与其他法律部门相区别。根据《民法典》第 2 条的规定并结合民法原理可知，我国民法的调整对象可以概括为平等主体的自然人、法人、非法人组织之间的人身关系和财产关系。

（一）民法调整平等主体之间的人身关系

人身关系是与人身不可分离、以人身利益为内容、不直接体现财产利益的社会关系。人身关系包括人格关系和身份关系两类。人格是作为人至少应具备的利益要素，包括生命安全、健康、名誉、肖像、隐私等；人格关系就是基于人格利益而发生的社会关系。身份则是人在家庭或团体等相对稳定的社会关系中所处的地位及与之相联系的利益；身份关系是以特定的身份利益（如亲属、婚姻、荣誉等）为内容的社会关系。民法调整平等主体之间的人格关系；对于身份关系，我国民法侧重于调整因血缘、婚姻、收养而形成的配偶、亲属、监护等亲属法中的社会关系。

民法所调整的平等主体之间的人身关系有如下特点：

1. 主体地位平等

在人格关系中，每个民事主体均享有独立的人格利益，同时应尊重他人的人格利益。在身份关系中，每个民事主体的法律地位也应当是平等的。不过基于某些身份关系的特点，民事主体之间的权利义务有时候会存在不完全平等的情形，如父母对未成年子女享有设定住所的权利等。

2. 与人身不可分离

一般情况下，人身关系与民事主体的人身不可分离，具有专属性。除法律另有规定外，民事主体不可转让、放弃其人身权利。

（二）民法调整平等主体之间的财产关系

财产是指人体以外对人具有经济价值、能够为人支配的事物。在民法上，财产主要分为有形财产和无形财产。有形财产是指具有经济价值的物质实体，如土地、房屋、汽车、服装等。无形财产是指没有物质实体而具有经济价值的精神产品或权利，如专利、商号、商业秘密等。

财产关系是指人们之间以财产为客体、以具体的经济利益为内容的社会关系。人们在具体的经济活动中会发生各种具体的财产关系，如财政税收关系、财产买卖关系等，只有像财产买卖关系这样发生于平等主体之间的财产关系才是民法所要调整的财产关系。

民法所调整的财产关系特点如下：

1. 主体地位平等

在民法调整的各种财产法律关系中，主体之间的法律地位都是平等的，不存在隶属关系。在实现自身的利益时，均需尊重他人的财产利益。各财产支配者的法律地位都是平等的，他们之间建立的民事财产法律关系亦平等地受法律保护。

2. 意思表示自由

在调整各种财产法律关系中，民法确定了民事主体表达自身意思的权利，规定任何一方均不能将自身的意志强加于对方，非经法律规定授权，任何机关和组织也不能干预平等主体之间的财产关系。

三、民法的渊源与体系

（一）民法渊源

民法渊源是指民事法律规范的表现形式，在这种意义上理解的民法渊源主要是指国家机关在其权力范围内制定的各种具有法律效力的规范性文件。民法渊源的重要实践意义在于，它是法院或仲裁机构裁判案件的法律依据。由于对民法渊源存在不同的态度，因此在不同的国家或不同的时代，人们对民法渊源的认识会有较大的差异。大陆法系国家的民法渊源主要包括制定法、习惯法以及法理等；英美法系国家的民法渊源传统上主要是判例法；而有的国家（比如瑞士）的民法渊源则是多元的，除了制定法以外，还包括习惯法、学说和先例。

根据《民法典》第10条的规定及民法通说，本书认为，我国的民法渊源一是制定法，主要包括宪法、民事基本法、民事单行法、其他法律、行政法规以及地方性法规、自治条例和单行条例；二是对制定法的有权解释；三是习惯；四是国际条约与国际惯例。

1. 制定法

制定法是指具有立法权的国家机关制定的法律。在我国，作为民法渊源的制定法包括：

（1）宪法。宪法是我国的根本大法，是由全国人民代表大会制定的，规定国家根本政治制度和根本经济制度等最重要、最根本问题的法律，宪法中调整平等主体间关系的内容，如关于所有权的规定、关于民事主体的基本权利和义务的规定等成为民法的渊源。

（2）民事基本法。民事基本法是指由全国人民代表大会制定的，涉及社会生活重大问题的民事法律。民事基本法通常是指民法典，《中华人民共和国民法典》就是我国的民事基本法，它对我国平等主体间财产关系、人身关系的产生、变更、终止等作了全面的、具有最大适用范围的规范，是我国目前最重要的民法渊源。

（3）民事单行法。民事单行法是指除民事基本法以外的调整某类平等主体的财产关系或人身关系的民事法律，是在民事基本法的范围内对民事基本法的主要补充。目前，民事单行法是我国民事法律规范的主要表现形式，许多民事法律制度都是通过民事单行法加以规定或具体化的，如《公司法》《票据法》《海商法》等。

（4）其他法律。全国人民代表大会及其常务委员会制定的其他法律中也有很多涉及民法的内容，如《土地管理法》《城市房地产管理法》《产品质量法》等。

（5）行政法规。行政法规是由国务院制定的规范性文件，其中有许多涉及民事活动的法律规范，如《中华人民共和国商标法实施条例》《中华人民共和国公司登记管理条例》等，它们同样是我国的民法渊源。

（6）地方性法规、自治条例和单行条例。地方性法规的效力低于法律和行政法规，在相应的行政区域内有效，如《广东省专利条例》《上海市房地产登记条例》等。自治条例和单行条例在不违背法律或者行政法规基本原则的前提下，可以对法律和行政法规的规定作出变通规定，在相应的民族自治区域内产生效力，如《新疆维吾尔自治区合同格式条款监督条例》《黔西南布依族苗族自治州农作物种子管理条例》等。地方性法规中的民事法律规范，以及自治条例和单行条例中的民事法律规范也是我国的民法渊源。

2. 对制定法的有权解释

对制定法的有权解释是指有解释权的国家机关对民事法律规范所作的解释，目的在于阐释民法规范的构成要件与法律效果，以便正确适用。在我国，对制定法的有权解释包括立法解释和司法解释，前者由制定相关法律规范的国家机关作出，后者由最高人民法院和最高人民检察院作出。

民事基本法、民事单行法和其他法律的立法解释由全国人民代表大会及其常务委员会负责；行政法规的立法解释由国务院负责；地方性法规、自治条例、单行条例的立法解释也均由相应的立法机关负责。有关民事案件的司法解释由最高人民法院作出。

▨▨▨ **法条链接**

《中华人民共和国立法法》

第四十五条 法律解释权属于全国人民代表大会常务委员会。

法律有以下情况之一的，由全国人民代表大会常务委员会解释：

（一）法律的规定需要进一步明确具体含义的；

（二）法律制定后出现新的情况，需要明确适用法律依据的。

第五十条 全国人民代表大会常务委员会的法律解释同法律具有同等效力。

《全国人民代表大会常务委员会关于加强法律解释工作的决议》

二、凡属于法院审判工作中具体应用法律、法令的问题，由最高人民法院进行解释。凡属于检察院检察工作中具体应用法律、法令的问题，由最高人民检察院进行解释。最高人民法院和最高人民检察院的解释如果有原则性的分歧，报请全国人民代表大会常务委员会解释或决定。

《中华人民共和国人民法院组织法》

第十八条 最高人民法院可以对属于审判工作中具体应用法律的问题进行解释。

最高人民法院可以发布指导性案例。

3. 习惯

所谓习惯，是指一种社会规范，是人们共同生活中的惯例。不同的地区、不同的社会阶层、不同的民族存在不同的习惯。习惯法来源于习惯，但并不是所有的习惯都是习惯法。习惯法是指社会公众对其有法的认同和法的确信，并且经国家认可的习惯。习惯法具有法律约束力，是我国民法的渊源。如《民法典》第10条规定："处理民事纠纷，应当依照法律；法律没有规定的，可以适用习惯，但是不得违背公序良俗。"

4. 国际条约与国际惯例

国际条约是两个或两个以上的国家就政治、经济、贸易、军事、法律、文化等方面的问题确定相互间权利义务关系的协议。国际惯例又称国际习惯，是指在国际法上被接受为法律的通常做法。我国缔结或参加的国际条约以及国际惯例是我国民法的渊源，适用于涉外民事活动及其民事法律关系。

（二）民法体系

民法体系，是指民法作为一个独立的法律部门，其内部具有逻辑联系的各项民事法律制度所组成的系统结构。我国的民法体系包含以下内容：

1. 一般规定

即普遍适用于民事关系的一般法律规定，包括：民法的制定依据、基本原则、适用范围，民事主体的资格条件，民事法律行为及代理的构成要件及其法律效果，诉讼时效和期间的规定，等等。

2. 具体民事制度

具体民事制度主要由物权制度、合同（债权）制度、人格权制度、婚姻家庭制度、继承权制度、侵权责任以及民事责任等内容构成。

（1）物权制度。物权制度主要规定财产的归属秩序及其法律关系变动的规则，包括物权的种类、效力、内容、变动规则及其保护等，结构上通常由物权的一般原理、所有权、用益物权、担保物权和占有五个部分构成。他物权分为用益物权和担保物权。用益物权包括土地承包经营权、建设用地使用权、宅基地使用权和地役权等；担保物权则包括抵押权、质权、留置权。

（2）合同（债权）制度。合同（债权）制度规定的主要是关于财产流转过程中发生在特定的当事人之间的权利义务关系的规则。它规定债的概念和效力，规定各种债的发生根据、债的变更和消灭、债的履行和债的不履行的责任等通则性问题，还规定合同之债、侵权之债和其他原因之债等各种债的关系。

（3）人格权制度。人格权制度的规定包括人格权和身份权，主要是人格权，具体包括生命权、身体权、健康权、姓名权、名誉权、自由权、肖像权、荣誉权、隐私权及个人信息保护等。

（4）婚姻家庭和继承制度。婚姻家庭和继承制度包括对婚姻关系、亲属关系和遗产继承的规定。其中婚姻制度包含结婚、离婚条件及程序和家庭成员的权利义务等内容；继承制度主要是关于自然人死亡后其遗产的归属秩序，包括法定继承、遗嘱继承、遗赠、遗赠扶养协议、无人继承和无人受遗赠时死者财产的归属等规定。

（5）侵权责任制度。侵权责任制度中规定了侵权责任的归责原则、侵权责任的承担方式与类型，并设置了损害赔偿和责任主体的特殊规定的内容，以及产品责任、机动车交通事故责任、医疗损害责任、环境污染和生态破坏责任等若干主要侵权责任种类的责任追偿、责任承担方式、受害人救济、责任免除或减轻等规定。

（6）民事责任制度。民事责任制度规定了民事主体违反民事义务或侵害他人民事权利所承担的法律责任，主要包括合同责任和侵权责任。传统民法将合同责任归于债编的合同部分，将侵权行为的法律后果归入债编中按侵权之债处理，不另设民事责任编。我国《民法典》第一编第八章规定了"民事责任"，突出了民事责任在民法中的地位。第三编对合同责任作了全面规定，侵权责任则在第七编中予以全面规范。

以上内容是关于一般民事关系的法律制度的主要方面。在民商合一体例下，民法体系还应包括关于特别民事关系——商事关系的法律制度，即商事法律制度，包括涉及公司、票据、保险、证券、海商、破产等商事活动的一系列法律规范。

（三）民法的适用顺序

我国民法的各种法律渊源形成了一个由上至下、处于不同位阶、具有不同效力的体系，不同法律渊源之间有严密的内在逻辑，在具体适用时有其相应的顺序。我国民法的制定法渊源有多种形式，因而在适用上也有一定的顺序。依据我国《立法法》的规定及学者的解释，对民法的不同制定法渊源主要依据以下原则确定适用顺序。

1. 上位法优于下位法

这是指在法律位阶、制定机关、立法等级效力等方面，位阶、地位、效力较高的规范性文件与较低的规范性文件相冲突时，应适用位阶较高的规范性文件。例如，我国《立法法》第88条规定："法律的效力高于行政法规、地方性法规、规章。行政法规的效力高于地方性法规、规章。"依据该条规定，可以知道：《中华人民共和国专利法》的效力高于《中华人民共和国专利法实施细则》，《中华人民共和国专利法实施细则》的效力高于《关于规范专利申请行为的若干规定》（国家知识产权局制定并公布）。

2. 新法优于旧法

级别相同的规范性文件发生冲突时，新颁布生效的规范性文件优先于旧的规范性文件，但同时要注意：民事法律法规一般无溯及既往的效力，如果适用于它颁布生效以前的民事问题需要有明确的特别规定。

3. 特别法优于普通法（单行法优于基本法）

民事特别法是指适用于特定的时间、地域、事项或仅适用于特定主体的民事法律；民事普通法则在适用的时间、地域、事项或主体上具有明显的普遍性特征，在适用时，特别法优先适用。民事基本法与民事单行法的关系是普通法与特别法的关系，在适用上，应当优先适用民事单行法，如在规范公司设立条件和程序上，《公司法》优先于《民法典》适用。

4. 强行法优于任意法

对某一事项，凡有强行性规范规定的，任意性规范不得再发挥作用，应适用强行性规范。

5. 例外规定排除一般规定

适用于民事问题的例外情形的，若有例外规定，应适用例外规定，不适用一般规定。

6. 具体规定优于一般原则

在原则性规定与具体规定之间，应当优先适用具体规定；在无具体规定时，适用一般原则性规定。

> **案例**
>
> 某公司职工叶某因患胃癌住院治疗，亲属因害怕其情绪波动，未将真实病情告诉本人。叶某手术后出院，正常参加工作。5个月后，叶某经同事陆某推荐，一起到某保险公司投保了人身险，并办妥有关手续。叶某填写投保单时没有申报自己身患癌症和

住院的事实。1年后，叶某旧病复发，经医治无效死亡。叶某的妻子一开始不知道自己的丈夫投保的情况，后来在整理丈夫遗物时才发现叶某这张人身险保单。叶某的妻子以指定受益人的身份，到该保险公司请求给付保险金。该保险公司在审查提交有关的证明时，发现叶某的死亡病史上载明其曾患癌症并动过手术，于是拒绝给付保险金。叶某的妻子以自己的丈夫不知自己患何种病并未违反告知义务为由抗辩，双方因此发生纠纷。

叶某的妻子以原告身份将保险公司起诉至人民法院，此时距离叶某死亡已经过去了4年3个月。《民法典》规定的普通诉讼时效是3年，如果依照《民法典》关于诉讼时效的规定，叶某妻子的起诉已经超过诉讼时效，其权利有可能得不到法律的保护；但根据"特别法优于普通法"的原则，《保险法》中对于人寿保险受益人向保险人请求给付保险金的诉讼时效期间规定为5年，因此叶某妻子以受益人身份起诉保险公司并未超过诉讼时效。

四、民法的效力

民法的效力，是指民法规范在何时、何地、对何人及何事发生法律效力。正确理解民法的效力范围，是正确适用民法的前提。

（一）民法的时间效力

民法的时间效力，是指民法规范适用于哪个时间段的民事关系，即对何时发生的民事关系具有适用效力。一般来讲，民法自实施之日起生效，至废止之日失效。法律规范的失效一般由法律明文宣布自废止之日起失效。有的民事法律规范性文件自身规定了施行期限的，则自期限届满之日当然失效。新法颁布时往往同时规定旧法的废止时间。没有类似明文规定的，依一般原理，新法生效之日起，就同一事项应依新法优于旧法的原则，适用新法，旧法视同失效。而对于适用于特别事项的特别法，新颁布的普通法则不能使其失效，仍然可适用该特别法。例如：《民法典》第1260条规定该法典自2021年1月1日起施行，《民法通则》《民法总则》《合同法》《物权法》《担保法》《婚姻法》《继承法》《收养法》《侵权责任法》九部法律同时废止。

民事法律规范对其实施前发生的民事社会关系，原则上无溯及适用的效力，但在法律有明文规定的某些特殊情况下，民事法律规范也可以溯及适用于既往的民事关系。例外情况下实行法律溯及既往时，采取有利追溯原则，这种溯及既往对当事人有利，且不损害国家利益、社会公共利益。如《最高人民法院关于适用〈中华人民共和国民法典〉时间效力的若干规定》对于人民法院在审理民事纠纷中有关适用《民法典》时间效力问题制订了相应的规则，总体上遵循"法不溯及既往"的原则。该司法解释的第2条则规定："民法典施行前的法律事实引起的民事纠纷案件，当时的法律、司法解释有规定，适用当时的法律、司法解释的规定，但是适用民法典的规定更有利于保护民事主体合法权益，更有利于维护社会和经济秩序，更有利于弘扬社会主义核心价值观的除外。"显然就是"有利追溯原则"的体现。又如，《著作权法》第66条规定："本法规定的著作权人和出版者、表演者、录音录像制作者、广播电台、电视台的权利，在本法施行之日尚未超过本法规定的保护期的，依照本法予以保护。本法施行前发生的侵权或者违约行为，依照侵权或者违约行为发生时的有关规定处理。"依该条规定，《著作权法》有一定的溯及力。

法条链接

《最高人民法院关于适用〈中华人民共和国民法典〉时间效力的若干规定》

第一条　民法典施行后的法律事实引起的民事纠纷案件，适用民法典的规定。

民法典施行前的法律事实引起的民事纠纷案件，适用当时的法律、司法解释的规定，但是法律、司法解释另有规定的除外。

民法典施行前的法律事实持续至民法典施行后，该法律事实引起的民事纠纷案件，适用民法典的规定，但是法律、司法解释另有规定的除外。

第三条　民法典施行前的法律事实引起的民事纠纷案件，当时的法律、司法解释没有规定而民法典有规定的，可以适用民法典的规定，但是明显减损当事人合法权益、增加当事人法定义务或者背离当事人合理预期的除外。

第四条　民法典施行前的法律事实引起的民事纠纷案件，当时的法律、司法解释仅有原则性规定而民法典有具体规定的，适用当时的法律、司法解释的规定，但是可以依据民法典具体规定进行裁判说理。

第五条　民法典施行前已经终审的案件，当事人申请再审或者按照审判监督程序决定再审的，不适用民法典的规定。

相关法律规范

1. 《中华人民共和国民法典》第2~12、465、466、509、1156条。

2. 《中华人民共和国立法法》第7、45、50、87~92条。

3. 《最高人民法院关于适用〈中华人民共和国民法典〉时间效力的若干规定》。

（二）民法的空间效力

民法的空间效力，是指民法规范在何地域范围内有效，即民法规范在地域范围上所具有的效力。一般来讲，民法规范的地域效力范围及于制定该民事法律规范性文件的机关权力所管辖的地域范围。《民法典》第12条规定："中华人民共和国领域内的民事活动，适用中华人民共和国法律。法律另有规定的，依照其规定。"我国领域是指我国国家主权所及的领土、领空、领海以及根据国际法、国际惯例应当视为我国领域的驻外使馆和我国航行或停泊于国境外的船舶、飞机等。有的只涉及特定事项的法律，仅仅适用于特定事项涉及的区域。例如，《城市房地产管理法》只适用于城市，而不适用于农村。

（三）民法对人的效力

民法对人的效力，即民法规范对哪些人具有效力。这里的"人"包括自然人、法人及非法人组织等各类民事主体。民法规范对人的适用范围的确定有属人主义、属地主义等标准。属人主义，即以当事人国籍确定法律的适用，凡具有某一国籍的人，不论其在何处，均适用国籍所在国法律；属地主义，凡居住于该国的人或在该领域内发生的民事法律行为均适用其实际所在地的法律。《民法典》第 12 条规定："中华人民共和国领域内的民事活动，适用中华人民共和国法律。法律另有规定的，依照其规定。"可见，依属地原则，在我国境内的本国人、外国人和无国籍人均适用我国民法；不在我国境内的则不适用我国民法，但有例外。例外情况有以下几种：①我国民法中某些专门规定由中国自然人、法人或者其他组织进行的民事活动的内容，对外国人、无国籍人或外国法人和其他组织不适用；②对于虽然在我国境内，但依据我国缔结或参加的国际条约、双边协定或经我国认可的国际惯例，享有司法豁免权的外国人（如来访的国家元首、政府首脑及其随从人员，外国使节及其家属等）不适用我国民法；③对于不在我国境内的我国公民，其民事关系原则上适用所在地国民法，但依据我国缔结或参加的国际条约、双边协定或我国认可的国际惯例，应该适用我国民法的，则应适用我国民法。

五、民法与其他法律部门之间的关系

（一）民法与商法

在实行民商分立立法模式的大陆法系国家中，私法的两个主要组成部分是民法和商法。商法既包括商法典，也包括其他规定了商法内容的法律、法规等。一般认为，商法包括《公司法》《证券法》《票据法》《保险法》《海商法》《破产法》等。

民法与商法的区别是：①主体不同。商法的主体是以营利为目的而从事商行为的商事主体。民法的主体则具有普遍性，无论其是否从事营利活动，均属于民法上的主体。②调整对象不同。民法的调整对象是平等主体之间的人身关系和财产关系，而商法仅调整平等主体之间的商事活动以及在活动中产生的营利性财产关系。基于这一特点，商法在有关交易行为、商业管理、诉讼时效等方面的规定有别于民法的规定。③商法具有强烈的技术性。为了促使商业活动有序进行，商人间形成了许多交易规则，这些交易规则往往是非常复杂的技术性规范，如票据的操作流程。与商法相比，民法的调整对象是社会一般人的普通生活，如私人财产、合同、婚姻、继承等，其技术性特点比较弱。④商法具有国际性。由于国际贸易和国际商事活动的发展，商事活动往往跨越国界，从而使商法具有国际性的特点，各国商法在内容上具有明显的共同性或相容性。与商法相比，民法的民族性和地域性的特点非常突出。

在实行民商合一立法模式的大陆法系国家中，商法被吸收到民法之中，故不存在

民法与商法的区分。我国在立法模式上采取的是民商合一的体制，因此我国不存在商法这一部门法。不过，这并不影响在法学研究和法学教育领域设立商法这一学科。

（二）民法与行政法

行政法是规定国家机关的组织及其管理活动的法律规范的总称。民法与行政法的区别在于：①调整对象不同。民法调整的是平等的私主体之间的人身关系和财产关系；行政法的调整对象是国家机关在行使国家权力过程中彼此之间、国家机关与自然人、法人、非法人组织之间发生的社会关系。②调整方法不同。民法采取平等、意思自治的调整方法；行政法采取命令与服从的调整方法。③法律原则不同。民法贯彻平等、意思自治、诚实信用、公序良俗等基本原则；而行政法则强调行政合法性和行政合理性的原则。④法律规范的特点不同。民法中存在大量的任意性法律规范；而行政法则多是强制性的法律规范。

（三）民法与经济法

经济法是调整国家依法适当干预、管理社会经济活动的法律规范的总称，其核心内容是宏观调控法、反垄断法和反不正当竞争法。民法与经济法的区别是：①调整对象不同。民法调整的是具有平等性的私主体之间的人身关系和财产关系；而经济法调整的是政府在依法适当干预、管理经济活动的过程中所形成的经济关系。②主体地位不同。在民事法律关系中，各个主体具有平等的法律地位；在经济法律关系中，主体之间处于管理与被管理、监督与被监督的不平等地位。③调整方法不同。民法鼓励当事人采用平等、自愿协商的方法确定财产关系的内容，多采用授权性和任意性的法律规范；经济法则采用政府直接干预、管理、命令的方法，不允许当事人协商确定经济关系的内容，多采用强制性的法律规范。

（四）民法与劳动法

劳动法是调整劳动关系和由劳动关系而产生的劳动保险、劳动福利等社会关系的法律规范的总称。

民法与劳动法的区别是：①调整对象不同。民法调整平等的私主体之间的人身关系和财产关系，范围广泛；劳动法仅调整劳动关系，范围较窄。②主体地位不同。民事法律关系的主体之间具有平等的法律地位，无隶属关系；劳动法律关系的主体之间存在着劳动上的隶属关系或者劳动监督关系。③争议解决方式不同。劳动纠纷往往通过劳动仲裁机构和劳动行政管理部门解决；而民事纠纷则会通过普通的仲裁机构和法院解决。

六、民法的基本原则

民法基本原则是指导民事立法、民事司法和民事活动的基本准则，是民法本质和特征的集中体现。立法者必须在民法基本原则的指导下制定具体的民法规范；司法者在适用法律、作出裁判时，应当与民法基本原则的精神相符；民事主体在进行民事活动的过程中，也应当遵守民法基本原则的要求。

民法基本原则具有非规范性。民法是由具体的法律规范和基本原则构成的。法律规范往往内容明确，通过设置行为模式和法律后果的方式，直接为社会生活设定法律规则。民法基本原则不预先设定任何确定、具体的事实状态，不直接涉及当事人的具体权利义务，也不规定确定的法律后果。因此，民法基本原则不具有法律规范通常具备的具体行为模式和法律后果的逻辑构成，它是从整体上指导和协调民事法律的调整机制，反映的是民法的基本价值取向，如平等、公平、自由等。

根据民法基本原则所具备的上述特点，并结合《民法典》第一章"基本原则"的规定，本书认为，我国民法的基本原则包括：①平等原则；②意思自治原则；③公平原则；④诚实信用原则；⑤公序良俗原则；⑥绿色原则；⑦权利不得滥用原则。

（一）平等原则

1. 平等原则的含义

《民法典》第4条确认了平等原则，该条规定："民事主体在民事活动中的法律地位一律平等。"所谓平等原则，是指在一切民事活动中，当事人的法律地位都是平等的，任何一方都不得把自己的意志强加给对方。该原则的实质在于强调主体资格和法律地位的平等，强调主体从事民事活动的机会平等，排斥民事活动和民事关系中任何一方当事人相对于他方当事人的特权地位。民法是民事主体生活关系、经济关系的法律表现形式，地位平等是其基本要求。平等原则集中体现了民法的本质特征，是民法区别于其他部门法的主要标志。

2. 平等原则的体现

（1）民事主体的法律地位平等。民事主体的法律地位平等主要包括两方面的内容：其一，主体的法律资格平等。所谓民事权利能力，是指民事主体依法享有民事权利、承担民事义务的资格，即作为民事主体的资格。自然人和法人是两类最重要的民事主体，我国法律认可了各类自然人和法人的民事权利能力平等的原则。其二，在具体的民事法律关系中，当事人的地位平等。参加民事活动的当事人，无论是自然人还是法人，无论是政府机关还是私营企业，无论其经济能力是大还是小，都具有平等的法律地位，任何一方都无权将自己的意志强加给对方。在民事法律关系中，当事人之间没有上级与下级的关系，没有行政隶属关系。国家以民事主体的身份参加民事法律关系时，也与其他民事主体处于相同的法律地位。

（2）民事主体在民事法律关系中平等地享受权利、承担义务。民事主体参与到具体的民事法律关系中，平等地享受民事权利和承担民事义务，任何民事主体既不能享有特殊的权利，也不负担特殊的义务。当事人可以平等协商确立相互间的权利义务，也可以依法平等协商变更或者终止相互间的权利义务。民事法律关系中的民事权利和民事义务是一致的，即当事人相互间的权利义务相对应，每一方享有的权利与付出的义务大致相当。但应注意，平等原则并不意味着民事主体对权利的实际享有没有差别。这种差别一方面来自法律规定上的合理限制，例如，由于自然人与法人的性质不同，自然人专属享有的婚姻、亲属、继承、扶养等方面的民事权利就不能为法人享有；另一方面，权利实际享有上的差别来自于当事人事实能力上的差别，此时，平等原则强调的形式意义上的平等可能带来实质上的不平等。因此，现代民法在注重形式平等的同时，也开始关注实质平等，对那些在社会生活中处于弱势地位的群体（如消费者、雇员、残疾人等）给予特殊保护，赋予其特殊的民事权利，从而为平等原则注入了新的内容。

（3）民事主体的民事权益平等地受法律保护。法律并不因主体是自然人、法人还是其他组织，而对其合法权益予以不同的保护。任何民事主体的合法民事权益受到侵害时，当事人都可请求予以法律救济，法律对其保护是一视同仁的。有人认为，中国是社会主义公有制国家，因此应当对国有企业和私营企业采取区别对待的措施，对国有企业的保护要优于私营企业。这一错误观念是与民法平等原则相违背的。在民法范畴内，各类民事主体的权益应当平等地受到法律保护，获得同类性质的法律救济。

（4）民事主体的民事责任平等。民事主体在民事活动中都必须遵守法律，尊重他人的利益。任何一方不法损害他人的利益，都应依法承担相应的民事责任。任何民事主体承担的民事责任范围都以等价赔偿为原则，民事关系的当事人相互之间不存在惩罚和制裁关系。

案例

某市交警队交警于某驾驶单位汽车与某公司员工邢某驾驶的汽车相撞，经现场勘察，于某应负主要责任。双方对责任性质并无异议，但在协商赔偿事宜的过程中，双方未达成一致意见。邢某遂向法院起诉，要求交警队赔偿。交警队辩称，自己本身就是交通事故的处理执法机关，其与邢某是管理与被管理的关系，此事应由交警队自己解决，法院不应当受理。交警队遂拒绝出庭。

本案中，交警队是交通事故处理的执法机关固然无异议，但由于其车辆与他人车辆相撞而发生了交通事故，交警队与对方就因交通事故的发生而产生民事赔偿关系，交警队也因此成为赔偿关系的一方当事人。在这种损害赔偿关系中，交警队的"身份"不是执法机关，而与对方当事人处于平等地位，双方不是管理与被管理、隶属与管辖的关系。此时双方处于民事法律关系中而不是行政法律关系中，因此，交警队与原告平等地享有民事权利、承担民事义务，法院受理此民事争议理所应当，交警队的答辩理由违反民法的平等原则，不能成立，交警队应当出庭。

（二）意思自治原则

1. 意思自治原则的含义

意思自治原则又称自愿原则、私法自治原则，是指民事主体有权在法律允许的范围内根据自己的意愿处理自己的事务，设立、变更和终止民事法律关系。意思自治的核心是确认并保护个人自由。

意思自治为民事主体提供了实现个人意愿的法律手段，而当事人借以实现意思自治的手段则是民事法律行为。《民法典》第 5 条规定的"民事主体从事民事活动，应当遵循自愿原则，按照自己的意思设立、变更、终止民事法律关系"就是对意思自治原则的确认。

2. 意思自治原则的体现

（1）民事主体根据自己的意愿设立、变更或终止民事法律行为。意思自治原则首先表现为民事主体自主处理其事务，不受他人的非法干预。正是以意思自治原则为基础，现代民法建立了民事法律行为制度。民事主体是否进行民事法律行为、以何种方式进行何种内容的民事法律行为、是否变更或撤销该民事法律行为等，均由当事人决定，其他人无权干涉。只要该民事法律行为不违反法律的强制性规定和公序良俗，就会得到法律的认可和保护。

（2）民事主体应当通过协商进行民事法律行为。绝大多数的民事法律行为都是双方或多方行为，在进行此类行为时，当事人相互间应当尊重彼此的意愿，通过协商达成一致意见，任何一方都不得把自己的意志强加于他方当事人。

（3）意思自治原则的核心是合同自由原则。私法自治原则在民法各个制度中都有其具体的表现，例如在法人领域表现为社团自治原则；在合同领域表现为合同自由原则；在婚姻领域表现为婚姻自由原则；在继承领域表现为遗嘱自由等。由于合同是市场经济的纽带，合同法是民法中最为活跃的领域，合同法律关系也是社会生活中发生最为频繁的民事法律关系，因此意思自治原则在合同法中体现得最为明显，并具体化为合同自由原则，包括缔约自由、选择相对人的自由、内容和形式自由、变更或解释合同的自由等。

（4）当事人的意思表示具有优先于任意性法律规范的效力。民法中的任意性规范是为了弥补当事人意思表示的缺陷而设定的，其作用是在当事人意思表示不明确时，用以拟制当事人的意思表示。因此，在意思表示与任意性法律规范并存的情况下，应当优先适用当事人的意思表示。

3. 对意思自治的限制

尽管意思自治赋予民事主体充分的决定自由和行为自由，但其亦存在明显的缺陷。它仅强调各个民事主体在形式上的平等与自由，并没有顾及并非人人平等的社会现实。弱势群体可能因难以在民事活动中充分地表达和实现其意志，从而在意思自治的表象下承受着被压迫的结果。例如在消费者与商家的交易中，商家可以凭借其在经济实力、信息占有等方面拥有的优势地位而迫使消费者签订权利义务不对等的合同，表面上，消费者签字同意，看似符合意思自治的要求，但是实际的结果却是合同的内容并没有平等地顾及双方当事人的利益。因此，彻底坚持意思自治可能会损害社会公正性。

为了弥补意思自治的缺陷，法律从各方面限制了它的适用范围：一是公法对私法的渗透，许多原本属于私法的领域已经越来越多地出现公法的内容，如《土地管理法》《城市房地产管理法》均以公法手段就民事主体之间的交易行为进行了约束，限制了意思自治的行使；二是私法领域中强行规范的增加，如《民法典》第三编关于格式合同订立的要求；三是法院更多地使用自由裁量权，对当事人民事法律行为中不适当的内容进行调整。另外，在没有当事人意思参与的情况下形成的法定法律关系也得到了很大的扩展，如基于信赖利益保护形成的法律关系或基于交易安全义务而形成的法律关系，《民法典》第三编规定的缔约过失责任和表见代理即属于此类。

（三）公平原则

1. 公平原则的含义

公平既是一种高尚的道德情操，又是法律追求的最高价值目标。民法直接涉及人与人之间利益的协调与平衡问题，因此应当把公平作为其基本原则。公平原则是指民事主体应当本着社会公认的公平观念从事民事活动，立法机关和司法机关在制定民事法律规范和裁判民事纠纷时，也应当遵循公平的观念和要求。《民法典》第6条确认了公平原则。

2. 公平原则的体现

（1）民事立法以维持当事人的利益平衡为目标。立法者在制定涉及民事主体利益的民法规范时，尽量维持各方当事人之间的利益平衡，使得每一方当事人的利益都能得到法律妥当的保护。以公司法中的股东权益为例，传统公司法理论与实务认为股东权益是以其所持股份的多少来衡量的，这必然导致大股东控制公司、损害小股东利益，为了在大股东与小股东之间维持利益平衡，现代公司法发展出了不少保护小股东利益的制度，如累积投票制等。

（2）法院可依职权或当事人的请求调整当事人之间失衡的利益。在为数不少的民事法律关系中，当事人之间的利益关系会因各种原因而出现失衡的状态，如当事人订立了显失公平的合同，或在合同履行过程中因情事变更而出现显失公平的情况。在这些情况下，法院可以根据当事人的请求或者依据法律赋予的权力而调整合同内容，使当事人的权利义务关系重新回到平衡状态。

（3）民事主体应当依据社会公认的公平观念从事民事活动。在各种民事法律关系，尤其是在合同法律关系中，当事人之间应当合理、恰当地配置权利义务，一方在实现自己利益而享有权利的同时，也应当为对方实现其利益承担相应的义务。一方的给付与对方的对待给付之间是否符合公平原则的要求，是否具有等值性，民法采纳的判断依据是主观等值原则，即当事人主观上愿意以此给付换取对待给付，即为公平。

（四）诚实信用原则

1. 诚实信用原则的含义

诚实信用原则简称诚信原则，是指民事主体在从事民事活动、行使民事权利和履行民事义务时，应当诚实、守信，在不损害他人利益和社会公共利益的前提下追求自己的利益。《民法典》第7条"民事主体从事民事活动，应当遵循诚信原则，秉持诚实，恪守承诺"的规定确认了诚实信用原则。

诚实信用原则本为市场经济活动的道德准则，它要求市场参与者在不损害他人利益和社会利益的前提下追求自己的利益，目的是在当事人之间的利益关系和当事人与社会的利益关系中实现平衡，以维持市场道德秩序。

2. 诚实信用原则的体现

诚实信用原则在现代民法中具有重要地位，被称为民法的"帝王条款"。但是，诚实信用是一个高度抽象的概念，其内涵和外延都具有很大的伸缩性，因此又被称为"白地规定"。[1] 也就是说，诚实信用没有确定的含义，具有广泛的包容性。诚实信用原则在民法中主要体现为三方面：

（1）诚实信用原则是当事人行使权利、履行义务的基本准则。诚实信用原则对当事人从事民事活动具有指导作用，它确立了当事人应以善意方式行使权利、履行义务的行为规则。在现代市场经济条件下，诚实信用原则已经成为市场参与者应当遵循的基本法律准则。

（2）诚实信用原则是解释民法和意思表示的依据。由于诚实信用原则是市场参与者最基本的行为准则，因此它成为解释当事人意思表示的重要依据。《民法典》第466条第2款规定："合同文本采用两种以上文字订立并约定具有同等效力的，对各文本使用的词句推定具有相同含义。各文本使用的词句不一致的，应当根据合同的相关条款、性质、目的以及诚信原则等予以解释。"另外，诚实信用原则也是民法的重要解释方法。

（3）诚实信用原则是填补法律漏洞的工具。诚实信用原则的内容极为概括抽象，立法者正是通过这一极具弹性的基本原则，授予法官自由裁量权，允许他们在法无明文规定或规定不明确时依自己的正义观念作出裁判，填补法律漏洞，使之能够应对各种新型案件。因此，在现代民法中，诚实信用原则意味着承认司法活动的创造性与能动性。不过，法官在能够适用具体规定和采用类推等方法填补法律漏洞时，不得适用诚实信用原则。

---

〔1〕 参见苏号朋:《民法总论》，法律出版社 2006 年版，第 47 页。

案例

某外贸公司与某房地产公司签订房屋预购合同，双方对房屋地点、面积、价款等都作了相应约定，合同价款860万元。房地产公司开始建设，施工期间，由于市场建材价格大幅度上涨，该市建委与中国建设银行该市分行联合下文，规定建筑工程结算以原合同所定直接费用50%~70%计取上涨价差。工程完工并经验收合格后，房地产公司按前述规定结算，通知外贸公司追加价款500万元，否则不交付房屋。外贸公司不同意，遂向人民法院起诉，要求房地产公司按约定交付房屋。

该外贸公司与该房地产公司订立合同是在平等基础上自愿协商的，但在合同履行过程中，建材大幅度涨价，使成本提高，这一情况对双方来说都是无法防止的外因。这种合同订立基础的客观情况发生变化，且是根本变化的情况，非当初所能预料。如果当事人仍按照原合同履行则显失公平，有违诚实信用原则。因此，法院应当基于诚信、公平原则，平衡双方当事人利益，依情势变更规则，根据《民法典》第7条之规定，允许当事人变更合同，对合同价款另行协商。

（五）公序良俗原则

1. 公序良俗原则的含义

公序是指公共秩序，良俗是指善良风俗，二者合称为公序良俗。公共秩序既包括一个国家的现行法律秩序，也包括作为法律秩序基础的根本原则和根本理念等。善良风俗是指某一社会应有的道德准则和伦理秩序。公序良俗原则主要是指民事法律行为的内容及目的不得违反公共秩序或善良风俗，当事人行使权利的方式亦应遵守公序良俗原则。我国民法虽然没有使用公序良俗的概念，但同样实质性地认可了该原则。《民法典》第8条规定："民事主体从事民事活动，不得违反法律，不得违背公序良俗。"该条就是公序良俗原则的法律依据。

2. 公序良俗原则的体现

公序良俗原则作为民法的基本原则具有高度的抽象性，其作用在于维护公共秩序和公共道德；其功能在于当发生有损国家利益、破坏公共秩序和违背公共道德秩序的民事法律行为，又无直接的法律强制性和禁止性规定时，授权法官以社会公共秩序和公共道德准则判决该民事法律行为无效。在司法实践中，法官直接援用公序良俗原则判决某个民事法律行为无效时，必须以法律确认的公共秩序和社会公众普遍尊崇的社会公共道德为依据，不得随意援用。例如，某甲向某乙购买刀具本为正当的民事买卖行为，但若某甲购买刀具是为了杀死某丙，某乙明知此事仍予出售，则其民事法律行为违背了公序良俗原则。

案例

卢某有房屋一间，经朋友介绍与周某洽谈租房事宜，双方达成协议，协议中载明了租金及租房用途为开设网吧。在订立合同的过程中，卢某得知周某开网吧是借口，其租房的真正目的是为赌博提供场所，但由于卢某贪图眼前利益，仍与其签订合同并约定一切责任由周某承担。后周某的赌博活动被公安机关查处。卢某要求周某支付后几个月的租金，周某不予理睬，卢某遂向法院起诉，要求周某支付租金。

对于卢某与周某按照平等、自愿、诚信的原则签订的合同，法律应当加以有效的保护，但其前提是该合同内容不得违反国家有关政策和法律、行政法规的强制性规定，不得损害国家、集体和他人的合法利益以及社会公共利益。周某租卢某的房屋做赌博场所，违反了相关法律法规的规定，也损害了社会公共利益，因为赌博侵蚀了我国健康良好的社会风气，有违社会公德标准。法院应当根据我国民法中的公序良俗原则，对卢某要求周某支付租金的诉讼请求不予支持。

（六）绿色原则

《民法典》第9条规定："民事主体从事民事活动，应当有利于节约资源、保护生态环境。"这是民法中对绿色原则的直接概括。将绿色原则确立为基本原则，规定民事主体从事民事活动，应当有利于节约资源、保护生态环境。这样的规定，既传承了我国天地人和、人与自然和谐共生的优秀传统文化理念，又体现了中国新的发展理念，与我国是人口大国、需要长期处理好人与资源生态的关系的国情相适应。

《民法典》中规定绿色原则，一方面是对民事主体自身行为设定保护生态环境的义务，任何民事主体违反这个义务，都要承担法律责任。另一方面，也是给环境保护法或其他资源保护立法留下一个对接的法律渠道。不过，民法本身不足以实现全面的环境保护，这一任务仍然是环境保护法的任务，民法只对与民事主体活动相关的生态环境部分加以保护关切。"有利于节约资源，保护生态环境"，指的是民事活动涉及资源利用时，当事人还应当厉行节约，尽力避免浪费。

（七）权利不得滥用原则

权利不得滥用原则又称禁止权利滥用原则，是指民事主体在行使民事权利时不得超越正当界限，损害社会公共利益或他人利益，否则即构成权利滥用，应当承担相应的法律后果。

早在罗马法时期，即有"行使自己的权利，无论对于任何人，皆非不法"的观念。在古典自然法学理论盛行时期，权利本位是其理论核心。但到了19世纪后期，古典自然法学理论无法解释"私权绝对"导致的极端个人主义和私利膨胀的消极现象，代之而起的是以强调社会利益为主要内容的社会法学理论。该理论认为，法律的终极目标不仅在于保护个人的自由与权利，还应兼顾整个社会的发展，从而强调权利的社会性。在这一观念的影响下，从19世纪末期开始，各国民法开始对权利的行使施加一定限制，确立了权利不得滥用原则。

《民法典》第10条的规定体现了其实质内容，其基本内涵是：在民事权利保护方面，当法律没有规定时，都可以依民事权利的自然本性行使，也可以适用习惯，但是不得违背公序良俗。第 132 条亦明确规定:"民事主体不得滥用民事权利损害国家利益、社会公共利益或者他人合法权益。"

权利不得滥用原则,本质上是一项协调个人利益和社会公共利益的法律原则。人是具有社会性的,人必须参与社会的分工与合作,互换利益,才能更好地生存和发展,因此人对社会应承担一定的义务,这个义务就是个人权利之行使不得违反法律和损害社会公共利益。民法一方面充分保护私权,另一方面又规定权利不得滥用原则,将权利之行使限制在不违反法律和不损害社会公共利益的范围之内,这就协调了个人利益和社会公共利益。例如,所有权是一种内容非常丰富的民事权利,权利人原则上可以随意处分自己所有的物,但是房屋所有权人在行使权利时要受到相邻权或建筑物区分所有权的限制,有时还会受到公法的限制。

引例分析

引例 1

许某到饭馆吃饭,双方形成了餐饮服务合同关系,消费者付款吃饭,饭馆根据顾客要求提供饭菜及相关服务并收取费用,这是平等主体之间的财产关系,属于民法调整的范围。解决许某与饭馆之间的纠纷也应适用民法。《民法典》第 509 条规定:"当事人应当按照约定全面履行自己的义务。"在点菜之前,许某三次提醒回锅肉不要辣,饭馆答应了,就应当履行承诺。饭馆实际上却没有做到,对许某构成违约。饭馆应该按许某的要求重做一盘,或者退回相应餐费,不能以饮食文化为由拒绝。

引例 2

父母子女之间存在受民法调整的人身关系,我国民法对父母子女之间的权利义务均有规定。无劳动能力的或生活困难的父母有要求成年子女予以赡养的权利。根据《民法典》第 26 条第 2 款的规定,"成年子女对父母负有赡养、扶助和保护的义务",赡养父母是法定的义务,是不能通过约定来加以排除和限制的,虽可变更赡养方式,但不得违反法律规定与公序良俗。《民法典》第 8 条规定:"民事主体从事民事活动,不得违反法律,不得违背公序良俗。"张某 1 和张某 2 签订协议将父母分开赡养是违背社会公德的,通过协议的方式企图对一方老人不尽赡养义务更是违反了法律的规定。因此他们所签订的协议是无效的,张某 1 不得拒绝赡养母亲李某。

李某与张某 1 之间的赡养纠纷属于民事主体之间的权利义务争议,属于我国民法的调整范围,李某向人民法院起诉张某 1 属于民事诉讼。派出所是公安机关的派出机构,处罚张某 1 是其行使行政权力所实施的行政行为,两者之间是行政机关与行政相对人的关系,该关系及双方的纠纷受行政法律规范调整,张某 1 认为派出所的处罚错误,应当向人民法院另行提起行政诉讼,不能在其与李某的民事诉讼中提出有关请求。

相关法律规范

1. 《中华人民共和国民法典》第 2~12、465、466、509、1156 条。

2.《中华人民共和国立法法》第7、45、50、87~92 条。

思考与练习

一、结合本项目原理，回答以下问题：

1. 从实际生活出发，举例说明民法对每个人的影响。

2. 对于素有"帝王条款"美誉的诚实信用原则，你有什么生活案例予以印证？

3. 民事主体从事民事活动，如何做到节约资源、保护生态环境？

二、结合本项目原理，作出正确选择：

1. 下列各项中，不可为我国民法渊源的是（　　）。

A. 最高人民法院的司法解释

B. 民间订婚的习惯

C. 上海市中级人民法院的民事判决

D. 某大学教授的关于精神损害赔偿的专著

2. 下列社会关系属于民法的调整对象的有（　　）。

A. 自然人甲与自然人乙之间订立的电脑买卖合同关系

B. 中国公民丙与中国公民丁之间缔结的婚姻关系

C. 甲税务机关与自然人乙之间订立的电脑买卖合同关系

D. 甲税务机关与自然人乙之间的税款征收关系

3. 下列不属于民法基本原则的功能的是（　　）。

A. 指导功能　　　　　　B. 补充功能

C. 惩罚功能　　　　　　D. 约束功能

4. 下列现象中，违反民法平等原则的是（　　）。

A. 甲年满 25 周岁可以结婚，而乙 13 周岁不能结婚

B. 甲公司（经登记为综合类证券公司）可以从事证券经纪业务，而乙公司（登记为房地产公司）则不能从事证券经纪业务

C. 国家税务机关可以在税收征收法律关系中使用强制手段，无视纳税人的意志而依法进行税收征收

D. 某市合同管理干部认为，在本市建筑工程的招标投标中，市委领导的亲戚具有优先的订立合同的权利

5. 甲知其新房屋南面临地将建一高层楼房，佯装不知，将房屋售与乙。半年后，南面高楼建成，乙的房屋受不到阳光照射。此例中，甲违反了民法的哪一项原则？（　　）

A. 平等原则　　　　　　B. 自愿原则

C. 公平原则　　　　　　D. 诚实信用原则

6. 下列各项中，违反民法自愿原则的有（　　）。

A. 赵某在服装市场上询问一件衣服的价格之后，摊主强要其购买的行为

B. 钱某与孙某自愿达成的移转抵押物占有的抵押合同不能产生抵押权设定的法律效果

C. 李某申请安装电话被要求在一份已经拟好的格式合同上签字

D. 周某（老烟民，熟知烟的价格）花 10 元钱从小贩吴某的手中购得中华香烟一条，经查该烟为假烟

7. 下列行为中，不违反禁止权利滥用原则的有（　　）。

A. 甲将自己废弃不用的汽车置于马路中央的行为

B. 乙拒绝接受丁遗赠给其一台电脑的行为

C. 丙在自己的房间里唱卡拉 OK 直到凌晨影响邻居休息的行为

D. 丁在自己承包的耕地上建坟的行为

8. 民事主体从事民事活动，（　　）。

A. 不得违反法律　　　　　B. 不得违背公序良俗

C. 应当有利于节约资源　　D. 应当有利于保护生态环境

三、结合本项目原理，分析以下案例：

李某因患心肌炎前往某省立医院就诊。经过一段时间的治疗，已基本痊愈。某日下午，李某再次来到该医院复查。因其当时还有一些感冒病状，接诊大夫就为李某开取了药物和针剂。在护士为其进行注射后，李某在十余分钟内出现寒颤等异常现象。经该院抢救后李某脱离生命危险，住院治疗诊断结果为"脑水肿"。李某后经数次治疗仍无好转。最后，经该省医疗事故鉴定委员会鉴定，结论为："……发生寒颤、抽风，究其原因，与输液反应有关，……治疗抢救措施不当，造成缺氧性脑病，导致痴呆，……属二级甲等医疗事故。"李某家人遂将该医院诉至法院，要求赔偿医疗费、交通及住宿费、误工工资、生活补助费以及今后医疗费共 45 万元。该医院承认李某受损之事实，但不愿意依照《民法典》之规定赔偿，而只愿意根据该省《医疗事故处理条例实施细则》的规定给付李某一次性经济补偿 5000 元。

本案应该适用何种法律规范？

◇ 思考方向：

（1）李某因在医院注射针剂致身体受到损害并引起纠纷，这种纠纷属于何种类型的纠纷？当事人之间存在何种社会关系？

（2）医疗事故损害的是患者的生命健康权，这是否属于民法的调整范围？

（3）该省《医疗事故处理条例实施细则》是某一卫生行政部门确认医疗事故及其分类、等级的行政类程序性法律规范，其中关于补偿的规定是进行行政处理时牵涉到的一个相关问题，其与《民法典》之间存在什么样的关系？

情境训练　民法规范的适用

情境案例

周某和李某先后在一条街上相邻的位置开了快餐店，周某经营有方，生意红红火火。李某则门庭冷落，生意无法继续下去，于是他决定改开花圈店。因李某对周某生意红火有气，便在开店后，将样品花圈放在与周某饭店相邻的一侧。周某发现后，为了不影响自己的生意，用一张薄席拦在中间，使来店吃饭的客人不致直接看到摆放的花圈。但是李某随即架高花圈，周某只得随之架高薄席，李某最后将样品花圈吊在屋檐上，使周某无法继续遮挡。周某的生意日渐萧条，遂起诉李某恶意摆放花圈，影响其正常经营，要求法院判决李某停止侵害，赔偿损失。李某认为花圈是摆放在自己店里，自己有权决定具体的摆放位置，周某的生意好坏与其无关。[1]

训练目标

通过实训，使学生进一步理解民法的调整对象，掌握民法规范及其基本原则的适用，能够从法律的角度正确判断民事主体之间纠纷的性质，了解并掌握处理民事争议的基本路径。

完成以下工作任务：

（1）判断本案是否可以适用民法以及应当适用何种民法规范。

（2）提出解决当事人纠纷的基本思路。

训练方法

1. 课堂讨论。针对案例由教师或者学生提出问题，由学生自主进行探讨、论证，教师进行辅导、点评。

2. 角色模拟。学生分组，每组2~6人，分别扮演周某、李某和法官以及饭店客人等，根据案情模拟周某和李某产生纠纷和解决争议的过程。

训练步骤

步骤1. 分析周某和李某是否具有民事主体资格。明确民事主体的含义，进而判断周某和李某是否具备民事主体的资格条件。

步骤2. 判断周某和李某之间的纠纷是否属于民法的调整范围。确定周某与李某纠纷的具体内容，判断他们之间是否形成受民法调整的财产关系或者人身关系。

步骤3. 确定解决当事人纠纷应当适用的法律规范。如果周某、李某之间的纠纷属于民法的调整范围，应当进一步确定可以适用的民事法律规范，是适用民事基本法还

---

〔1〕 杨立新："快餐店旁经营花圈影响他人生意被判赔偿——析妨害经营的侵权行为"，载《检察日报》2004年2月16日，第4版。

是适用民事单行法？是否可以适用民法的基本原则？

步骤4. 判定当事人各自主张是否正确。归纳双方当事人的主张及其依据，根据相关法律规范予以判断，并作出正确的处理。

项目二 民事法律关系

引例

王某（男）与张某（女）婚后生育一女，夫妇二人决定给女儿起名为"素笺淡墨"，并以"素笺淡墨"为名办理了新生儿出生证明。王某前往住所地A派出所为女儿申请办理户口登记，民警告知王某拟被登记人员的姓氏应当随父姓或者母姓，即姓"王"或者"张"，否则不符合办理出生登记的条件。但王某仍坚持以"素笺淡墨"为姓名为女儿申请户口登记，A派出所于当日作出拒绝办理户口登记的决定。

王某和张某夫妇考虑到女儿的未来，在女儿出生后1个月，即向B保险公司投保，为女儿购买了100万元的教育保险。

张某自女儿出生后，就一直在家全职照顾小孩，王某继续经营公司。后来，王某时不时以工作忙为由不回家居住，双方因此发生矛盾。某日，两人再次发生激烈争吵。在争吵过程中，王某失手将张某打伤，致张某鼻骨骨折，张某被送到C医院进行鼻骨修复手术，手术过程中，因主刀医师鲁某的医疗过失，手术部分失败，张某鼻部留下较明显疤痕。

问题：

1. 王某向A派出所为女儿申请办理户口登记，所形成的法律关系是否属于民事法律关系？为什么？

2. 本案中存在哪些民事法律关系？这些民事法律关系分别基于什么民事法律事实而产生，其内容是什么？

基本理论

民事法律关系是民法对平等主体间的人身关系和财产关系加以调整的结果，是一种以法律形式表现出来的社会关系。民事法律关系的确认既具有实体意义又具有程序意义。通过确认民事法律关系，我们可以明确哪些民事主体之间由于何种民事法律事实形成了何种民事法律关系，在该民事法律关系中哪一主体享有何种民事权利、哪一主体承担何种民事义务等。在民事诉讼实践中，民事法律关系是确认民事诉讼法律关系的前提和基础，民事诉讼当事人的确定必须依靠确认民事法律关系来解决。

一、民事法律关系的构成

（一）民事法律关系的含义

民事法律关系是民事法律规范调整的、以民事权利和民事义务为内容的平等的社会关系。它是民法调整的平等主体之间的财产关系和人身关系在法律上的表现。民事法律关系具有以下特征：

1. 民事法律关系是以民事权利和民事义务为内容的社会关系

民事法律关系是一种权利义务关系。任何民事法律关系一经建立，当事人即互享民事权利、互负民事义务；或一方享有权利、另一方则承担相应义务。如日常生活中常见的买卖合同，买方和卖方之间的买卖合同关系一经建立，买方即享有取得标的物所有权的权利，同时承担支付价款的义务；卖方即享有取得标的物价款的权利，同时承担交付标的物的义务。买卖双方之间的买卖合同关系即以双方享有的民事权利和承担的民事义务为内容。

2. 民事法律关系体现了双重意志

民事法律关系首先体现当事人的意志。除法律规定外，大部分民事法律关系的建立，必须遵循自愿原则，当事人双方不能达成意思表示的一致，则民事法律关系难以建立，如日常生活中最简单的买卖合同关系，买卖双方就标的物的价格、数量、质量等充分表达自己的意愿，达成意思表示的一致，买卖合同关系才能成立。民事法律关系又体现国家意志。国家对民事法律关系通过各种强制性措施加以保障，使当事人的民事权利、权益能够得以实现，对法律关系中不履行义务的一方则科以相应的法律责任进行制裁。

3. 民事法律关系是平等的社会关系

民法调整的社会关系发生在平等主体之间，民法实行的基本原则之一是平等原则，由此也就决定了民事法律关系是一种平等的社会关系。无论是个人、法人、国家机关，还是社会团体，在民事法律关系中都是独立的，互不隶属，地位平等，平等地享有民事权利和承担民事义务。

（二）民事法律关系的分类

民法调整平等主体之间的各种财产关系和人身关系，因此也会形成各种各样的民事法律关系。为了正确区分和把握各种民事法律关系，可根据不同的标准，作如下分类：

1. 财产法律关系和人身法律关系

根据民法的调整对象，民事法律关系可分为财产法律关系和人身法律关系。

财产法律关系指民事主体在物质资料的生产、分配、交换和消费过程中形成的，以满足人们的财产利益需要的民事法律关系。它包括财产所有关系和财产流转关系，前者如所有权法律关系，后者如买卖合同债权法律关系。

人身法律关系指与当事人的人身不可分离、以人格利益或者身份利益为客体的民事法律关系。它包括人格关系和身份关系，前者如生命权法律关系、健康权法律关系、姓名权法律关系、肖像权法律关系、名誉权法律关系等，后者如监护权法律关系、亲属权法律关系等。

区分财产法律关系和人身法律关系的法律意义在于：两种民事法律关系中权利主体所享有的权利性质不同。财产法律关系中，权利主体所享有的是财产权，一般具有可让与性，如所有人可将自己的财产所有权通过买卖、赠与等方式转让给他人。而人身法律关系中，权利主体所享有的是人身权，人身权具有人身依附性，一般不具有可让与性，如权利主体所享有的生命健康权等，必须依赖于特定的人身存在，不得转让。

财产法律关系根据权利人实现权利方式的不同，又可分为物权关系和债权关系。

物权关系是指权利人可以按照自己的意思直接支配物，无需义务人的积极配合即可行使并实现其权利的民事法律关系。如所有权法律关系，所有人行使并实现所有权，无需义务人的积极作为，其对自己的物可直接进行占有、使用、收益和处分。

债权关系是指权利人必须依赖义务人的一定行为，才能行使和实现其权利的民事法律关系。如买卖合同法律关系，买方取得标的物所有权的权利必须借助于卖方交付标的物的积极作为才能实现，卖方取得价款的权利必须借助于买方支付价款的积极作为才能实现。

区分物权关系和债权关系的法律意义在于：掌握物权关系和债权关系的不同特点，有助于正确理解和把握民法中物权法和债权法这两大基本的财产权法律制度。

2. 绝对民事法律关系和相对民事法律关系

根据民事法律关系中义务主体的范围，民事法律关系可分为绝对民事法律关系和相对民事法律关系。

绝对民事法律关系指法律关系的义务主体是权利人以外的一切不特定人的民事法律关系。如物权法律关系，人格权法律关系。在绝对民事法律关系中，不特定的义务人所承担的是消极的不作为义务。

相对民事法律关系指法律关系的义务主体是具体的即特定的人的民事法律关系，如债权法律关系。在相对民事法律关系中，特定义务人所承担的主要是积极的作为义务。

区分绝对民事法律关系和相对民事法律关系的法律意义在于：①有助于正确确定民事法律关系中的义务主体及其所承担的义务，绝对法律关系中的义务主体是不特定的任何人，而相对法律关系中的义务主体则为特定的人；②有助于明确民事法律关系中权利主体行使、实现权利的特点，绝对法律关系中权利主体享有的权利是支配权，权利主体可凭自身的意志行使并实现权利，而相对法律关系中权利主体享有的权利是请求权，权利主体必须请求对方当事人为或不为一定行为，才能实现自己的权利；③有助于区分《民法典》侵权责任编和合同编所保障的权益范围，前者保障的是绝对法律关系，后者保障的是相对法律关系。

3. 单一民事法律关系和复合民事法律关系

根据民事法律关系内容的复杂程度，民事法律关系可分为单一民事法律关系和复合民事法律关系。

单一民事法律关系指只有一组相对应的权利义务内容的民事法律关系。如在所有权法律关系中，所有人享有占有、使用、收益和处分的权利，非所有人承担不得妨碍的义务，当事人之间只此一组对应的权利义务关系。

复合民事法律关系指由两组或两组以上相对应的权利义务共同构成的民事法律关系。如买卖合同关系中，存在两组相对应的权利义务：一是买方享有取得标的物所有权的权利，卖方承担交付标的物的义务；二是卖方享有取得价款的权利，买方承担支付价款的义务。买卖合同关系就是复合民事法律关系。

区分单一民事法律关系和复合民事法律关系的法律意义在于：有助于合理确定当事人的权利、义务和责任。

4. 权利性民事法律关系和保护性民事法律关系

根据民事法律关系形成和实现的特点，民事法律关系可分为权利性民事法律关系和保护性民事法律关系。

权利性民事法律关系，是指民事主体依其合法行为而形成的、能够正常实现的民事法律关系。保护性民事法律关系，是指因不法行为而发生的民事法律关系。例如财产所有权关系就是一种权利性民事法律关系，而财产被他人损坏所产生的侵权损害赔偿关系则是保护性民事法律关系。

（三）民事法律关系的构成

任何一个民事法律关系的构成都需要有主体、内容和客体三项要素，缺一不可，要素发生变化，具体的民事法律关系也发生变化。

1. 民事法律关系的主体

民事法律关系的主体，又称民事主体，指参与民事法律关系、享受民事权利和承担民事义务的人，即民事法律关系的当事人。

民事法律关系是一种社会关系，社会关系发生在人与人之间，因此法律关系的构成必须有作为法律关系主体的人参加，民事主体是构成民事法律关系不可缺少的一个要素。民事法律关系的主体必须是双方，任何一方主体可以是单个人，也可以是多数人，此处的"人"与生物学意义上的人是不同的，作为民事主体的人是法律确认的、在社会生活中可以以自己名义享有权利、承担义务的人。

依照我国民法的规定，可以作为民事法律关系主体的包括以下几类：

（1）自然人。自然人指因出生而获得生命的人类个体，即生物学意义上的人，是民事法律关系的最重要的参与者。

（2）法人。法人是与自然人相对应的概念，是指具有民事权利能力和民事行为能力，依法独立享有民事权利和承担民事义务的组织。如国家机关、有限责任公司、股份有限公司等。

（3）非法人组织。非法人组织指不具有法人资格，但是能够依法以自己的名义从事民事活动的组织，如合伙企业。非法人组织可以以自己名义参与民事活动而成为民事法律关系的主体，但其并不能独立地承担民事责任。

（4）国家。在特定的情况下，国家也可以成为民事法律关系的主体，因为国家不仅是国家主权的代表，同时又是国家财产的所有者，当国家参与民事活动时，它就成为民事法律关系的主体，如国家作为受赠人承受自然人或法人赠与的财产、国家发行国债等。

2. 民事法律关系的内容

民事法律关系的内容指民事主体所享有的民事权利和承担的民事义务。民事法律关系是一种权利义务关系，如果仅有法律关系的主体，而主体之间没有权利义务，仍不能发生民事法律关系。因此民事法律关系的内容要素是构成民事法律关系的必备要素。

民事权利和民事义务是任何民事法律关系都不可缺少的两方面内容，权利和义务是相对应存在的，权利的内容通过相应的义务来表现，义务的内容则由相应的权利来限定，一方的权利就是他方的义务，一方的义务就是他方的权利，没有无义务的权利，也没有无权利的义务。如买卖合同关系中，卖方所享有的取得标的物价款的权利就是买方所负的支付价款的义务，而买方所享有的取得标的物所有权的权利，就是卖方所负的交付标的物的义务。交付标的物和支付价款的权利义务就是买卖合同关系的内容。

民事法律关系的内容要素会直接决定民事法律关系的性质和类别，是划分各类民事法律关系的重要依据，因此，民事法律关系的内容要素在民事法律关系构成的三要素中居于主导地位。如一方支付价款、取得标的物所有权，另一方交付标的物并取得价款，该民事权利、民事义务的内容决定双方当事人之间成立的是有偿的买卖合同；一方无偿取得标的物所有权，另一方承担交付标的物的义务，该民事权利、民事义务的内容决定当事人之间成立的是无偿的赠与合同。

3. 民事法律关系的客体

民事法律关系的客体指民事权利和民事义务所指向的对象。民事法律关系的客体是民事法律关系的依托，没有客体，也就谈不上民事法律关系的建立，民事主体的权利和义务也就无从体现，因此客体也是构成民事法律关系必不可少的要素。

可以作为民事法律关系客体的主要有：物、行为、人身利益、智力成果和其他财产。

（1）物。物是指存在于人身之外、能为民事主体控制和支配并能满足主体需要的物质资料。物主要是物权法律关系的客体，如所有权法律关系的客体就是所有人所有的物。

作为民事法律关系的客体，物与物理学上的物既有联系又有区别。物理学上的物（物体、物质）是由物的自然属性决定的，而民法上的物不仅具有自然属性，还具有法律属性。民法上的客体物具有以下法律特征：

第一，物存在于人身之外。人类虽然属于高级动物，但人是享有独立人格的民事主体，所以人不能成为民事法律关系的客体物，能作为民事法律关系客体物的只能是存在于人身之外的物。

第二，物能够满足人们社会生活的需要。物只有具有一定的经济价值，能够满足人们的社会生活需要时，人们才希望占有、使用它，才会为此而建立一定的法律关系，所以作为民事法律关系的客体物必须具有可使用性，即具有价值和使用价值。

第三，物能够为人力所实际控制或支配。只有物能为人所控制或支配，人们才能按照其意思通过建立一定的民事法律关系来对其进行处分，才能以物为客体建立各种权利义务关系。

知识链接

实践中常见的物的分类：

1. 不动产与动产。所谓不动产，指不能移动或一经移动即损害其使用价值的物，如土地及地上的定着物。所谓动产，则指可以移动且不会损害其使用价值的物，如汽车。

2. 主物和从物。根据两个物在效用方面的关系，可将物分为主物和从物。所谓主物，指具有独立的经济效用的物。所谓从物，指具有经常地补助主物的效用，且与主物属于同一主体，并不属于主物的成分的物。如汽车与备胎之间就是主物与从物的关系。

3. 原物与孳息。原物指能产生收益的物，孳息指原物孳生的收益。孳息分天然孳息和法定孳息，前者指依据物的自然属性或用法而获得的收益，如母鸡所生的鸡蛋。后者指因法律关系所得的孳息，如存款所生的利息。

4. 特定物与不特定物。根据交易当时当事人的意思是否具体指定，可将物分为特定物和不特定物。特定物指当事人意思具体指定的物，如徐悲鸿的奔马图。不特定物指当事人仅以种类、品质、数量等抽象地指定的物，如 10 斤泰国香米、1 部华为 P40 手机。

5. 流通物、限制流通物与禁止流通物。根据物能否作为交易的标的可将物分为流通物、限制流通物和禁止流通物。流通物指可以作为权利的客体并且可以自由处分的物。限制流通物指法律对其流转给予一定程度限制的物。禁止流通物指法律禁止流转的物。根据物的属性以及它对生产、生活的影响程度，我国法律规定专属于国家的财产（如矿藏、水流、海域）、假币、淫秽物品、毒品等为禁止流通物；金银、文物、麻醉品、枪支弹药等为限制流通物。法律没有限制流通或者禁止流通的其他物，则为流通物。

6. 可分物和不可分物。根据分割是否导致物的性质或价值明显毁损，可将物分为可分物和不可分物。可分物指物的性质不因分割而变更，且物的价值也不因分割而减少的物，如大米、白糖等。反之，则是不可分物。

（2）行为。行为是民事主体有意识的活动。行为主要是债权法律关系的客体，如保管合同关系就是以保管人对被保管财产的保管行为作为客体的。

（3）人身利益。人身利益是人身权法律关系的客体，包括人格利益和身份利益。自然人的人格利益包括生命安全、身体完整、健康、肖像、名誉、荣誉、隐私等精神利益；法人、非法人组织则有名称、名誉和荣誉等人格利益。身份利益包括自然人因婚姻关系、家庭关系等身份所取得的利益以及各类民事主体因知识产权而获得的非财产性利益。

（4）智力成果。智力成果是指脑力劳动所创造的精神财富，是知识产权法律关系的客体，如著作权法律关系的客体是作品，作品就是智力成果。

（5）其他财产。财产在民法上是一个多含义的词汇，有时专指物，有时包括物和财产权利，有时指物、财产权利及财产义务。这里的财产是指物以外的财产。例如：建设用地使用权可以作为抵押权法律关系的客体，股权可以作为质权法律关系的客体，非专属债权、债务可以作为继承权法律关系的客体，等等。随着信息技术和互联网的发展，虚拟财产成为一种新的财产类型。虚拟财产是指在网络环境下，模拟现实环境中的财产形态，以数字化形式存在的、具有独立价值和可独占性的财产利益，[1] 它是电子商务合同等法律关系的客体之一。

二、民事权利和民事义务

（一）民事权利

1. 民事权利的含义

权利一词，是外国法律名词的意译，在英语、德语、拉丁语中都含有正义、直道的意思。人与人共处，各有主张，涉及不同的利益，难免发生冲突。要维护社会生活的正常秩序，就必须对所涉主体的不同利益加以界定，这一界定需要借助法律来完成。这样，法律就在一定的要件之下，就其认为合理正当者，赋予个人某种力量，以享受其利益。因此，所谓权利，就是指经由法律确认的、得以享受特定利益的可能性。

民事权利，是指由国家强制力予以保障的民事主体为实现特定利益为或不为一定行为的自由。其内涵具体包括：①权利人能依法直接享有某种利益或自己实施一定行为而获得利益；②权利人能够请求他人为或不为一定行为以实现自己的利益；③权利人在其利益受到侵害时，能够请求有关国家机关予以保护，获得法律救济。

民事主体能够享有何种民事权利，由法律规定，但具体是否享有某一项权利，则

---

〔1〕 中国审判理论研究会民事审判理论专业委员会编著：《民法典总则编条文理解与司法适用》，法律出版社2020年版，第192~193页。

取决于其是否参与民事法律关系，因为民事主体享有的具体民事权利是民事法律关系内容的组成部分。

2. 民事权利的分类

民法上一般把民事权利分为五类：人身权、物权、债权、知识产权、继承权。人身权，指民事主体依法享有的与其人身不可分离而且没有直接财产内容的民事权利，如生命健康权、姓名权、肖像权、名誉权、隐私权、荣誉权等。物权，指民事主体依法直接支配特定的物并排除他人干涉的民事权利，如所有权、国有土地使用权、宅基地使用权等。债权，指债权人享有的请求债务人为特定行为的民事权利，如合同债权、不当得利债权、无因管理债权、侵权行为债权等。知识产权，指民事主体对智力创造成果和工商业标记依法享有的民事权利，如著作权、专利权、商标权等。继承权，指继承人依照法律的规定或者被继承人所立的合法有效的遗嘱取得被继承人遗产的权利。

民事权利从不同的标准来划分，可以分为不同的类别。

（1）根据民事权利内容的性质，民事权利可分为财产权和人身权。

财产权，指以财产权益为内容直接体现财产利益的权利。财产权主要包括物权、债权、继承权。

人身权，指与权利主体的人身不可分离而无直接财产内容的权利。人身权分为人格权和身份权。

财产权可以用金钱计价，不具有人身依附性，可以在权利主体之间自由转让，可以继承，财产权受侵害后一般以财产责任的方式予以救济。而人身权不能用金钱来衡量其价值，具有人身依附性，一般不能转让、继承，受到侵害后主要以非财产的责任方式予以救济。

（2）根据民事权利的作用不同，民事权利可分为支配权、请求权、抗辩权、形成权。

支配权指对标的物直接支配，并排除他人干涉的权利。物权是典型的支配权。支配权的特点是：权利人可以自己直接支配权利客体，不需要他人的协助；权利人有权禁止他人妨碍其对权利客体的支配。如物权中的所有权，一方面，所有人有权对自己的物进行直接支配（包括占有、使用、收益和处分），不需要义务主体的积极配合就能实现自己的权利；另一方面，所有人可禁止他人妨碍其支配自己的物，具有排他性。

请求权指请求他人为一定行为或不为一定行为的权利。债权是典型的请求权。请求权的特点是：权利人权利的实现必须依赖特定的义务人的行为，即通过义务人为一定行为或不为一定行为，权利人的权利才能实现。如买卖合同中，买方享有请求卖方交付标的物的权利，如果卖方不履行交付标的物的义务，买方的权利无法实现；卖方享有请求买方支付价款的权利，如果买方不履行支付价款的义务，则卖方的权利也无从实现。

抗辩权指对抗请求权的权利。抗辩权的作用在于阻止对方请求权的效力，或否认对方权利的存在从而使抗辩权人能够在一定条件下拒绝向其债权人履行义务,但债权人的权利并不因此而消灭。抗辩权分为永久性抗辩权和延期抗辩权,前者如诉讼时效期间届满的抗辩权,后者如双务合同履行中的同时履行抗辩权、先履行抗辩权、不安抗辩权。

形成权指依照权利人的单方意思表示就能使权利发生、变更或消灭的权利。无权代理中本人所享有的追认权、合同保全中债权人所享有的撤销权都属于形成权。形成权的特点是:权利主体作出单方的意思表示就产生相应的法律效果,不需要对方相应的行为或意思表示。如无权代理中,本人对无权代理行为作出追认的意思表示就可使无权代理转化为有效代理,行为效果由本人承受,而不需要行为相对人的意思表示。

(3)根据民事权利的效力范围不同,民事权利可分为绝对权与相对权。

绝对权,又称对世权,是指效力及于一切人的权利。绝对权的特点是:权利人可向任何人主张权利,与权利人相对应的义务主体是不特定的任何人,其承担的是消极的不作为的义务。如物权、知识产权均属于绝对权。

相对权,又称对人权,是指效力仅及于特定人的权利。相对权的特点是:与权利主体相对应的义务主体是特定的,权利人只能向特定的义务人主张权利,权利主体的权利必须依赖义务主体积极履行义务的行为才能实现。如债权就是典型的相对权。

(4)根据民事权利的相互关联、相互依存的程度,民事权利可分为主权利与从权利。

主权利指在两个相互关联的民事权利中,可以独立存在的权利。从权利指在两个以上的民事权利中以其他权利的存在为前提的权利。从权利处于从属的地位,它随主权利的存在而存在,随主权利的消灭而消灭。如债权与担保债权实现的抵押权之间相互关联,这两种权利中,能独立存在的是债权,其为主权利,抵押权依赖于债权而存在,债权消灭抵押权也随之而消灭,抵押权则为从权利。

(5)根据民事权利有无转移性,民事权利可分为专属权与非专属权。

专属权指专属于权利人自身享有,不得转让和继承的权利。如人身权就是典型的专属权利。非专属权指非专属于权利人自身享有,可以转让和继承的权利。如财产权原则上都是非专属权。

(6)根据权利相互之间是否具有派生关系,民事权利可分为原权利与救济权。

原权利是基础性权利,是权利性民事法律关系中的权利。救济权是由原权利派生的,是在原权利受到侵害或有受侵害之虞时产生的权利,是保护性民事法律关系中的权利。如甲的汽车被乙损坏,甲要求乙赔偿损失的权利就属于救济权,甲对其汽车所享有的所有权属于原权利。

(7)根据权利的实现要件是否完全具备,民事权利可分为既得权与期待权。

既得权指权利的实现要件完全具备,权利人实际享有的权利。一般的民事权利都是既得权。期待权指实现要件尚未全部具备,须待其余要件发生后才能实际享有的权利。如附延缓条件和附始期的民事法律行为中所设定的民事权利就是期待权,权利主体要实际享有该权利,必须等到民事法律行为中所附的延缓条件成就或所附的始期届至。

案例

甲向乙购买一房屋,取得房屋所有权后向丙借款,并以该房屋向丙设定抵押,但丙的债权到期未获得清偿。甲、乙、丙之间存在不同的民事法律关系,各享有不同的民事权利。

甲向乙购买房屋,双方之间订立房屋买卖合同,在该合同中,甲乙二人均享有合同债权(该权利按上述民事权利的分类看,属财产权、相对权、请求权、非专属权、既得权),甲有权请求乙交付房屋并过户登记,乙有权请求甲支付房屋的价款;甲的债权因乙履行义务而获得实现后,甲即享有该房屋的房屋所有权(该权利属物权、财产权、绝对权、支配权、非专属权、既得权)。甲向丙借款,丙对甲享有债权,为确保该债权的实现,甲将房屋抵押给丙,丙即对甲的该房屋享有抵押权,到期甲没有清偿债务,丙就可以将该房屋拍卖、变卖,从所得的价款中优先受偿。丙所享有的债权和抵押权相互关联,债权属主权利、抵押权属从权利。

3. 民事权利的行使

民事权利不会自动实现,必须通过权利主体的一定行为实现。民事权利的行使是指权利人为实现自己的权利而实施的一定行为。权利的行使是权利人实现其权利的过程,其结果是权利实现,从而满足了权利人自身的需要。

(1)民事权利行使的方式。权利主体行使权利的方式有事实方式和法律方式。事实方式是指权利主体通过一定的事实行为行使权利,如房屋所有人对自己的房屋进行占有、使用等。法律方式是指权利主体通过民事法律行为的方式行使权利,如房屋所有人对自己的房屋进行出租而获取租金,进行出卖而获取价金。

一般情况下,民事权利由权利主体自己行使,但多数民事权利并不要求权利人自己行使权利,即法律允许权利主体通过代理人来行使其权利。同时法律也规定某些民事权利只能由权利主体自己行使,如立遗嘱等与人身相关的权利。

(2)民事权利行使的限制。民事权利是私权利,因此,民事权利的行使一般由权利主体按自己的意志决定。但任何权利的行使都不是毫无限制的,民事主体行使民事权利也会受到相应的限制。

我国《宪法》第51条规定:"中华人民共和国公民在行使自由和权利的时候,不得损害国家的、社会的、集体的利益和其他公民的合法的自由和权利。"《民法典》第7条规定:"民事主体从事民事活动,应当遵循诚信原则,秉持诚实,恪守承诺。"第8条规定:"民事主体从事民事活动,不得违反法律,不得违背公序良俗。"这些规定,一方面鼓励民事主体正当行使权利,另一方面为民事主体行使权利划定了明确的界限,禁止权利人超出这些界限滥用权利而侵犯他人和社会的利益。《民法典》第132条更是明确规定："民事主体不得滥用民事权利损害国家利益、社会公共利益或者他人合法权益。"因此，民事主体在行使自己的民事权利时，应在法律规定的范围内正当行使，讲诚实，守信用，禁止滥用权利。

民事主体行使权利时滥用权利，将承担不利的后果。实践中确定民事主体是否滥用权利，应坚持主客观条件同时具备的原则。从客观上看，条件有二：首先，民事主体必须享有某种民事权利，这是滥用权利行为产生的前提，没有权利的存在，不可能构成滥用权利；其次，行为人行使权利须造成了对他人或社会的损害，即必须有客观结果。从主观上看，民事主体的行为要构成滥用权利，其主观必须有过错，该过错多数情况下表现为故意，有时也表现为过失。由于滥用权利的行为超越了法律所规定的界限，因此该行为不受法律保护，滥用权利行为人应承担相应的法律责任。如租赁合同中，承租人享有对租赁物的使用权，但承租人在行使该使用权时应当按照约定的方法或租赁物的性质使用，这一限定就是承租人使用权的范围。超越了这个范围，即未按约定的方法或租赁物的性质使用，就构成了对租赁权的滥用，这会损害出租人的权利，因此而致使租赁物受到损失的，出租人可以解除合同并要求赔偿损失。

案例

赵某与周某分别系204室和304室的业主，两户系上下相邻关系，房屋结构一致。周某购买304室房屋后对房屋进行了装修，几乎拆除了连接阳台和房间之间的全部墙体，并将原先的房间改建成卫生间，安装的马桶位于204室业主卧室的上方。赵某认为周某滥用权利，其改造装修侵犯了自己的相邻权，诉诸法院，要求周某恢复原状。

相邻关系是两个以上相互毗邻的不动产所有人或使用人在使用不动产时，相互之间应当给予便利或接受限制而发生的权利义务关系。赵某与周某作为不动产的相邻各方，应当按照方便生活、团结互助的精神，正确处理双方的相邻关系。尽管房屋所有权人有权按照自己的意愿使用住房，但权利行使必须合理、适当，不得滥用，给相邻方生活造成影响。建设部《住宅室内装饰装修管理办法》第38条规定禁止拆除连接阳台的砖、混凝土墙体，周某对自己房屋内部进行的改造违反了相关法规、规章的禁止性规定，给赵某房屋的质量及居住安全带来了一定的隐患；马桶的位置在楼下业主卧室的上方，该房间又不具备防水功能，无论从善良风俗还是从房屋的正常使用安全考虑，都将影响楼下居民的相邻权。故周某的行为属滥用权利，影响了相邻方的相邻权，其应该将改造装修的房屋恢复原状。

4. 民事权利的保护

民事权利的保护是指民事权利受到侵害时，用民事保护方法，防止或减少权利所受到的侵害或使受到的侵害得到恢复。

民法不仅规定和确认了民事主体所能享有的各种民事权利，同时也规定了民事主体违反民事义务、侵害民事权利时所应承担的民事责任以及必要的制裁方式。民事主体在其民事权利受到侵害时，可以采取民法规定的各种方法和措施对自己的权利进行保护。

民法在赋予权利人享有的民事权利内容中，给予权利人保护其权利不受侵犯的权能。这种权能表现为权利人在其合法权益受到他人妨碍或侵害时，有权运用法律提供的手段进行自我保护，或者请求有关国家机关对违法者适用法律的强制性措施予以制裁。因此，民事权利的保护方法可分为自我保护和国家保护两种。

（1）自我保护。自我保护也称私力救济，是指民事权利受到侵害时，民事主体自己采取法律所许可的必要措施保护其权利。

某些情况下，民事主体的权利受到侵害，来不及请求国家机关予以保护，如不及时制止或躲避侵害，不仅会使权利遭受损害，而且会造成社会危害。因此，各国民法均规定，民事主体可在一定程度上进行私力救济。私力救济包括正当防卫、紧急避险和自助行为。

正当防卫，是指权利人为了保护本人或者他人的人身或财产权益免受不法侵害，可以对正在进行不法侵害的违法行为人予以适度的还击，以制止正在进行的违法行为或减轻违法行为可能造成的损害。《民法典》第181条规定："因正当防卫造成损害的，不承担民事责任。正当防卫超过必要的限度，造成不应有的损害的，正当防卫人应当承担适当的民事责任。"

认定正当防卫行为应注意四个关键要件：①正当防卫行为所针对的行为只能是不法行为，对合法行为的防卫应承担民事责任。②该不法行为是正在进行的。如果不法行为尚未发生而予以防卫，则构成假想防卫；如不法行为已经结束仍予以防卫，则构成事后防卫，在这两种情况下，行为人均应承担民事责任。③防卫反击的对象只能是不法行为人本人，对其他人的"防卫"行为会构成侵权，应承担民事责任。④防卫反击的限度为必要，所谓"必要"，指的就是防卫行为只要能制止到不法行为无法继续进行即可，超过该必要限度，则构成防卫过当，防卫人应承担适当的民事责任。

紧急避险，是指为了使公共利益、自身或他人的合法权益免受正在发生的紧急危险将造成的更大损害，在别无选择的情况下，采取的造成他人较少损害的紧急措施。《民法典》第182条规定："因紧急避险造成损害的，由引起险情发生的人承担民事责任。危险由自然原因引起的，紧急避险人不承担民事责任，可以给予适当补偿。紧急避险采取措施不当或者超过必要的限度，造成不应有的损害的，紧急避险人应当承担适当的民事责任。"

认定紧急避险应注意两个最关键的要件：①迫不得已，该措施是在别无选择的情况下采取的；②丢小保大，损失了较小利益，保存了较大利益。一般而言，当人身利益与财产利益并存时，人身利益大于财产利益；财产利益并存时，则以财产利益的价值进行判断。在紧急避险中，较小利益损失者的损失由引起险情发生的人承担；如险情因自然原因而引起，紧急避险人采取措施无不当的，可以由紧急避险人给予适当补偿；紧急避险人采取紧急避险措施不当或者超过必要的限度造成不应有的损害的，紧急避险人应当承担适当的民事责任。

自助行为，是指民事主体为保护自己的合法权益而自行采取的保全措施。《民法典》第1177条规定："合法权益受到侵害，情况紧迫且不能及时获得国家机关保护，不立即采取措施将使其合法权益受到难以弥补的损害的，受害人可以在保护自己合法权益的必要范围内采取扣留侵权人的财物等合理措施；但是，应当立即请求有关国家机关处理。受害人采取的措施不当造成他人损害的，应当承担侵权责任。"

自助行为的采取应符合四个条件：①自助行为保护的对象必须是自主行为人自己的合法民事权益；②采取自助行为的时间要素，必须是在合法权益受到侵害、情况紧迫不能及时获得国家机关保护，如果不立即采取措施会使其合法权益遭受难以弥补的损害的情况下；③自助行为的具体措施必须采取法律所许可的方式，通常是针对侵权人的财物采取暂时的扣留措施，或者实施其他不违反法律禁止性规定的行为；④自助行为人应在采取措施后当即请求国家机关处理。

案例

佘某某、李某系夫妻关系，二人经营餐馆。马某等人在佘某某、李某经营的餐馆就餐，餐费为260元左右，未结账就离开。李某发现后沿路追赶，看到马某等人即呼喊买单再走，马某等人遂分散走开，其中马某距离李某最近，李某便紧跟着马某，并拨打110报警。随后，佘某某赶到，与李某一起追赶马某，马某在逃跑过程中摔伤。经鉴定，马某损伤程度属轻伤二级，住院治疗产生医疗费等支出。马某遂诉至人民法院，请求判令佘某某、李某赔偿其各项经济损失4万余元。法院审查后认为，马某等人就餐后未买单，也未告知餐馆经营人用餐费用怎么处理即离开饭店，属于吃"霸王餐"的不诚信行为，经营者李某要求马某等人付款的行为并无不当。李某、佘某某在发现马某等人逃跑后阻拦其离开，并让马某买单或者告知请客付款人的联系方式，属于正当的自助行为，不存在过错。马某在逃跑过程中因自身原因摔伤，与李某、佘某某恰当合理的自助行为之间并无直接因果关系，李某、佘某某不应对马某摔伤造成的损失承担赔偿责任。

（2）国家保护。国家保护又称公力救济，指当民事权利受到侵害时，权利主体请求国家机关通过法定程序予以保护。

公力救济是保护民事权利最主要的方法，其最常见的方式就是通过诉讼来保护民事权利。民事权利受侵害时，原来正常的民事权利义务关系的实现受到阻碍和干扰，从而产生一个保护性法律关系，权利人向人民法院提起民事诉讼，人民法院行使公权力强制不法行为人承担民事责任，以对正常的权利性民事法律关系加以补救。

（二）民事义务

1. 民事义务的含义

民事义务，是指义务主体为满足权利主体的利益需要在限定范围内为或不为一定行为的法律负担。其具体含义表现在：

第一，民事义务具有利他性。义务主体必须依据法律规定或合同约定，为一定行为或不为一定行为，以满足权利人的利益。

第二，民事义务具有限定性。义务人只承担权利限定范围内的义务，即只承担法律规定或合同约定范围内的义务。

第三，民事义务具有约束性。义务主体必须履行自己所承担的义务，否则将依法承担民事责任。

2. 民事义务的分类

民事义务从不同的标准分类，就有不同的类别。主要有以下几种：

（1）根据民事义务的发生原因不同，可将其分为法定义务和约定义务。

法定义务，是指直接根据法律规定而产生的义务。如物权关系、人身权关系中不特定的义务主体所承担的消极不作为义务即属于法定义务。约定义务，是指由当事人自行协商而确定的义务。如合同关系中债务人所承担的合同义务即为约定义务。

（2）根据民事义务履行的方式不同，可将其分为积极义务和消极义务。

积极义务又称作为义务，是指义务人必须做出积极行为的义务。如买卖合同关系中，买方支付价款、卖方交付标的物的义务都属于积极义务。消极义务，是指义务人不作为的义务。如所有权关系中，义务人所承担的不得妨碍所有人行使所有权的义务。

（3）根据民事义务对义务主体的依附性，可将其分为专属义务和非专属义务。

专属义务，是指义务人必须亲自履行而不得由他人代为履行的义务。如加工承揽合同中，加工人所承担的加工完成定作物的义务。非专属义务，是指义务人不必亲自履行而可以由他人代为履行的义务。如买卖合同中买方支付价款和卖方交付标的物的义务都属于非专属义务。

3. 民事义务和民事权利的关系

民事权利和民事义务共同构成民事法律关系的内容，两者相互联系、相互制约、相互适应、同时并存，形成对立统一的关系。

一方面，民事权利和民事义务互相依存，当事人一方享有民事权利，另一方必然负有相应的民事义务，反之亦然，有民事义务必有民事权利。民事权利靠民事义务辅佐达成，民事义务的履行就是民事权利的实现，一方当事人不履行民事义务，另一方当事人的民事权利就无从实现。

另一方面，民事权利与民事义务又相互对立，民事权利是为满足权利人自己利益需要，具有利己性，而民事义务是为满足他人即权利人的利益需要，具有利他性；民事权利是一种"可为"，而民事义务是一种"必为"，民事权利体现了当事人的自由，民事义务则体现了对当事人的约束。

即使是权利人在行使民事权利时，也可能有某种民事义务的负担。《民法典》第131条规定："民事主体行使权利时，应当履行法律规定的和当事人约定的义务。"此时，权利人同时也是义务人，既可以行使相应权利，也应当履行相应义务。

三、民事法律事实

作为民事主体之间的一种社会关系，民事法律关系均有一个发生、变更、终止的过程，这种变动的过程必然是由一定的原因引发的，这个原因就是民事法律事实。

（一）民事法律事实的含义及特征

民事法律事实，是指民事法律规范规定的能够引起民事法律关系产生、变更和消灭的客观现象。民事法律规范本身并不能在民事主体之间引起民事权利义务关系，只是赋予民事主体享有民事权利、承担民事义务的可能性，只有在客观上出现了一定的事实条件，民事主体之间才能实际形成相应的权利义务关系，才能引发民事法律关系产生、变更或消灭。例如，法律规定父母有抚养未成年子女的权利和义务，只有在孩子出生这一事实出现后，才在父母和未成年子女之间产生亲子关系，父母才实际取得法律所规定的亲权，并实际承担抚养的义务。由此可见，民事法律关系是民事法律规范的规定和实际发生的民事法律事实共同作用的结果。

1. 民事法律事实具有客观性

民事法律事实是一种客观现象，是存在于人的主观意识之外并且可以为人所认识的客观存在。有的法律事实完全与人的意志无关，有的法律事实与人的意志相关，但具有表露于外的形式从而使他人知晓，纯属个人内心意思，没有外在表现形式的不是民事法律事实。

2. 民事法律事实是合乎民事法律规范的客观现象

并非所有客观现象都是民事法律事实，只有符合民事法律规定的客观现象，才能引起民事法律关系的产生、变更和消灭。例如，刮风、下雨这样的自然现象一般不会引起民事法律关系的变动，但如果是台风、洪水等自然灾害，依照法律的规定构成不可抗力的，则属于民事法律事实，可以成为当事人不履行相应民事义务的免责事由，从而引起相关民事法律关系的变更甚至消灭。

3. 民事法律事实引起的法律效果取决于法律的规定

民事法律事实能否引起一定的法律效果、引起何种特定的法律效果，均由法律予以规定。民事主体不能自行决定民事法律事实引起的法律效果，即使某些民事法律事实的出现与民事主体的意志有关，其引起的法律效果也是由法律事先规定的。

（二）民事法律事实的基本类型

民事法律事实多种多样，根据其是否与民事主体的意志有关，可以分为事件和行为两种基本类型。

1. 事件

事件，是指与民事主体的意志无关的、能够引起民事法律效果的客观现象。与民事主体的意志无关，指的是该现象本身不直接包含民事法律关系主体的意志，并非指该现象的发生或者出现与人的意志毫无关系。

事件包括自然事件、社会事件和状态。

（1）自然事件是指某种偶发的、不能归因于人的客观现象。常见的自然事件有：①人的出生、自然死亡，它能引起民事主体资格的产生或消灭、继承法律关系的产生等；②自然灾害，如地震、洪水、台风、瘟疫等，它能够引起合同关系的变更、解除，或者导致保险合同所附条件成就，引起保险金的赔付，或者免除侵权行为人的民事责任等。

（2）社会事件包括战争、动乱或者事故，以及人为原因导致的死亡、人的失踪等。虽然是由人的行为引起的事件，作为事件的原因与人的行为有关，但事件本身与民事法律关系主体的意志无关。例如，因发生交通事故导致道路拥堵，网约车乘客与司机协商后下车改乘地铁，乘客与司机之间的运输合同关系消灭，引发该民事法律关系消灭的原因与双方当事人的意志无关，事件本身不含有乘客与司机的意志属性。再如，某人在车祸中丧生，引起婚姻法律关系的终止，意外死亡这一事实与死者及其配偶的意志完全没有关系。

（3）状态是指某种客观现象的持续，如时间的经过，一定时间的经过可以依法导致一定的法律效果的发生。例如，正常人年满18周岁就具有完全民事行为能力，可以独立地进行民事活动；再如，根据时效制度的规定，时效期间届满，可以使权利人取得一定的权利或者使其权利归于消灭。

2. 行为

行为是指与民事主体的意志有关的、能够引起一定民事法律效果的客观现象。

作为民事法律事实的行为，根据不同的标准，可以分为：

（1）合法行为和违法行为。合法行为是指符合法律规定或者为国家法律认可的行为，合法行为的实施产生有利于行为人的民事法律效果。凡是违反法律规定、侵害他人合法权益的行为就是违法行为，违法行为人应当依法承担相应的民事责任，如损坏他人的物品、侵害他人物权的，依法应当承担赔偿责任；违反合同约定的，应当承担违约责任。

（2）自己的行为和他人的行为。自己的行为是指当事人自己实施的产生民事法律效果的行为，如订立合同，引起当事人之间合同法律关系的产生。他人的行为指非由当事人实施却在当事人之间发生民事法律效果的行为，例如债务人的债权人行使代位权，可以导致债务人与次债务人之间的债权债务关系消灭。

（3）民事法律行为和事实行为。民事法律行为，是指民事主体通过意思表示设立、变更、终止民事法律关系的行为，包括有效的民事法律行为、无效的民事法律行为、可撤销的民事法律行为和效力待定的民事法律行为。事实行为，指民事主体实施的没有预期目的但能够依法直接产生一定民事法律效果的行为。事实行为人主观上并无设立、变更或终止某一民事法律关系的意识，但其行为符合法律规定的构成要件，从而引起相应的民事法律效果。例如，拾得遗失物、发现埋藏物、先占、无因管理、侵权行为等，都是事实行为。

（三）民事法律关系的事实构成

民事法律关系的事实构成，是指引起民事法律关系的产生、变更或消灭的两个以上的民事法律事实的总和。一般情况下，一个民事法律事实足以构成一个民事法律关系产生、变更或消灭的原因，但在某些情况下，一个民事法律关系的变动需要两个或两个以上的民事法律事实相互结合为依据。例如，遗嘱继承关系的发生，必须以被继承人立有合法有效的遗嘱、被继承人死亡和继承人在继承开始时未死亡以及继承人没有放弃继承权四个法律事实同时存在为前提。这样的民事法律关系，只有在事实构成具备的情况下，才能产生、变更或者消灭；仅有部分民事法律事实出现，则不会发生变动的结果。

> **案例**
>
> 程某与林某为夫妻。程某父亲去世时在市内留有住房一套，一直未进行继承分割，由程某的母亲居住。后林某起诉离婚，程某即以公证的方式放弃继承该房屋，1个月后两人调解离婚。离婚后，林某以程某放弃继承的房屋应是婚姻关系存续期间已由其继承取得、属于夫妻共同财产为由，起诉到人民法院，请求判令程某放弃继承的行为无效，并对争议房屋及其他尚未分割的财产进行分割。程某认为自己放弃继承父亲遗产无需征得原告同意，且继承遗产与否并不影响其应尽的义务，主张放弃继承的行为合法有效。
>
> 法院审查后认为，被告放弃继承是对自己依法享有的继承权的处分，虽然会影响原告可主张的夫妻共同财产的范围及数额，但并不影响被告对原告法定义务的履行，应属合法有效；且在双方离婚时被告并未实际取得可继承房屋的份额，因此不支持原告要求分割诉争房屋的诉讼请求。
>
> 本案中，林某是否对程某可以继承的房屋享有共同财产权，关键在于是否具有形成该物权法律关系的民事法律事实。根据《民法典》"婚姻家庭编""继承编"和"物权编"的规定，婚姻关系存续期间，一般情况下夫妻一方继承所得的财产为夫妻共有财产，但是从遗产转化为夫妻共同财产需要满足下列要件：①夫或妻一方有继承权；②继承人没有放弃继承权；③遗产分割完成；④不动产登记在继承人名下。程某在遗产分割前放弃继承权，相关遗产也未分割，程某对该房屋并不享有所有权，其所能继承的房屋转化为与林某的共同财产严重欠缺相应要件。

作为社会的一员，不管是自然人还是法人、非法人组织，在从事社会活动时必然会与其他社会成员产生各种各样的关系，对于这些关系的性质应当根据法律的相关规定进行判断。形成民事法律关系的，应当注意当事人各自的民事权利和民事义务，依法行使权利、履行义务，以利于民事活动的有序开展。

引例分析

1. 王某前往 A 派出所为女儿申请办理户口登记，被告知不符合办理出生登记条件。但王某坚持以"素笺淡墨"为姓名为女儿申请户口登记，A 派出所依法于当日作出拒绝办理户口登记的决定。A 派出所为行政机关，王某为行政相对人，在这一法律关系中二者并非平等主体，因此二者之间形成的关系不是民事法律关系，而属于行政法律关系。

2. 本案所存在的民事法律关系有以下四种：①基于出生的事实，在王某、张某夫妇与其女儿之间形成监护关系，王某、张某夫妇是义务主体，承担抚养、教育未成年女儿的义务，其女儿是权利主体，享有要求其父母监护的权利；②基于保险合同的签订，王某、张某夫妇与 B 保险公司之间形成保险合同关系，王某、张某夫妇承担缴付保险费的义务，保险公司承担依合同约定向王某夫妇的女儿支付保险利益的义务；③基于侵权行为，王某和张某之间形成人身伤害损害赔偿之债，张某有要求王某赔偿的权利，王某承担着赔偿医药费等损失的义务；④基于医生鲁某的医疗过失侵权行为，张某和 C 医院之间形成医疗损害赔偿关系，张某是权利人，有权要求医院赔偿因医疗过失行为造成的相关损失，医院承担赔偿的义务。

相关法律规范

1. 《中华人民共和国宪法》第 51 条。

2. 《中华人民共和国民法典》第 2~3、5~9、109~132、176~187、990、1055~1062、1067~1072、1074~1075、1124、1177 条。

3. 《最高人民法院、最高人民检察院、公安部关于依法适用正当防卫制度的指导意见》。

思考与练习

一、结合本项目原理，回答以下问题：

1. 在社会生活中，应当如何行使及保护自己的民事权利？

2. 举例说明民事权利和民事义务的关系。

3. 精神病人打伤他人，能不能引起民事法律关系的产生？为什么？

二、结合本项目原理，作出正确选择：

1. 下列哪种情形成立民事法律关系？（　　　）

A. 甲与乙约定某日商谈合作开发房地产事宜

B. 甲对乙说：如果你考上研究生，我就嫁给你

C. 甲不知乙不胜酒力而极力劝酒，致乙酒精中毒住院治疗

D. 甲应同事乙之邀前往某水库游泳，因抽筋溺水身亡

2. 甲殴打乙致乙死亡，为此甲赔偿乙的家属 2 万元。乙家属料理后事后，分割了乙的财产。引起上述侵权赔偿关系和财产继承关系产生的法律事实分别是（   ）。

A. 事件、行为
B. 行为、事件

C. 事件、事件
D. 行为、行为

3. 关于民事法律关系类别的表述，正确的有（   ）。

A. 任何民事法律关系中都必须有义务主体

B. 物权关系和债权关系都属于民事法律关系中的财产关系

C. 民事法律关系的权利主体都是特定的

D. 民事法律关系的义务主体都是特定的

4. 下列选项中，既属于绝对法律关系，又属于财产法律关系的是（   ）。

A. 物权法律关系
B. 知识产权法律关系

C. 人格权法律关系
D. 债权法律关系

5. 以下民事法律关系中属于绝对法律关系的是（   ）。

A. 甲将乙打伤，乙要求赔偿

B. 甲目前拥有的财产包括汽车、房屋和若干现金

C. 乙对"力康"商标享有商标权

D. 甲公司卖给乙公司 300 台冰箱

6. 甲公司与乙公司订立一买卖合同，甲将 5 辆汽车卖给乙，此民事法律关系的客体是（   ）。

A. 买卖合同
B. 5 辆汽车

C. 买卖行为
D. 汽车所有权

7. 下列不能成为民事法律关系的客体的是（   ）。

A. 塘中的鱼
B. 夜空中的星星

C. 不作为
D. 企业的名称权

8. 下列可以为民事法律关系的主体有（   ）。

A. 聋哑人
B. 合伙企业

C. 学校
D. 个体工商户

三、结合本项目原理，判断下列表述是否正确：

1. 赵某在其房顶上架设一电视天线。一日突然刮起龙卷风，将电视天线吹飞 20 米，把另一住户的窗玻璃打烂。这是不可抗力导致的损害后果。（   ）

2. 某化工厂排出的污水超过国家规定的排污标准，流入附近农户鱼塘，使鱼大量死亡。水的流动基于自然规律，该厂的污水流入鱼塘是自然事件。（   ）

3. 赵某将一间房出租给郑某。在租赁期间，赵某打算把房子卖掉，其邻居周某表

示愿意购买，郑某也想买，并提出他是承租人，在同等条件下有优先购买权。郑某与赵某形成房屋买卖法律关系需要两个民事法律事实：一是有房屋租赁合同，二是郑某购买房屋的价款等于或者高于周某的出价。（　　　）

四、结合本项目原理，分析以下案例：

1. 郑某将其一套房屋卖给李某、王某夫妇，约定价款为 198 万元。由于郑某购买该房时办理了按揭，尚有 86 万元银行贷款未清偿，双方遂约定李某夫妇先替郑某偿还银行贷款，同时给付房款 60 万元，在办理房屋产权过户手续后再结清余款。在银行及房产部门工作人员的见证下，李某夫妇为郑某偿还了 86 万元银行欠款。一个月后，房产部门为李某夫妇办理了房产过户手续，李某夫妇取得了房屋产权证，将剩余的 52 万元房款转账给了郑某。李某、王某对购得的房屋进行装修，装修完毕准备入住的时候，房屋却被李某磊强行占住。李某磊声称：郑某向其借款 180 万元，郑某在借条上写明不能清偿债务时以该套房屋抵债。而郑某一直没有偿还这笔债务，李某磊认为该套房屋用于折抵债权，应该归其所有。李某夫妇认为自己是该套房屋的所有权人，郑某的债务与己无关。李某夫妇带了几个朋友，将李某磊在房中的物品搬出，双方发生冲突，李某被李某磊殴打导致脑震荡。

本案中存在哪几个民事法律关系？各民事法律关系属于何种类型？各民事法律关系的主体、内容、客体各是什么？

✧思考方向：

（1）明确民事法律关系的判断标准，正确区分郑某、李某、王某、银行、李某磊之间的关系，找出其中的民事法律关系。

（2）明确民事法律关系的分类标准，正确判断案例中民事法律关系的类型，进而确定其主体、内容和客体。

2. 赵某对李某提起离婚诉讼，法院开庭审理之后未当庭作出判决。赵某乘出租车回家，出租车司机杨某超速驾驶，在十字路口与一货车相撞，杨某与赵某当场死亡。李某因离婚和赵某之死受到刺激，精神异常。出租车公司支付赵某死亡赔偿金 25 万元。赵某和李某的儿子赵某东年仅 10 岁，赵某的哥哥赵甲认为赵某东年纪小不懂事，要求出租车公司将死亡赔偿金直接转入自己的账户，由其替赵某东保管。赵某与李某的银行存款 30 万元也被赵甲取出并存入他自己的账户。赵某东的外祖父李丁认为赵甲企图侵吞赵某东的财产，要求赵甲把死亡赔偿金和 30 万元存款还给赵某东。此时，法院向李某送达离婚判决书，判决她与赵某解除婚姻关系。

本案中，有几个民事法律事实？这些民事法律事实引起哪些民事法律关系的发生、变更和消灭？

✧思考方向：

（1）明确什么是民事法律事实，其基本类型有哪些。

（2）找出案例中存在的客观现象，判断这些客观现象是否为民事法律事实，进而确定本案中有哪些民事法律关系产生、变更或者消灭。

情境训练　民事法律关系的认定

情境案例

王某移居国外，在出国前将其房屋出租给张某居住，租期 5 年，并委托其好友李某代管房屋，负责收取租金和房屋的维护维修工作。4 年后，李某考虑到王某长期居留国外，就以业主的身份将该房屋出售给钱某，价款 650 万元，双方约定房屋买卖合同成立即支付 50% 的价款，3 个月后办理过户手续，办完手续再支付剩余的 50% 价款。钱某支付完一半价款后要求张某搬出，遭张某拒绝。张某认为租期未满，谁也不能叫他搬走；而且他作为承租人享有优先购买权，提出要以 680 万元购买该房屋，并准备联系王某。此时钱某才知道该房屋属王某所有。

钱某找李某理论，要求其交房，并称其是因为要结婚才购房，如果交易不成将影响婚期。张某则要求李某解除与钱某的房屋买卖合同，将房屋卖给自己。李某称该房屋卖给谁由王某决定。

训练目标

通过实训，使学生进一步理解民事法律关系的构成，掌握民事法律关系产生、变更、终止的条件，能够正确判断不同社会关系的法律性质，准确归纳当事人争议的焦点，形成解决民事争议的正确思路。

完成以下工作任务：

（1）准确判断各方当事人之间存在的民事法律关系，列明全部相关的民事法律事实。

（2）正确判断相关民事法律关系的权利和义务内容，对当事人的争议作出正确处理。

训练方法

1. 课堂讨论。针对案例由教师或者学生提出问题，由学生自主进行探讨、论证，教师进行辅导、点评。

2. 角色模拟。学生分组，每组 4~6 人，分别扮演王某、李某、张某和钱某，根据案情模拟他们形成民事法律关系、产生争议以及解决争议的过程。

训练步骤

步骤 1. 确认民事法律关系。确定案例中有哪些民事主体，各个主体之间存在什么样的民事法律关系，各个民事法律关系分别是由哪些民事法律事实引起的。

步骤 2. 明确各个民事主体的权利、义务。判断各个民事法律关系中对应的主体各享有何种民事权利、承担何种民事义务。

步骤 3. 归纳各方当事人的主张。分别列出钱某、张某各自的主张及可能涉及的法律依据，判断李某和王某可能作出的回应。

步骤 4. 解决争议。为解决纠纷提出相应的方法和途径，确定争议房屋的归属。

拓展阅读

1. ［德］鲁道夫·冯·耶林：《为权利而斗争》，郑永流译，法律出版社 2007 年版。

2. 申卫星："溯源求本道'权利'"，载《法制与社会发展》2006 年第 5 期。

3. 易军："民法公平原则新诠"，载《法学家》2012 年第 4 期。

4. 黄诗怡："人人贷模式下各方主体民事法律关系探究"，载《法制与社会》2014 年第 19 期。

5. 石水元："论绿色原则在民法中的体现"，载《法制博览》2018 年第 3 期。

6. 张文显："民法典的中国故事和中国法理"，载《法制与社会发展》2020 年第 5 期。

民事主体

　　民法是调整平等主体之间的财产关系和人身关系的法律规范的总和，受民法调整的平等主体即民事法律关系的主体，包括自然人、法人和非法人组织。我国民法分别对上述三种主体从其民事能力的取得、消灭到其民事权利、义务的内容等方面予以规范，制定了基本适应我国民事活动及民事交易习惯的民事主体制度。

知识目标

　　1. 理解自然人民事权利能力和民事行为能力的含义，掌握自然人民事权利能力开始与终止的标准，掌握我国民法划分自然人民事行为能力的规定。

　　2. 熟悉监护制度的基本内容，了解自然人户籍和住所的有关规定。

　　3. 掌握宣告失踪和宣告死亡的适用条件及其法律效果。

　　4. 理解法人的民事能力，掌握法人的成立条件，了解其变更和终止的法律规定。

　　5. 理解非法人组织的含义，掌握合伙的内外关系和责任承担，了解其他非法人组织的相关规定。

能力目标

　　1. 能准确认定各种民事主体的民事能力，正确判断其是否具备进行某项具体民事活动的主体资格。

　　2. 能够为无民事行为能力人和限制民事行为能力人正确地选定监护人。

　　3. 能正确处理宣告失踪和宣告死亡的申请与判决等实务问题。

　　4. 能够为法人的成立准备必需的材料，正确判断法人的责任范围。

　　5. 能正确处理合伙债务的承担。

项目一　自然人

引例 1

　　胡某 7 岁的儿子小强平时非常淘气，经常用石头砸别人的窗户、攀摘树木花草等。一日，小强在马路边玩耍时，遇见有人用三轮车拉着镜子。邻居盛某见状说："你有本事把那个镜子砸碎，算你厉害。"小强听完当即就拿起石头砸过去，致使价值 400 多元的镜子被砸碎。事后，镜子的主人找到胡某要求赔偿，胡某支付了相当的价款，但随即得知是盛某唆使小强，便要盛某赔偿。盛某说，"自家小孩调皮惹祸当然由你自己负责"，以此为由拒绝赔偿。

问题：

1. 小强平时砸坏的东西应由谁赔偿？为什么？

2. 镜子的损失最后应由谁来承担？

■■■ **引例 2**

余某（女）与赵某（男）婚后生育一女孩，赵某经常整天在外吃喝玩乐，甚至与其他女性发生不正当关系，对余某母女不尽任何家庭义务。后赵某外出打工，再也没有回来，也未跟家中有任何联系。3 年后余某向法院起诉，要求与赵某离婚。案件审理期间，赵某经公告传唤仍未到庭参加诉讼。

问题：

1. 法院能否宣布赵某为失踪人？

2. 法院应否判决余某与赵某离婚？

■■■ **基本理论**

自然人的民事能力是法律赋予自然人这一民事主体进行民事活动、谋求自身利益的合法资格。民事权利能力的认定，必须把握自然人出生与死亡的时间和标准，对胎儿利益的保护从理论到实务都要深刻理解民事权利能力的内涵。民事行为能力的分类，虽然在各国民法中规定不同，却基本上是以抽象的技术性标准为未成年人和精神病患者的利益保护以及社会利益的维护设定了合理的界限。自然人的户籍和住所问题，在很大程度上是自然人的民事行为能力落实到实践中所展现的法律性技术处理的两个方面，不仅关乎民法的规范，还涉及行政法甚至刑法等规范的适用。

自然人是指基于自然规律出生而取得民事主体资格的人。

第一，自然人是生物学意义上的人。民法上所称的自然人必须是基于自然规律出生并存活的人。不是生物学意义上的人的生命体，不能成为自然人；无生命的人体或丧失生命的人体以及存活于母腹而尚未出生的胎儿，也不是自然人。这里有必要指出的是，为法律所许可并且在社会生活中常见的通过人工授精形成胚胎后移于母腹所孕育生产的"试管婴儿"以及通过剖腹产方式出生的婴儿，均当然属于民法上所称的自然人，因为这是借助医学手段自母体出生的，并不违背自然规律。[1]

第二，自然人是被赋予民事主体资格的人。人因出生而作为一种生命体存在，是人的自然属性；可以作为民事主体而享有民事权利、承担民事义务则是人的法律属性。现代民法均赋予生物学意义上的人以民事主体资格。

---

〔1〕 刘士国主编：《民法总论》，上海人民出版社 2001 年版，第 1 页。

一、自然人的民事能力

（一）自然人民事权利能力

1. 自然人民事权利能力的含义与特征

（1）自然人民事权利能力的含义。自然人的民事权利能力是法律赋予自然人享有民事权利、承担民事义务的资格。主体之所以成为主体，就是因为能够在法律上享有权利和承担义务，离开对权利义务的享有和承担，主体就不能成为主体。因此，主体必须有权利能力，有权利能力是主体资格的标志，是具有人格的内容。因而这里所谓的权利能力，是主体资格、人格或地位的意义，而不是一般意义上的人们做事的能力大小或强弱问题。民事权利能力为自然人享有民事权利、承担民事义务提供了可能性。不过，自然人要将这种可能性转化为现实性，还必须具有相应的行为能力，参加相应的民事活动，形成具体的民事法律关系。因此，仅具有民事权利能力并不能当然使自然人通过自己的行为取得权利，也无法通过自己的行为行使权利。

（2）自然人民事权利能力的特征。自然人的民事权利能力具有平等性、不可剥夺性及不可转让性。

第一，平等性。《民法典》第14条规定："自然人的民事权利能力一律平等。"根据这一规定，自然人享有平等的民事权利能力，不受民族、种族、性别、年龄、职业、职务、宗教信仰、教育程度、家庭出身、财产状况等的影响。

自然人民事权利能力一律平等指的是参与机会的平等，它赋予自然人同样的参与民事活动的机会，而不是结果的平等。

关于外国人和无国籍人在本国的民事法律地位，各国经历了由不承认主义到有限承认主义、相互对等主义，再到平等主义的发展过程。现今多数国家采取平等主义的立法政策，但这并不意味着两者的民事权利能力范围完全一致，现实中由于各种复杂的原因两者之间还存在诸多差别。

第二，不可剥夺性。现代社会中，从事民事活动是自然人维持生存并图谋发展的重要途径，而民事权利能力则是从事民事活动的前提和基础。民事权利能力与主体的生存须臾不可分，剥夺其民事权利能力无异于将其放逐于社会之外，有关当事人将无法生活。因此，任何自然人的民事权利能力均不受限制和剥夺。

第三，不可转让性。现代社会致力于承认并保障每个人的主体地位，反对将人视为客体的做法。为了确保这种秩序，法律对主体的自由范围作了限制，即民事权利能力不得放弃与转让。即使当事人要转让、抛弃民事权利能力，法律亦不承认其效力。

> **知识链接**
>
> 民事权利能力与民事权利有如下区别：
>
> 自然人的民事权利能力与其享有的民事权利是两个既有内在联系又有重要区别的

概念，两者的区别主要是：

第一，民事权利能力是享有民事权利的资格和前提；而民事权利是基于这种资格参加民事法律关系而取得的利益，是自然人的民事权利能力得以实现的结果。

第二，民事权利能力包括享有民事权利和承担民事义务的资格这两方面内容；民事权利和民事义务则是两个不同的概念，它们在民事法律关系中互相独立，民事权利本身并不包含义务。

第三，民事权利能力与自然人的人身须臾不可分，不得转让、抛弃，也不得被剥夺；而民事权利，除专属权外，自然人可以依自己的意志转让、抛弃，并且也可以依法受到限制。

第四，民事权利能力作为一种抽象的资格，具有平等性；而每个人享有的具体民事权利则因各人的条件不同、参加的民事法律关系各异千差万别。

2. 自然人民事权利能力的开始

《民法典》第13条规定："自然人从出生时起到死亡时止，具有民事权利能力，依法享有民事权利，承担民事义务。"由此可见，自然人的民事权利能力始于出生，终于死亡。

对出生的标准，民法理论上有多种观点，比较重要的有阵痛说、一部露出说、全部露出说、啼哭说、独立呼吸说等。[1] 我国采用了医学上公认的标准，即胎儿完全脱离母体且具有生命，这实际上采用的是独立呼吸说。出生的要件有两个：一为"出"，即胎儿完全脱离母体；一为"生"，即胎儿脱离母体后有独立的生命，能够独立呼吸。出生的婴儿只要有生命，不论存活的时间长短，均在该时间内具有民事权利能力。这一点在继承法上尤其有意义，例如，母亲甲因难产而死亡，如果婴儿是死产，则该婴儿无权继承母亲的遗产，而应由其父亲乙及其他合法继承人（如甲的父母）继承；如果该婴儿是活着出生，即使仅仅活了很短的时间，仍然有权继承甲的遗产，在该婴儿死亡后，乙作为第一顺序继承人继承该婴儿的遗产。

值得注意的是，上述关于出生的标准以及时点的判断只是一种理论上的应然，而实践中能否对这一时点正确认知则是另一问题。实践中涉及某一自然人的出生时间问题时，往往由于时隔很久或存在利益冲突，有关当事人在该问题上会存在争执，因此司法实践中需要借助一定的证据来证明出生时间，这就是出生证明制度。《民法典》第15条规定："自然人的出生时间和死亡时间，以出生证明、死亡证明记载的时间为准；没有出生证明、死亡证明的，以户籍登记或者其他有效身份登记记载的时间为准。有其他证据足以推翻以上记载时间的，以该证据证明的时间为准。"出生时间是一个客观存在的事实，而且寄托了该自然人和利害关系人的真实情感，户籍证明以医院出生证明为依据，既具有高度的盖然性，也合乎情理。

---

〔1〕 王利明：《民法总则研究》，中国人民大学出版社2003年版，第335页。

还有一个重要的问题就是对胎儿利益的保护。《民法典》第 16 条规定："涉及遗产继承、接受赠与等胎儿利益保护的，胎儿视为具有民事权利能力。但是，胎儿娩出时为死体的，其民事权利能力自始不存在。"胎儿作为一种独特形态的生命体，在母体里可以感受母体及外界的刺激，似乎有着如同正常出生后的基本活动意识和活动能力。是否应当从法律层面保护胎儿的利益以及如何给予保护，涉及胎儿的民事权利能力问题，对此不同国家和地区有不同的规定，主要有三种立法例：

第一种是总括保护主义，即只要其出生时尚生存，胎儿就被视为出生前即具有权利能力。如《瑞士民法典》第 31 条第 2 款规定："胎儿只要出生时尚生存，出生前即具有权利能力的条件。"我国台湾地区"民法"第 7 条亦规定："胎儿以将来非死者为限，关于其个人利益之保护，视为既已出生。"

第二种是个别保护主义，即胎儿原则上无民事权利能力，但在个别情况下，视胎儿为已出生者，具有民事权利能力，对其利益予以保护；法律所列举的胎儿利益，主要是损害赔偿请求权、继承权和受遗赠权。如《德国民法典》第 1923 条规定："只有在继承开始时生存的人，才能成为继承人。在继承开始时尚未生存但已被孕育成胎儿的人，视为在继承开始前已经出生。"

第三种是绝对贯彻自然人民事权利能力始于出生的原则，不承认胎儿有民事权利能力，但考虑到其出生后的利益，法律设有特别的保护性规定，这主要见于遗产继承领域。这就是《民法典》第 16 条所述内容。《民法典》第 1155 条亦规定："遗产分割时，应当保留胎儿的继承份额。胎儿娩出时是死体的，保留的份额按照法定继承办理。"

3. 自然人民事权利能力的终止

（1）自然人的民事权利能力终于死亡。法律上所称的"死亡"包括自然死亡与宣告死亡。因年老寿终正寝，因疾病死亡，因事故死亡等都是自然死亡。无论何种原因，只要客观地导致自然人生命终止的事实发生都是自然死亡。关于宣告死亡的问题详见后述。自然人的民事权利能力终止后，其本人不再是民事主体，无所谓死者的民事权利。死者的人格遗留利益则是死者亲属或人类社会生活秩序的利益。因此，对死者人格遗留利益的侵害，实质是对其亲属利益和社会利益的损害。

（2）自然人死亡时间的认定及推定。自然人的死亡事关民事权利能力的终止，其法律后果主要有死亡人原来享有或承担的民事权利义务的变更、终止，婚姻关系的终止，以及继承的发生等，因此正确认定死亡时间具有重大的法律意义。关于自然死亡的时间，民法学说主要有三种，即心脏停止跳动说、呼吸停止说、脑电波消失说。我国司法实践中仍采取传统医学上公认的呼吸和心跳均告停止作为自然人死亡的标准。与出生时间相同的是，实践中也会对死亡时间发生争议，因此需要采用一定的证据予以证明。实践中以医院或其他机关出具的死亡证明书载明的死亡时间为准，但死亡证明书记载的时间应与自然死亡的实际时间相一致，否则就不具有法律效力。

几个自然人在同一事件中死亡又不能确定死亡先后时间的，如何确定死亡的先后顺序？这牵涉到死亡时间推定的问题。《民法典》第 1121 条第 2 款规定："相互有继承关系的数人在同一事件中死亡，难以确定死亡时间的，推定没有其他继承人的人先死亡。都有其他继承人，辈份不同的，推定长辈先死亡；辈份相同的，推定同时死亡，相互不发生继承。"这一规定主要是从保护继承人的权益出发，依据自然顺序来解决该问题。

知识链接

脑死亡，是指包括脑干在内的全脑功能丧失的不可逆转的状态。不少国家过去一直把"心跳停止"和"呼吸消失"作为死亡的标准。随着医学科技的发展，病人的心跳、呼吸、血压等生命体征都可以通过一系列药物和先进设备加以逆转或长期维持，但是如果脑干发生结构性破坏，无论采取何种医疗手段均无法挽救患者。脑死亡有别于"植物人"。"植物人"的脑干功能存在，昏迷只是由于大脑皮层受到严重损害或处于突然抑制状态，病人可以有自主呼吸、心跳和脑干反应，而脑死亡患者则无自主呼吸，是永久、不可逆的。

自 1968 年美国哈佛大学死亡定义审查特别委员会提出脑死亡判断指标以来，世界上已有 80 多个国家和地区陆续建立了脑死亡标准，一些国家还制定了相应的脑死亡法，也有国家采用脑死亡和心脏死亡标准并存的方式。

毕竟人类对大脑还知之甚少，近年来一些脑死亡后重新恢复自主呼吸甚至意识的"奇迹"似乎表明脑死亡并不足以证明一个人真正死亡。有鉴于此，多数承认脑死亡为死亡依据的国家还保留有传统的"自主呼吸停止，心脏停跳，瞳孔放大，血压为 0"等判定死亡的标准，脑死亡仅仅是辅助判定标准。

（二）自然人民事行为能力

1. 自然人民事行为能力的含义和特征

（1）自然人民事行为能力的含义。自然人的民事权利能力只是自然人成为民事主体、享有民事权利及承担民事义务的资格，而要实施法律保护的民事法律行为，则要具备相应的民事行为能力。

自然人的民事行为能力，是指自然人能够以自己的独立行为取得民事权利和承担民事义务的法律资格。

（2）自然人民事行为能力的特征。自然人的民事权利能力与民事行为能力密切相关，民事权利能力是自然人具有民事行为能力的前提。不过，自然人的民事行为能力和民事权利能力仍然存在如下区别：

第一，任何自然人均平等地拥有民事权利能力，但不同的自然人所具有的民事行为能力是有所不同的。

第二，自然人的民事权利能力始于出生、终于死亡，而自然人只有在达到一定年龄并具备正常精神状态的情况下，才能具有完整的民事行为能力。民事行为能力以意思能力为前提。所谓意思能力，是指自然人可以认识自己的行为并判断自己行为的后果。意思能力的有无属于纯粹的事实判断，民事行为能力的有无则是以事实判断的结论为前提而进行价值判断的产物；有无意思能力通常应结合具体情形进行判断，但有无民事行为能力通常应依据法律确立的一般标准进行判断。因此，可能会出现有健全的意思能力却无民事行为能力的情形，如早慧的儿童；也可能会出现有民事行为能力却无相应意思能力的情形，如精神正常的成年人因意外事故受伤而处于昏迷状态。

2. 自然人民事行为能力的分类

自然人要从事民事法律行为必须具有相应的认识能力、控制能力和判断能力，这些能力存在着程度上的差别和逐步发展的过程。自然人只有智力发展到一定程度，有一定的社会经验且精神状态正常，才能正确地识别事物，准确地表达自己的意思，判断行为的后果，理智审慎地处理自己的事务。因此，法律并没有平等地赋予自然人民事行为能力，而是根据一定的标准作了区分。我国民法以年龄和精神健康状况为标准，将自然人的能力分为完全民事行为能力、限制民事行为能力和无民事行为能力三种。

（1）完全民事行为能力。完全民事行为能力是指自然人能独立从事民事法律行为的资格。各国民法都以成年作为自然人具有完全民事行为能力的标准。属于完全民事行为能力的自然人包括两类：

第一，年满18周岁的成年人。自然人年满18周岁为成年人是我国法律的通制，这也符合我国自然人的智力及判断能力的发育状况。《民法典》第17条规定："18周岁以上的自然人为成年人。不满18周岁的自然人为未成年人。"第18条第1款规定："成年人为完全民事行为能力人，可以独立实施民事法律行为。"我国民法确定自然人年满18周岁为完全民事行为能力人，是基于对其智力状况的判断，而不是对自然人经济状况的考虑。年满18周岁的自然人即使没有经济收入，也是完全民事行为能力人。

第二，16周岁以上不满18周岁，以自己的劳动收入为主要生活来源的人。《民法典》在制定时，考虑到我国法律以16周岁为就业及参军的最低年龄，现实中也有年满16周岁以自己的劳动收入维持生活的人存在，因此规定了劳动成年制。《民法典》第18条第2款规定："16周岁以上的未成年人，以自己的劳动收入为主要生活来源的，视为完全民事行为能力人。"以自己的劳动收入为主要生活来源是指能够以自己的劳动取得收入并能维持当地群众一般生活水平。这样的规定和考虑有利于这些自然人自主从事生产经营和各种民事活动，有利于对其合法行为及利益进行法律保护。

我国法律还对自然人从事某些类型的民事法律行为规定了特殊的年龄要求，此即特殊民事行为能力。例如《民法典》第1047条规定："结婚年龄，男不得早于22周岁，女不得早于20周岁。"根据《民法典》第1098条的规定，收养人必须年满30周岁，才可以收养未成年人。

（2）限制民事行为能力。限制民事行为能力又称不完全民事行为能力，是指自然人只能在法律限定的范围内独立从事民事法律行为。限制民事行为能力人所实施的与其年龄、智力和精神健康状况相适应的民事法律行为有效，而其他的民事法律行为则只能由其法定代理人代理或经过法定代理人的同意才能进行。

按照《民法典》第19条、第22条的规定，限制民事行为能力人包括两类：

第一，8周岁以上的未成年人。一般说来，8周岁以上的未成年人应为在校中、小学生，具有从事民事法律行为的需要，已经具备一定的识别能力和判断能力，其智力发育程度能够理解和判断自己社会生活中的一定方面的行为性质及其利害，在与他人的社会交往中具有相应的意思能力，因此，法律赋予其与年龄智力状态相适应的民事行为能力，允许其以自己的独立意志实施与其年龄智力状况相应的民事法律行为，为自己设定权利和承担义务。但8周岁以上的未成年人毕竟处在生长发育阶段，还不能完全充分地理解社会生活各方面民事法律行为的性质及其法律上的各种利害后果，因此，法律从维护未成年人利益和民事社会生活关系安全出发，对8周岁以上的未成年人的民事行为能力又给予必要的限制，除与其年龄智力状况相适应的民事法律行为外，其他民事法律行为须经其法定代理人同意方可实施或者由法定代理人代为实施。

第二，不能完全辨认自己行为的成年人。不能完全辨认自己行为的成年人，是指因患有精神疾病等原因，不能完全正确认识和判断自己实施的民事法律行为的性质及其利害后果，但又没有完全丧失意思能力，只是其意思能力受到限制的人。法律为了保护这些精神病人的利益，维护民事社会生活秩序，对其行为能力予以限制，认可其具有实施与其精神健康状况相适应的民事行为能力，即在其可以辨认自己行为的部分范围内具有民事行为能力，在因精神疾病障碍等原因而不能辨认的行为的范围内则不具有行为能力。精神病患者是否为限制行为能力人，应依利害关系人或有关组织的申请，由人民法院依据医学鉴定的结论进行宣告。

对于限制行为能力人可以独立从事的民事法律行为的范围，《民法典》只作了原则性的规定，即只能进行与其年龄、智力、精神健康状况相适应的民事法律行为。实践中判断限制行为能力人可以独立实施的民事法律行为时，应考虑如下因素：该行为与其生活的相关程度，本人的智力或精神状况是否能够理解该行为并预见该行为的后果，行为涉及的财产数额，行为的性质，等等。

（3）无民事行为能力。无民事行为能力是指自然人不具备独立从事任何民事法律行为的资格。无民事行为能力人既不能自己独立从事民事法律行为，也不能在经其法定代理人的同意后自己从事民事法律行为。各国民法均规定，无民事行为能力人所为的民事法律行为无效，其目的在于保护这些人不致因自己的行为发生对己不利的后果，而与无民事行为能力人订立合同或对之作出意思表示的人则不受保护。这是因为，根据法律的评价，对无民事行为能力人的保护优先于对交易的保护。无民事行为能力人要从事民事法律行为，只能由其法定代理人代理进行。通过这种方式，无民事行为能力人仍然可以享有权利，承担义务。

根据《民法典》第20条、第21条的规定，无民事行为能力人包括不满8周岁的未成年人以及完全不能辨认自己行为的成年人。至于精神病人是否不能辨认自己的行为而为无民事行为能力人，也应经利害关系人或有关组织申请，由人民法院依法进行宣告。

无民事行为能力人所为的民事法律行为无效只是一般规则，实践中也有例外情形，如无民事行为能力人接受奖励、赠与、报酬的，他人不得以其无民事行为能力为由主张该行为无效。另外，我国儿童一般于 6 周岁起接受义务教育，在此过程中需要进行一些数额不大的民事法律行为，如购买文具等日常生活中定型化的行为，这个年龄段的人一般能够预见这种行为的后果，其法律后果相当确定，未成年人进行这些活动时，一方面不会对其利益造成损害，另一方面也不会对社会交易秩序构成损害，因此通常不会认定其为无效。

3. 特殊成年人能力状态的宣告

自然人取得完全民事行为能力之后，可能因精神疾病等原因导致其不能辨认或者不能完全辨认自己的行为，其民事行为能力发生改变后，可依我国《民法典》和《民事诉讼法》的规定由人民法院以特别程序予以宣告。《民法典》第 24 条第 1 款规定："不能辨认或者不能完全辨认自己行为的成年人，其利害关系人或者有关组织，可以向人民法院申请认定该成年人为无民事行为能力人或者限制民事行为能力人。"可见确定特殊成年人为无民事行为能力或者限制民事行为能力，必须具备以下条件：①该自然人有精神疾病等不能辨别或者不能完全辨别自己行为的障碍。②须经利害关系人或有关组织的申请，利害关系人是指特殊成年人的配偶、父母、子女及其他近亲属，也可以是同其有民事权利义务关系的其他民事主体；有关组织包括居民委员会、村民委员会、学校、医疗机构、妇女联合会、残疾人联合会、依法设立的老年人组织、民政部门等。③须经人民法院宣告。根据《民事诉讼法》第 187 条的规定，申请认定精神病人无民事行为能力或者限制民事行为能力，应当向该精神病人住所地基层人民法院提出。

人民法院在依特别程序审理此类案件时，认定被申请人是否患有精神病，应当根据司法精神病学的鉴定或者参照医院的诊断、鉴定确认。在不具备诊断、鉴定条件的情况下，也可以参照群众公认的当事人的精神状态认定，但应以利害关系人没有异议为限。精神病人（包括痴呆症患者）如果没有判断能力和自我保护能力，不知其行为后果的，可以认定为不能辨认自己行为的人；对于比较复杂的事物或者比较重大的行为缺乏判断能力的和自我保护能力，并且不能预见其行为后果的，可以认定为不能完全辨认自己行为的人。在普通的民事诉讼中，当事人及利害关系人提出一方当事人患有精神病（包括痴呆症），人民法院认为确有必要认定的，应当裁定中止诉讼，先按照民事诉讼法规定的特别程序，作出当事人有无民事行为能力的判决，然后再恢复诉讼，如确认精神病人（包括痴呆症患者）为限制民事行为能力或无民事行为能力人，应当按照民事诉讼法的规定由其法定代理人代为参加诉讼。

自然人因患有精神病等原因被宣告为无民事行为能力人或限制民事行为能力人，其行为能力只是因精神障碍而被否定或限制，随着精神病的治疗和精神健康的恢复，逐渐恢复其意思能力，对其行为有部分或全部辨认能力的，可以经本人、利害关系人或有关组织的申请，由人民法院宣告其为限制民事行为能力人或完全民事行为能力人。

二、监护

（一）监护的含义和意义

所谓监护，是指对未成年人和特殊成年人的人身、财产及其他合法权益进行监督和保护的法律制度。依法对未成年人和特殊成年人的人身、财产及其他合法权益进行监督和保护的主体称为监护人，被监督保护的自然人称为被监护人。

建立监护制度的目的在于直接保护被监护人的人身、财产和其他合法权益，进而维护社会利益。被监护人是未成年人和精神病人，他们是无民事行为能力人或限制民事行为能力人，很难通过自己的独立行为去实现和维护自己的人身财产权益和其他权益。监护制度为他们设置监护人，对其人身、财产和其他合法权益进行监督和保护，这就弥补了被监护人行为能力的欠缺，可以充分有效地保护其合法权益。

（二）监护人的范围

监护人应当具有完全民事行为能力，有一定的经济能力。通常情况下，监护人应当与被监护人具有某种身份关系，彼此有情感连接，更有利于照管被监护人。我国《民法典》明确规定了担任监护人的范围。

1. 未成年人的监护人

根据《民法典》第27条的规定，父母是未成年子女的监护人。未成年人的父母已经死亡或者没有监护能力的，由下列有监护能力的人按顺序担任监护人：①祖父母、外祖父母；②兄、姐；③其他愿意担任监护人的个人或者组织。第三顺序的个人、组织须经未成年人住所地的居民委员会、村民委员会或者民政部门同意，才能担任监护人。

2. 特殊成年人的监护人

根据《民法典》第28条的规定，无民事行为能力或者限制民事行为能力的成年人，由以下有监护能力的人按顺序担任监护人：①配偶；②父母、子女；③其他近亲属；④其他愿意担任监护人的个人或者组织。第四顺序的个人、组织须经被监护人住所地的居民委员会、村民委员会或者民政部门同意，才能担任监护人。

（三）监护的方式

根据监护人设立方式的不同，监护可以分为法定监护、遗嘱监护、协议监护、指定监护、意定监护、公职监护和临时监护。

1. 法定监护

法定监护是指根据法律的规定确定监护人。《民法典》第 27 条、第 28 条分别规定了有资格担任未成年人、特殊成年人监护人的范围，依此规定设立的监护就是法定监护。

法定监护人可以是一人，也可以是同一顺序中的数人。

2. 遗嘱监护

《民法典》第 29 条规定："被监护人的父母担任监护人的，可以通过遗嘱指定监护人。"遗嘱监护的规定是考虑父母担心由于年老、疾病和意外等原因导致自身过世后，最适合照顾子女的个人或者组织无法通过合理合法的途径成为自己子女的监护人，故由父母本人通过适当的遗嘱程序，预先安排适合的监护人进入遗嘱监护的名单。这一规定体现了父母意志的延续，民法上推定这也是符合被监护人的最大利益的。遗嘱监护人在被监护人的父母均已去世后才开始履行监护职责。

3. 协议监护

当具有监护资格的人有二人以上又均具有监护能力时，为了更好地照顾、管理、教育被监护人，民法允许监护人之间订立协议确定由其中一人或数人担任未成年人、特殊成年人的监护人。《民法典》第 30 条规定："依法具有监护资格的人之间可以协议确定监护人。协议确定监护人应当尊重被监护人的真实意愿。"依据该条规定，监护人订立监护协议时还应当尊重被监护人的真实意愿，这是因为即便被监护人较为年幼，从符合被监护人最大利益的角度上考虑，监护人与被监护人的情感交流、管育方式是非常重要的考虑因素。只要被监护人能够通过某种方式表达出自己的意愿，就应当尊重被监护人的真实意愿。

4. 指定监护

对担任监护人有争议的，由被监护人住所地的居民委员会、村民委员会或者民政部门在近亲属中指定。指定监护人在两种情况下发生：一是争当监护人；二是都不愿担任监护人。对指定不服提起诉讼的，由人民法院裁决。有关当事人也可以直接向人民法院申请指定监护人。当居民委员会、村民委员会、民政部门或者人民法院进行指定监护时，应当尊重被监护人的真实意愿，按照最有利于被监护人的原则在依法具有监护资格的人中指定监护人。监护人被指定后，不得擅自变更；擅自变更的，不免除被指定的监护人的责任。

5. 意定监护

具有完全民事行为能力的成年人可能在某一时期丧失部分行为能力甚至完全丧失行为能力，为保障自己将来的生活，具备完全民事行为能力的成年人可以事先以书面形式确定自己需要被监护时的监护人。我国《老年人权益保障法》第 26 条第 1 款规定："具备完全民事行为能力的老年人，可以在近亲属或者其他与自己关系密切、愿意承担监护责任的个人、组织中协商确定自己的监护人。监护人在老年人丧失或者部分丧失民事行为能力时，依法承担监护责任。"《民法典》第33条规定："具有完全民事行为能力的成年人，可以与其近亲属、其他愿意担任监护人的个人或者组织事先协商，以书面形式确定自己的监护人，在自己丧失或者部分丧失民事行为能力时，由该监护人履行监护职责。"以上规范的就是意定监护。

意定监护的产生有两个关键要素：一是具有完全民事行为能力的成年人可能在将来发生丧失或者部分丧失民事行为能力的结果；二是该成年人与有意愿担任监护人的个人或者组织进行协商，订立书面的监护协议。在法律许可的范围内，当事人双方可约定意定监护的具体内容。

6. 公职监护

为了更周全地保护被监护人，我国法律赋予了国家机关和群众组织在特殊情况下担任监护人的资格。《民法典》第32条规定："没有依法具有监护资格的人的，监护人由民政部门担任，也可以由具备履行监护职责条件的被监护人住所地的居民委员会、村民委员会担任。"如没有任何亲属的孤儿、找不到父母的弃婴，由民政部门担任监护人，可以最大限度地给予不幸的未成年人以照顾和保护。

7. 临时监护

临时监护主要适用于两种情况：①对监护人的确定有争议，尚未指定监护人，被监护人的人身、财产等权益处于无人保护的状态；②发生突发事件等紧急情况，监护人暂时无法履行监护职责，被监护人的生活处于无人照料状态。根据《民法典》第31条第3款和第34条第4款的规定，被监护人住所地的居民委员会、村民委员会、法律规定的有关组织或者民政部门可担任临时监护人，或者由居委会、村委会、民政部门安排合适的人员负责被监护人的饮食起居和基本的教育事务，以保障被监护人在特殊情况下的正常生活及身心健康。

（三）监护人的职责

根据我国《民法典》第26条第1款、第34条第1~3款和第35条的规定，监护人的职责包括：

1. 保护被监护人的人身、财产及其他合法权益

监护人应保护被监护人的人身权益，保护其生命、身体健康的安全，使其人身安全不受侵害，同时保护其姓名权、肖像权、名誉权、荣誉权不受侵犯。监护人对被监护人的财产要以善良管理人之注意进行管理和保护，除为了被监护人的利益外，不得处理被监护人的财产。

2. 担任被监护人的法定代理人

根据《民法典》第34条的规定，代理被监护人实施民事法律行为是监护人的一项法定的职责，因此监护人也是被监护人的法定代理人，法定代理主要发生在被监护人的对外民事活动和民事诉讼活动中。

3. 照顾、管理、教育被监护人

监护人应照顾被监护人的日常生活，给其衣食温饱、疾病疗养和精神关怀，不得虐待和遗弃被监护人。对未成年的被监护人应当关心其身心健康，教育其品德，对其行为进行监督和管理，防止其受到侵害或者侵害他人。

4. 承担应当由监护人承担的民事责任

被监护人造成他人伤害的，如果监护人未尽到监护职责的，由监护人承担民事责任；如果监护人尽到监护职责的，可以适当减轻其民事责任。在监护人将其监护职责部分或全部委托给他人监护期间，被监护人给他人造成的损害需要承担民事责任的，除另有约定的外，由监护人承担，但受托监护的人确有过错的应负连带责任。

（四）监护的撤销、终止和恢复

1. 监护人的撤销

监护人的撤销，是指在监护过程中原监护人丧失监护能力或者其监护对被监护人不利，或者有法定监护资格的人协定变更时，应更换新的监护人。主要包括以下几种情况：

（1）原监护人死亡或丧失监护能力的，法定监护人范围内的人依据法律规定直接成为新的监护人，或者法定监护范围内的人协议确定新的监护人。

（2）原由法定监护人范围内的人协议确定的监护人，又经他们协议予以更换。

（3）因情况变化由有权指定的单位为被监护人重新指定监护人，或对指定有争议时由人民法院裁决确定新的监护人。

（4）因监护人不履行监护职责或者侵害被监护人的合法权益，人民法院根据有关个人或者组织的申请撤销其监护人的资格，重新指定监护人。

我国法律没有就辞去监护人作出规定，但在除父母以外的其他监护人有合理理由时，应准许其辞去监护之职。《民法典》第37条规定，依法负担被监护人抚养费、赡养费、扶养费的父母、子女、配偶等，被人民法院撤销监护人资格后，应当继续履行负担的义务。

2. 监护的终止

一旦被监护人可以自我保护和具有正常的生活能力，或者没有保护的必要时，监护关系应当终止。这些情形主要包括以下几种情况：

（1）被监护人取得或者恢复完全民事行为能力。

（2）监护人丧失监护能力。

（3）被监护人或者监护人死亡。

（4）人民法院认定监护关系终止的其他情形。

3. 监护资格的恢复

《民法典》第38条规定："被监护人的父母或者子女被人民法院撤销监护人资格

后，除对被监护人实施故意犯罪的外，确有悔改表现的，经其申请，人民法院可以在尊重被监护人真实意愿的前提下，视情况恢复其监护人资格，人民法院指定的监护人与被监护人的监护关系同时终止。"这就是说，监护资格被撤销后，并不意味着原监护人永远丧失监护资格，监护资格在一定条件下也能够得到恢复。其监护资格的恢复要同时具备原监护人确有悔改表现并提出申请、被监护人愿意恢复、不存在原监护人实施故意犯罪的情形的条件。

三、自然人的户籍和住所

（一）自然人的户籍

户籍是以户为单位记载自然人的姓名、性别、民族、出生、住所、结婚、离婚、收养、失踪和死亡等事项的法律文件。在我国，户籍是证明自然人身份的重要文件，它对于确定自然人何时开始和终止民事权利能力和民事行为能力、明确自然人家庭状况和财产继承关系、确定自然人姓名权等都有重要的法律意义。

我国自 1984 年起开始实行居民身份证制度。2004 年 1 月 1 日起实施的《居民身份证法》第 2 条规定，居住在中华人民共和国境内的年满 16 周岁的中国公民应当依照本法的规定申请领取居民身份证；未满 16 周岁的中国公民，可以依照本法的规定申请领取居民身份证。居民身份证登记项目包括姓名、性别、民族、出生日期、住址等信息，它是证明自然人个人身份的法律凭证。

（二）自然人的住所

自然人的住所，是指法律认可的自然人民事生活的中心处所和经常居住所在的地方。我国《民法典》第 25 条规定："自然人以户籍登记或者其他有效身份登记记载的居所为住所；经常居所与住所不一致的，经常居所视为住所。"可见《民法典》是以自然人户籍所在地的居住地为住所，若户籍所在地与经常居住地不一致的，则以经常居住地的客观事实确定其住所。自然人的住所确定后在法律上引起以下效果：

（1）作为确定自然人下落不明的前提。自然人最后离开住所，处于下落不明的状态达到法定的期限，才可以对其进行失踪宣告或者死亡宣告。

（2）作为确定债务履行地的标准。例如，根据《民法典》第 511 条的规定，履行地点不明确，给付货币的，在接受货币一方所在地履行；交付不动产的，在不动产所在地履行；其他标的，在履行义务一方所在地履行。在这里所谓的一方所在地就是指当事人的住所地。

（3）作为确定诉讼管辖法院和司法文书送达地的标准。

（4）作为合同订立等法律行为成立地。例如，要约到达受要约人时生效，承诺到达要约人时合同成立。除非当事人有特定的要约、承诺地点，一般以其住所为意思到达的地点。

（5）作为法律意义的登记行为管辖地。例如，婚姻登记、收养登记等，一般应当在当事人的住所地进行。

（6）作为单位监护人或监护指定单位的确定依据。《民法典》第32条规定："没有依法具有监护资格的人的，监护人由民政部门担任，也可以由具备履行监护职责条件的被监护人住所地的居民委员会、村民委员会担任。"

四、宣告失踪与宣告死亡

在社会生活中，有时会出现自然人下落不明的情形，这种情形，称为自然人的失踪。自然人失踪后，与其相关的民事法律关系将会处于不确定的状态。为了合理调整因自然人失踪而带来的各方当事人的利益不确定，尤其是为了妥善处理失踪人权利、义务的不确定状态，各国都进行了失踪人立法。我国采取了宣告失踪与宣告死亡并存的立法模式。

宣告失踪，是为了解决失踪人长期下落不明而导致本人财产关系的不稳定状态，以维护失踪人利益和相对人利益的制度，即宣告失踪程序的设置以失踪人财产利益的稳定为目标。宣告死亡，是为了解决失踪人长期生死不明而导致的与其本人相关联的民事法律关系的不稳定状态，以维护利害关系人的利益，即宣告死亡程序的设置以利害关系人利益的保护为目标。两种程序的启动与撤销、法律效果的设计，与这两种制度中涉及的各种民事主体的民事能力息息相关。

（一）宣告失踪

1. 宣告失踪的含义

宣告失踪是指自然人下落不明达到法定期间，经利害关系人申请，由法院宣告其为失踪人并设立财产代管人的法律制度。自然人离开自己的住所，长期处于下落不明的状态，从而使以其为一方的民事关系长期处于不稳定状态，产生不利影响。宣告失踪的主要法律意义在于为失踪人设立财产代管人，其目的是结束因自然人下落不明而导致的财产关系的不稳定状态，保护失踪人的财产。

2. 宣告失踪的法律要件

（1）须有自然人下落不明的事实状态且满法定期间。这是宣告自然人失踪的前提条件。包括两方面：其一，自然人最后离开自己的住所或居所处于下落不明的状态。所谓下落不明也就是没有任何音讯，不知去向所在。其二，自然人下落不明状态持续达到法定的期间。我国《民法典》第40条规定："自然人下落不明满2年的，利害关系人可以向人民法院申请宣告该自然人为失踪人。"关于下落不明期间的起算，依《民法典》第41条的规定，自然人下落不明的时间自其失去音讯之日起计算。战争期间下落不明的，下落不明的时间自战争结束之日或者有关机关确定的下落不明之日起计算。

（2）须有利害关系人的申请。利害关系人的申请是引起失踪宣告程序的条件。没有利害关系人的申请，即使发生了自然人失踪的事实，人民法院也不得进行失踪宣告；只有利害关系人提出申请，人民法院才可以进行失踪宣告。所谓利害关系人，是指失踪自然人的近亲属或监护人以及其他与其有民事权利义务关系的人。申请宣告失踪的利害关系人应当具有完全民事行为能力。根据《民法典》第 42 条的规定，失踪人的财产由其配偶、成年子女、父母或者其他愿意担任财产代管人的人代管。有权申请宣告自然人为失踪人的利害关系人的申请资格没有先后顺序，只要是上述范围内的近亲属或其他利害关系人都有权申请宣告。其他近亲属或利害关系人不申请或不同意宣告，不影响人民法院对提出申请的受理与宣告。

（3）须由人民法院依特别程序进行宣告。宣告失踪关系到被宣告失踪的自然人的财产关系状态的变化，对其有重大利害关系，因此只能由人民法院作出判决。这是失踪宣告的条件和程序。根据《民事诉讼法》第 183 条的规定，宣告失踪案件由被宣告失踪人住所地的基层人民法院管辖。人民法院依法受理宣告自然人失踪的申请后，依照《民事诉讼法》规定的特别程序审理，首先应发出寻找失踪人的公告，公告期限为 3 个月。公告期满，被宣告失踪的人仍无音讯，其失踪事实得以确认的，人民法院作出宣告失踪的判决，被宣告的自然人即为失踪人。

3. 宣告失踪的效力

自然人被宣告失踪，只是对其下落不明即失踪事实的确认，并不影响其主体资格的存在，因而只是引起对失踪人财产的管理和财产义务的履行等法律效果。主要包括两方面：一是为失踪人的财产设定财产代管人；二是失踪人所欠的税款、债务和应付的其他费用，由代管人从失踪人财产中支付。

失踪人的财产由其配偶、成年子女、父母或者其他愿意担任财产代管人的人代管。代管有争议的，没有以上规定的人或者以上规定的人无能力代管的，由人民法院指定的人代管。人民法院指定失踪人的财产代管人，应当根据有利于保护失踪人财产的原则进行。财产代管人一般应在失踪人的配偶、父母、成年子女或者关系密切的其他亲属、朋友中指定。没有上述关系人，或者上述关系人没有能力作为代管人或不宜作为财产代管人的，法院可以指定其他自然人或有关组织为失踪人的财产代管人。无民事行为能力人或限制民事行为能力人失踪的，其监护人为财产代管人。财产代管人可以因为无力履行代管职责而申请变更财产代管人，也可以因为财产代管人不履行代管职责、侵害失踪人财产权益或者丧失代管能力而由失踪人的利害关系人申请变更财产代管人。

财产代管人有以下两项职责：①代失踪人管理其财产。管理的内容包括保管、维护、收益以及必要的经营行为和处分行为。代管人在保管、维护、收益时，尽与管理自己财产同一之注意；在进行必要的经营和处分时，应尽善良管理人之注意。[1] 财产

---

[1] 梁慧星：《民法总论》，法律出版社 2017 年版，第 111 页。

代管人有权从失踪人的财产中支付失踪人所欠税款及应付的其他费用，包括赡养费、扶养费、抚育费和因代管财产所需的管理费等必要的费用，以及履行失踪人被宣告失踪前签订的合同及其他义务等。代管人为失踪人清偿债务应以失踪人的全部财产为限，代管人管理失踪人财产所支出的费用，可以从失踪人的财产中支付。代管人追索失踪人的债权所取得的财产，应为失踪人所有，由代管人管理。②代为被告或原告。失踪人的财产代管人拒绝支付失踪人所欠的税款、债务和其他费用，债权人提起诉讼的，人民法院应当将代管人列为被告；失踪人的财产代管人向失踪人的债务人要求偿还债务的，可以作为原告提起诉讼。此外，代管人不履行代管职责或者侵害失踪人财产权益的，失踪人的利害关系人可以向人民法院请求财产代管人承担民事责任。

4. 失踪宣告的撤销

失踪宣告是依据自然人失踪的事实对该自然人失踪状态依法作出的确认，如果该自然人重新出现或确知其下落，即其失踪的事实消除时，在法律上继续认定该自然人为失踪人就失去了事实依据。因此，当失踪自然人重新出现或确知其下落时，应依法撤销对其的失踪宣告。《民法典》第 45 条第 1 款规定："失踪人重新出现，经本人或者利害关系人申请，人民法院应当撤销失踪宣告。"

所谓重新出现，即失踪人重新出现在其住所、居所或工作场所，为人们所看到；所谓确知其下落，是指确定地知道其所在。撤销失踪宣告的程序条件就是由失踪人本人或者利害关系人向人民法院提出撤销失踪宣告的申请。这里所谓利害关系人的范围与前述申请宣告失踪人的范围相同，但不一定要由原申请人申请，各个利害关系人都有权申请。人民法院对撤销失踪宣告的申请进行审核，确认了失踪人失踪事实状态的消除后，依法作出撤销失踪宣告的判决。法律对撤销宣告失踪的效力作出规定，即失踪人重新出现，有权要求财产代管人及时移交有关财产并报告财产代管情况。

（二）宣告死亡

1. 宣告死亡的含义

宣告死亡是指自然人下落不明达到法定期间，经利害关系人申请，由法院宣告推定其死亡的法律制度。宣告死亡的制度价值在于维护与长期下落不明的自然人有民事法律关系的主体的利益，其目的在于结束因自然人长期处于下落不明、生死不知状态而导致的以其为一方的民事关系的长期不稳定状态，保护利害关系人的利益。因此，它必然要引起相应的法律效果，这种法律效果类似于自然人生理死亡的法律效果，即自然人民事主体资格的丧失、民事权利能力和民事行为能力终止，其所参加的民事法律关系归于消灭，婚姻关系解除，其财产作为遗产开始继承等。

宣告死亡是生理死亡的对称，是法律对自然人死亡的一种推定，即依据自然人下落不明已满法定期限的客观事实，推定出该自然人已经死亡的事实，这种推定只是一种可能，也许被宣告死亡的自然人还在某个地方生存着，进行着各种民事活动。

2. 宣告死亡的法律要件

（1）须自然人下落不明满法定期间。一般情况下，自然人离开最后居住地下落不明满 4 年的，或因意外事件下落不明从事件发生之日起满 2 年的，利害关系人可以申请宣告其死亡。下落不明的起算时间，从自然人音讯消失的次日起计算；战争期间下落不明的，则应当从战争结束之日起计算。根据《民法典》第 46 条第 2 款的规定，因意外事件下落不明，经有关机关证明该自然人不可能生存的，申请宣告死亡不受 2 年时间的限制。

（2）须经利害关系人申请。《民法典》没有明确利害关系人的申请顺序。而《民法典》第 47 条规定："对同一自然人，有的利害关系人申请宣告死亡，有的利害关系人申请宣告失踪，符合本法规定的宣告死亡条件的，人民法院应当宣告死亡。"这就说明，如果对于同一自然人，有的利害关系人申请宣告其死亡，有的利害关系人申请宣告其失踪，而该自然人又符合宣告死亡的条件，则人民法院应当宣告该自然人死亡。

有学者指出，死亡宣告制度的立法目的不是保护被宣告死亡人的利益，而在于保护其利害关系人的利益，而利害关系人不论是配偶、子女、父母抑或其债权人、债务人，在地位上一律平等，不应有先后之分。在法院宣告失踪人死亡后，其遗产之继承，债务之清偿，均有法律规定，而与由何人提出宣告死亡之申请无关，没有必要设置申请宣告死亡的当事人顺序。[1] 本书认为，宣告死亡的制度价值在于尽快解决因失踪人下落不明导致的民事法律关系不确定的状态，它不仅涉及保护财产法律关系当事人的利益，还涉及保护婚姻、亲属等身份关系当事人的利益，对于失踪人的配偶、子女和父母的情感，法律不能不予以照顾。因此失踪人的各利害关系人享有的申请权应加以区分，列明先后顺序。如果仅从解决债权债务关系的角度考虑，与失踪人有利害关系的债权人和债务人等可以对该失踪人申请宣告失踪，以解决财产的不稳定状态。

宣告失踪不是宣告死亡的必经程序，自然人下落不明符合申请宣告死亡的条件时，利害关系人可以不经申请宣告失踪而直接申请宣告死亡。利害关系人只申请宣告失踪的，法院应当仅进行失踪宣告。

（3）须由人民法院依特别程序宣告。宣告死亡由下落不明人住所地的基层人民法院管辖。法院受理宣告死亡申请后，先要发出寻找失踪人的公告，公告期为 1 年，因意外事件下落不明的，公告期为 3 个月。公告期届满，生死不明的事实得到确认后，法院判决宣告该自然人死亡。被宣告死亡的人，人民法院宣告死亡的判决作出之日视为其死亡的日期；因意外事件下落不明宣告死亡的，意外事件发生之日视为其死亡的日期。

3. 宣告死亡的效力

宣告死亡原则上发生与自然死亡相同的法律效果，这主要包括被宣告死亡人丧失

---

〔1〕 参见尹田："论宣告失踪与宣告死亡"，载《法学研究》2001 年第 6 期。

民事主体资格，其民事权利能力和民事行为能力终止；其原来参加的民事法律关系归于消灭；其婚姻关系自然解除；其个人合法财产变为遗产被他人继承。

但是，宣告死亡毕竟只是一种法律推定，现实生活中被宣告死亡的人可能还生存于他方。自然人被宣告死亡但是并未死亡的，不影响该自然人在被宣告死亡期间实施的民事法律行为的效力。

案例

谢某离开住所地 A 市后下落不明，6 年后其妻祖某向 A 市法院申请死亡宣告，法院依法判决宣告谢某死亡。实际上谢某并未死亡，而是居住在另一省份的 B 市，并与蓝某结了婚。为购买婚房，谢某与冯某签订了购房合同，以 158 万元购买冯某的两居室住房，约定一个半月后交付。在此期间，冯某到 A 市出差，得知谢某已被宣告死亡。此时各地房价开始大幅度上涨，冯某拒绝交房。谢某遂向 B 市法院起诉，要求冯某履行合同。冯某称，谢某已经被宣告死亡，已无民事权利能力，因而与其签订的买卖合同是无效的。由于谢某迟迟不能解决住房问题，蓝某经常与之吵架，在谢某与冯某打官司期间，蓝某也向法院起诉要求与谢某离婚。

对于谢某与冯某的合同纠纷案，法院经审理认为，谢某是具备完全民事行为能力的自然人，虽然在 A 市被宣告死亡，但其仍然具备从事民事活动的法律资格；该买卖合同是双方自愿订立，并未违反法律的强制性规定，不存在法律规定的无效情形，因此是有效的，双方应当依法履行。在蓝某诉谢某的离婚案中，法院则认定，谢某未解除与祖某的婚姻关系就与蓝某结婚，构成重婚，谢某与蓝某的婚姻无效，故判决解除双方的同居关系。

4. 死亡宣告的撤销

被宣告死亡的人重新出现或者确知其没有死亡时，经本人或者利害关系人申请，人民法院应当判决撤销对他的死亡宣告。有权申请撤销死亡宣告的利害关系人与可以申请死亡宣告的利害关系人范围相同，但不受顺序的限制。

撤销死亡宣告具有溯及力，原则上应当恢复死亡宣告前的状态；但法律为了维护第三人的合理信赖利益，对宣告死亡的效果作了一些变通。具体说来，撤销死亡宣告的效力包括：

（1）被宣告死亡的人的婚姻关系，自死亡宣告之日起消灭。死亡宣告被撤销的，婚姻关系自撤销死亡宣告之日起自行恢复，但是其配偶再婚或者向婚姻登记机关书面声明不愿意恢复的除外。

（2）被宣告死亡的人在被宣告死亡期间，其子女被他人依法收养的，在死亡宣告被撤销后，不得以未经本人同意为由主张收养关系无效。

（3）被撤销死亡宣告的人有权请求依照继承法取得其财产的民事主体返还财产。

无法返还的，应当给予适当补偿。利害关系人隐瞒真实情况，致使他人被宣告死亡取得其财产的，除应当返还财产外，还应当对由此造成的损失承担赔偿责任。

（三）宣告失踪与宣告死亡的比较

宣告失踪与宣告死亡虽然都要有自然人下落不明达到法定期间的事实，都要由利害关系人提起申请，都须由人民法院依特别程序进行宣告，都能够产生一定的法律效果，但二者仍然存在如下重要区别：

1. 制度设计的目的不同

宣告失踪制度旨在解决失踪人财产处于无人管理的状态以及财产债务不能及时履行的状态，由代管人代管失踪人财产维护失踪人的财产利益，履行其财产义务，维护利害关系人的利益，而并不涉及失踪人的民事主体资格和行为能力，并不从根本上解决自然人长期下落不明、生死不知而引起的民事社会关系的不稳定状态，从而不能从根本上维护利害关系人的利益。而宣告死亡制度则要从根本上解决自然人长期下落不明、生死未知引起的民事社会关系的不稳定状态，以维护利害关系人的利益，它可以引起被宣告死亡的自然人民事主体资格的丧失。

2. 具体适用条件、程序及其法律效果不同

如下落不明的期限要求不同，宣告死亡的自然人下落不明的期限要比宣告失踪的自然人下落不明的期限长；宣告失踪的公告期为 3 个月，而宣告死亡的公告期一般为 1 年；自然人被宣告失踪后，其民事主体资格并未消灭，仅产生为失踪人设置财产代管人的法律效果，自然人被宣告死亡后，其民事主体资格消灭，产生与自然死亡基本相同的法律效果。

在同时设定宣告失踪和宣告死亡制度的国家，这两种制度是并行的，应特别注意自然人下落不明的事实状态符合宣告死亡条件的，申请人可以申请宣告失踪，也可以直接申请宣告死亡，宣告失踪不是宣告死亡的必经程序。

五、个体工商户和农村承包经营户

（一）个体工商户

《民法典》第 54 条规定："自然人从事工商业经营，经依法登记，为个体工商户。"个体工商户由自然人个人或其家庭经营，但不是以自然人或者其家庭的名义而是以工商户的名义从事工商业经营。

个体工商户必须经其住所地市场监督管理机关核准登记，领取营业执照后方告成立。如果其经营内容、经营方式和具体经营人等发生变更，都应依法办理相应的登记变更手续。个体工商户的经营范围限于法律允许个体经营的工商业，其经营活动应当在市场监督管理登记的生产经营范围内，必须遵守国家的法律法规及相关政策的规定，并接受国家有关管理部门的监督。

个体工商户在核准登记的经营范围内充分享有自主经营权，可以起字号、刻印章，可以在银行开立账户，有权申请商标专用权，有权签订劳动合同及请帮工、带学徒。个体工商户享有合法财产权，包括对以"户"名义所有的合法财产享有占有、使用、收益和处分的权利，以及依据法律和合同享有各种债权；当个体工商户的合法权益受到侵犯时，可作为独立的诉讼主体请求人民法院予以保护。

个体工商户的经营者对个体工商户在经营中产生的债务承担无限责任。按照《民法典》第 56 条第 1 款的规定，个体工商户的债务，个人经营的，以个人财产承担；家庭经营的，以家庭财产承担；无法区分的，以家庭财产承担。

（二）农村承包经营户

《民法典》第 55 条规定："农村集体经济组织的成员，依法取得农村土地承包经营权，从事家庭承包经营的，为农村承包经营户。"农村承包经营户以家庭或个人为基本单位，根据承包合同承包经营集体所有的或者国家所有而由集体使用的土地或者集体的其他财产，以户的名义从事生产经营活动。

农村承包经营户的经营者应当是农村集体经济组织的成员，如果转为非农业户口的，则失去承包农村土地的资格。

农村承包经营户依照承包合同的规定从事经营。农村承包合同是农村集体经济组织与农村承包经营户之间为完成某项农业生产任务所签订的确认承包关系的书面协议。农村承包经营户的经营权根据法律和承包合同产生，在合同约定的范围内，承包经营户自主地安排生产经营，并依据合同享有各项权利承担相应义务。

农村承包经营户承包人对其经营中产生的债务承担无限责任。根据《民法典》第 56 条第 2 款的规定，农村承包经营户的债务，以从事农村土地承包经营的农户财产承担；事实上由农户部分成员经营的，以该部分成员的财产承担。

农村承包经营户在诉讼中具有独立的诉讼主体资格。

引例分析

引例 1

小强平时造成他人的损害应由胡某来承担。根据《民法典》的有关规定，不满 8 周岁的未成年人是无民事行为能力人，小强今年只有 7 岁，属无民事行为能力人；无民事行为能力人、限制民事行为能力人造成他人损害的，由监护人承担民事责任。胡某作为小强的父亲也就是他的法定监护人，当然应对小强的行为负责。而镜子的损失最后应由胡某和盛某共同承担。《民法典》第 1169 条第 2 款规定："教唆、帮助无民事行为能力人、限制民事行为能力人实施侵权行为的，应当承担侵权责任；该无民事行为能力人、限制民事行为能力人的监护人未尽到监护责任的，应当承担相应的责任。"本案中小强砸镜子的行为是由盛某教唆所致，所以盛某才是真正的侵权人，此时小强充当了盛某实施侵权行为的工具。小强一贯淘气爱搞破坏，可见胡某作为监护人对其教育存在严重不足，因此镜子的损失应当由盛某承担主要责任、胡某承担次要责任。

引例2

根据《民法典》第40条的规定："自然人下落不明满2年的，利害关系人可以向人民法院申请宣告该自然人为失踪人。"本案中，虽然赵某已经符合宣告失踪的条件，但其配偶余某只向法院提起离婚诉讼，没有申请宣告失踪，赵某的其他利害关系人也没有申请，因此人民法院不能依职权主动宣告赵某为失踪人。从余某与赵某的关系来看，赵某长期不尽夫妻义务，不珍惜夫妻感情，放弃对子女的养育，而且其离家出走已有3年，经过公告查找亦无下落，现在余某提出离婚，显然夫妻感情确已破裂，法院应当判决离婚。

相关法律规范

1.《中华人民共和国民法典》第13~56条。

2.《中华人民共和国民事诉讼法》第183~190条。

3.《最高人民法院关于适用〈中华人民共和国民事诉讼法〉的解释》第343~349、351、352条。

思考与练习

一、结合本项目原理，作出正确选择：

1. 依据我国现行法规定，自然人的民事权利能力始于（　　　）。

A. 受孕　　　　　　　　B. 出生

C. 年满8周岁　　　　　　D. 年满18周岁

2. 李某16周岁，接受了叔叔遗赠的10万元，靠此款丰衣足食，李某（　　　）。

A. 为完全民事行为能力人

B. 视为完全民事行为能力人

C. 为限制民事行为能力人

D. 为无民事行为能力人

3. 孙某将其户口从河源市迁出，欲落户到深圳市。入户手续尚未办理，孙某经朋友劝说，前往惠州打工。孙某在惠州打工10个月，因发生事故受伤，被送往广州某大医院治疗已达1年4个月。根据法律规定，孙某应以（　　　）为住所地。

A. 河源市　　　B. 深圳市

C. 惠州市　　　D. 广州市

4. 小明今年5岁，下列关于其监护人的论述中错误的是（　　　）：

A. 如果小明的父母离婚了，他们仍然是小明的法定监护人

B. 如果小明的父母离婚并且都不愿担任其监护人，人民法院应指定他们中的一个为小明的监护人

C. 如果小明没有父母，其祖父母担任其监护人是他们的法定义务

D. 如果小明只有叔叔和姑姑，他的叔叔和姑姑可以协议担任他的监护人

5. 依照我国现行法律，判断限制民事行为能力人所从事的行为是否与其年龄、智力、精神健康状况相适应，应依据（　　）进行。

A. 行为与本人生活相关联的程度

B. 本人的智力或精神状况能否理解其行为，并预见其行为后果

C. 行为涉及的财产数额

D. 行为的方式

6. 监护终止的原因主要有（　　）。

A. 被监护人获得完全民事行为能力

B. 监护人或被监护人死亡

C. 监护人丧失民事行为能力

D. 监护人自行辞去监护

7. 甲是一精神病人，离家出走 2 年多，下列人员对是否申请宣告其为失踪人意见不一，其中有权作为申请人的有（　　）。

A. 乙，某盲人按摩院的按摩师，甲尚欠其按摩费 200 元

B. 丙，甲之子，14 岁，很懂事

C. 丁，甲之父，80 岁，是甲的监护人

D. 戊，甲之叔，30 岁，某机关公务员

8. 张家为其孙子张名的出生日期犯愁。其母记得是 8 月 27 日傍晚出生，医院的接生记录簿记载的是 8 月 28 日，医院的出生证上记载的是 8 月 29 日，其户口簿上记载的是 8 月 30 日。依据法律规定，张名的出生日期为（　　）。

A. 8 月 27 日　　　　　　B. 8 月 28 日

C. 8 月 29 日　　　　　　D. 8 月 30 日

二、结合本项目原理，判断下列表述是否正确：

1. 自然人的民事权利能力是天赋的、与生俱来的。（　　）

2. 7 岁的孩子属于无民事行为能力人，故不能享有著作权。（　　）

3. 在我国，未满 18 周岁的自然人也可能是完全民事行为能力人。（　　）

4. 被宣告失踪的人重新出现或者确知其下落，人民法院应当主动撤销其失踪宣告。（　　）

5. 王某 12 周岁，主动帮助一卡车司机搬运货物，司机给他 20 元钱表示感谢，司机的朋友知道后认为王某未成年，不应该获得报酬。（　　）

6. 在夫妻关系存续期间，一方从事个体经营或承包经营，其收入为夫妻共同财产，债务也应以夫妻共同财产清偿。（　　）

三、结合本项目原理，分析以下案例：

1. 岳某年仅 15 岁就学会了绣花和养蚕，每年通过她的劳动就能取得六七万元收

入。她父母双亡，和舅舅、舅妈在一起生活。舅妈虽然在生活上给予岳某一些照顾，但每年都将岳某的收入控制在自己手里，拿去给自己的儿子盖新房准备结婚。17 岁时，岳某觉得自己完全可以独立生活了，因此要求和舅舅、舅妈分开过日子。为了帮助岳某独立生活，村农工商联合公司和岳某单独签订了养蚕承包合同，由村里向她提供蚕种和饲料，年底按蚕茧产量提成付钱。到了产茧的时候，由于这一年蚕茧价格看涨，村里对岳某的蚕茧有多少收多少。一天，岳某的舅妈在趁岳某外出时，将岳某养的蚕茧全以自己的名义卖了，而且将全部收入纳为己有。岳某找到村民委员会，要求村里为自己做主。可是其舅妈对村里的人说：这是我们自己的家事，别人最好少管。岳某现在还不到 18 岁，一个女孩子又没有出嫁，签合同不经我们娘家人同意，能算数吗？我们卖的是自己家的茧，至于是自己的还是外甥女的，能分得那么清吗？村里人见岳某的舅妈这么厉害，都不愿管这件事。岳某没有办法，只好起诉到人民法院，请求人民法院依法保护自己的合法利益。

岳某有独立签订并履行合同的能力吗？依据法律，人民法院应当如何判决？

◇思考方向：

（1）了解独立签订并履行合同的能力的含义。订立合同是一种民事法律行为，自然人必须具有完全民事行为能力才能独立实施。

（2）明确我国法律有关自然人民事行为能力的规定，包括《民法典》和最高人民法院的相关司法解释。

（3）根据相关法律规定和本案的具体事实，判断岳某是否具有完全民事行为能力。

（4）如岳某具有完全民事行为能力，则其具备独立签订并履行合同的能力。确定人民法院判决的大致内容。

2. 李甲是某工厂的一名汽车司机，突发精神病，经过几年的治疗仍无好转，其妻与他离婚，因无人照顾，工厂只得把他送到农村其父李乙处加以照料。后来，李甲自己又跑回工厂，从此其父李乙对他未再尽监护责任。工厂看他可怜，于是用他每月的病休工资为他支付吃饭、穿衣的费用。李甲因无人监护，成天癫狂、乱跑。一天中午，赵丙与几位朋友在农贸市场的一家餐馆喝酒，此时李甲正在该农贸市场游逛。赵丙与几位朋友喝完酒后走出餐馆时与李甲相遇。赵丙看李甲是个疯子，便与他打闹，并打他取乐。李甲被激怒，随手抄起一把铁铲朝赵丙的面部铲去，造成赵丙右面颊软组织裂伤和右鼻穿透伤。赵丙住院半个月，花去医疗费 8300 元，因受伤误工扣发工资和奖金 3765 元。赵丙向李甲所在工厂要求赔偿损失未果，便向当地人民法院起诉，要求李甲承担上述损失。李甲所在工厂辩称其并非李甲的监护人，没有责任赔偿赵丙的损失，而且赵丙受伤是因为其挑逗李甲所致，因此赵丙必须自己承担所有后果。

此案应当如何处理？

☆思考方向

（1）我国现有法律规定哪些人具有担任精神病人监护人的资格？判断谁是李甲的

监护人。

（2）明确监护人的职责，特别是精神病人致人损害时监护人是否应当承担民事责任。

（3）比较当事人的民事行为能力，确定赵丙的损失如何承担。

情境训练 监护人的确定

情境案例

李某老两口由于多年无儿无女，觉得孤单，就收养了一个女儿李某桦。李某桦14岁的时候，李某老伴因病去世，只剩下李某与李某桦相依为命。不幸的是，一年后李某在车祸中受重伤，医治无效死亡。李某死后，除去房产与衣物外，尚留有存款15万元。由于李某桦还未成年，在一所卫生学校读书，需要为其确定监护人，但在由何人担任监护人上却有了分歧。因李某桦失去养父母，有人就去找其亲生父母。李某桦的亲生父母认为他们在农村生活条件不好，让孩子回来还不如让她在城市读书就业。他们同时提出，李某桦有一同胞兄长王某与她在同一城市里生活，是一个体户，见多识广，让他担任监护人对李某桦有好处。但李某桦的一个舅舅（李某桦生母的弟弟）说王某为人不正直、不老实，如果让其担任监护人会不顾李某桦的利益，不同意让王某担任监护人，并表示自己愿意作李某桦的监护人。王某得知后就与其舅舅争执起来，双方各自都说自己能行，争执到了法院，法院判决由王某担任李某桦的监护人。

王某作为监护人，一开始还对李某桦很好，但后来就开始动用李某桦的钱去做生意，而且还赔了本。李某桦的一个姑姑（李某桦养父的妹妹）听说后，就找到王某指责他不为其小妹着想，擅自动用她的钱。王某却说："我做生意赚钱还不是为了让小妹过好日子？我赚了钱之后，还能少了她的钱吗？"双方争执不下，最后李某桦的姑姑起诉到法院，要求撤换王某，由自己担任监护人。

法院经审理查明，王某确实动用了李某桦的财产并且生意上严重亏损；李某桦的姑姑退休后在家无事可做，日子过得还可以；李某桦与其姑姑经常来往，感情很好。

训练目标

通过实训，使学生进一步理解自然人民事行为能力的有关规定，掌握我国监护制度的内容，能够正确判断哪些民事主体具有担任监护人的资格，正确处理监护人的设立及变更等问题。

完成以下工作任务：

（1）分析案例中各个当事人的民事行为能力以及彼此间的法律关系，判断本案中哪些当事人具有担任未成年人监护人的资格。

（2）为案中的未成年人确定合适的监护人。

（3）探讨我国现行监护制度的合理性及其不足。

训练方法

1. 课堂讨论。针对案例由教师或者学生提出问题，由学生自主进行探讨、论证，教师进行辅导、点评。

2. 角色模拟。学生分组，每组6~8人，分别模拟李某桦、王某、李某桦的亲生父母、李某桦的舅舅及姑姑、法官，根据案情模拟当事人各自的主张和解决纠纷的过程。

训练步骤

步骤1. 根据我国现有法律规定，判断哪些当事人具有担任监护人的资格，他们担任监护人的顺序是否有所不同。

步骤2. 根据材料提供的情节，分析判断李某桦的亲生父母、王某、李某桦的舅舅及其姑姑谁适合担任李某桦的监护人；指出法院先后两次指定监护人的法律依据。

步骤3. 结合案例，查找其他相关资料，加以综合分析，讨论我国目前关于监护人的制度设计是否足够全面、妥当。

情境训练　宣告死亡的申请与撤销

情境案例

市工艺美术厂采购员刘某外出联系业务，一直未归，也没有与家属、同事等人联系。5年来，刘某的妻子马某和刘父、刘母以及工艺美术厂多方寻找均无结果。由于刘某是因公外出下落不明的，工艺美术厂按月将刘某的工资发给马某。后来，工艺美术厂准备向人民法院申请宣告刘某死亡，给其亲属一次性抚恤金，从而结束目前这种状态。刘某的父母认为不能直接申请宣告刘某死亡，应该先申请宣告失踪。工艺美术厂认为自己有权申请，即向法院提出申请，但遭法院裁决驳回。1个月后，马某未经刘某父母同意，直接向人民法院申请宣告刘某死亡，人民法院受理了马某的申请，于是发布公告寻找刘某下落，公告期满仍无刘某的消息。法院遂判决宣告刘某死亡，其遗产被分给马某和他的父母。马某不久便改嫁他人，但由于彼此缺乏了解，性格不合，3个月后就离了婚。此时，刘某从外地回到家里。原来刘某出差到外地，受他人怂恿，用公款做起了买卖，不料买卖赔了，公款一文不剩。刘某无脸回家，又怕承担刑事责任，于是在外待了5年多，因思家心切，终于回来了。刘某回家后得知一切，首先便提出要与马某恢复夫妻关系，被马某拒绝。刘某诉至法院，要求与马某复婚并取回其所有财产。

训练目标

通过实训，使学生进一步理解宣告失踪与宣告死亡两项制度的意义，掌握其不同的适用条件及程序，能够正确判断两项制度的不同法律效果，正确处理宣告失踪与宣告死亡的有关实务问题。

完成以下工作任务:

(1) 确定本案相关纠纷应当适用的法律程序,判断人民法院对宣告死亡的处理是否正确。

(2) 为被宣告死亡人恢复其民事主体资格选择正确的方式和途径。

训练方法

1. 课堂讨论。针对案例由教师或者学生提出问题,由学生自主进行探讨、论证,教师进行辅导、点评。

2. 角色模拟。学生分组,每组5~6人,分别模拟刘某、马某、工艺美术厂负责人、刘某的父母及法官,根据案情模拟当事人申请宣告死亡和申请撤销死亡宣告及解决其他纠纷的过程。

训练步骤

步骤1. 明确我国宣告失踪、宣告死亡的法律规定,分析本案当事人马某、刘某父母、工艺美术厂的法律地位,以及他们在宣告失踪、宣告死亡中各自享有的权利。

步骤2. 根据法律规定及本案事实,判断人民法院驳回工艺美术厂申请和受理马某申请两项裁判的合法性。

步骤3. 明确被宣告死亡人重新出现后对其死亡宣告的正确处理方式,判断刘某的请求是否合乎法律的规定。

步骤4. 依法对刘某的请求进行处理。

项目二 法 人

引例1

2020年10月,石某、蔡某拟共同投资设立富辉装饰有限责任公司,并就公司的基本问题达成一致意见,制定了公司章程和组织机构并签订出资协议。协议的主要内容是:石某投资5万元,蔡某投资4万元;出资各方按投资比例分享利润、分担风险;石某任法定代表人并负责筹备公司具体事宜及办理设立的申请登记手续。随后,石、蔡二人都按协议缴纳了出资并交付给石某,石某即开始筹备公司设立登记的有关事宜,并产生了部分费用。石某一直未向公司登记机关办理登记手续,2021年1月,蔡某得知公司还未办理相关手续,遂要求退还4万元投资款。石某认为,双方签订了协议,缴纳了出资,制定章程,并产生了部分费用,只是形式方面有欠缺,事实上已经具备公司成立的基本条件,双方所订协议是合法有效的,蔡某要求退还投资款,属于违约行为。石某主张双方应继续履行出资协议。

问题:

1. 从上述材料看，富辉装饰有限责任公司是否成立？

2. 蔡某要求退还投资款，是否属于违约行为，本案应如何处理？

引例 2

李某为筹建东方太极酒店有限公司（以下简称"太极公司"），于 2018 年 9 月 14 日、10 月 18 日、10 月 20 日、10 月 21 日，与盛弘建筑设备租赁中心（以下简称"盛弘租赁"）先后签订了 4 份建筑设备租赁合同，双方就租赁的设备类型、数量、租金价格等内容进行了明确约定。合同签订后，盛弘租赁按照约定，出租给李某钢管 79 216.8 米、十字扣 31 800 套、接扣 5349 套、转扣 1650 套、顶丝 1765 套、蝴蝶卡 10 417 个。2018 年 10 月 22 日太极公司登记成立，注册资本 50 万元，公司类型是一人有限责任公司，李某系该公司发起人、股东、法定代表人。太极公司工程完成后，李某陆续返还建设设备给盛弘租赁。截至 2019 年 4 月 10 日，李某尚有钢管 16 373 米、扣件 18 645 套、顶丝 268 套未予归还，租赁费 313 343.3 元也未支付。2019 年 9 月 20 日太极公司申请变更工商登记，并修改股东章程，增加宋某为公司股东。2020 年 4 月 20 日，该公司再次变更工商登记，增资 450 万元，注册资本变更为 500 万元。2021 年 6 月 22 日，盛弘租赁与太极公司就租赁设备遗留问题达成协议，约定太极公司在 1 个月内归还设备并支付剩余租金。后太极公司未履行该协议，认为归还设备及支付租金的义务应该由李某个人承担。李某认为该遗留问题处理协议属于债务承担，债权人盛弘租赁应依据该协议向太极公司主张权利。[1]

问题：

1. 李某以自己名义与盛弘租赁签订的 4 份租赁合同所产生的民事责任应该由谁承担？

2. 盛弘租赁是否享有请求李某或太极公司承担责任的选择权？

基本原理

一、法人的含义

法人是世界各国规范经济秩序以及整个社会秩序的一项重要法律制度，在当今社会经济生活中发挥着重要的作用。法人是相对于自然人而言的另一类重要民事主体。法人作为一种独立的民事主体，在民事活动中与自然人具有同等的法律地位。我国《民法典》第 57 条规定，法人是具有民事权利能力和民事行为能力，依法独立享有民事权利和承担民事义务的组织。它被称为法律上"拟制的人"。

法人的含义包含了以下三个方面的内容。

---

〔1〕 参考案例：焦作市盛弘建筑设备租赁中心诉李某租赁合同纠纷案，载焦作市中级人民法院网：http：//jzzy. hncourt. gov. cn/public/detail. php？id＝11135，最后访问日期：2020 年 10 月 1 日。

1. 法人是一种社会组织

这是法人区别于自然人的最本质的特征。法人作为社会组织体，是为了实现特定的目标而有意识地结合起来的社会群体，它不同于基于自然规律出生的自然人个体；它也不同于其单个自然人成员的意思，法人内部具有完备的机构，代表法人行使权利，表达法人的意思，保障法人实施民事法律行为；法人实施的民事法律行为虽然需要借助于自然人的行为，但不等同该自然人个人的行为；法人的权益也不直接归属于作为其法人成员的自然人个人，而是归属于法人这个社会组织体。作为法人，其必须依法成立，得到法律认可或依法获得批准，才能取得法人资格。不是任何社会组织都能取得法人资格，如公司具备法人资格，而公司的分支机构虽然也是一种组织体，却不具有法人资格。

2. 法人具有民事权利能力和民事行为能力

法人作为与自然人相对应的一类民事主体，依法取得独立的法律地位，具有民事权利能力和民事行为能力，有独立的民事主体资格，无须依附其他组织而独立存在；对外能够以自己的名义参加民事活动，取得各种民事权利，承担各种民事义务。法人的民事权利能力和民事行为能力，从法人成立时产生，至法人终止时消灭。这也是法人的人格独立于其成员或创立人人格的证明。

3. 法人依法独立承担民事责任

法人是能够独立承担民事责任的社会组织，这是法人与非法人组织的根本区别。法人的独立责任是指法人在违反义务时，应当以其所拥有或经营管理的全部财产为限对外承担责任，法人的成员和其他人不承担责任。《民法典》第60条规定，"法人以其全部财产独立承担民事责任"。法人应以其拥有的全部财产，独立地对外承担债务或其他民事责任。除法律另有规定外，法人的成员或创立人个人对法人的债务不承担责任。同样，法人也不对法人的成员或创立人个人的债务承担责任。

二、法人的类型

我国《民法典》依据法人的经济属性将法人分为营利法人、非营利法人和特别法人。

（一）营利法人

1. 营利法人的含义

营利法人是指以取得利润并分配给股东等出资人为目的而成立的法人，亦称企业法人。营利法人是市场经济活动中最基本的单位，也是社会生产经营活动中最主要的主体。营利法人从事经营活动，应当遵守商业道德，维护交易安全，接受政府和社会的监督，承担社会责任。

2. 营利法人的类型

营利法人包括有限责任公司、股份有限公司和其他企业法人等。

（1）有限责任公司，是指由 50 个以下股东出资设立，股东以其认缴的出资额为限对公司承担责任，公司以其全部财产对公司的债务承担责任的，在中国境内设立的企业法人。有限责任公司通常至少有两个股东，但也有仅有一个股东的情况，如一人有限责任公司和国有独资公司。一人有限责任公司只有一个自然人股东或者一个法人股东。国有独资公司由国家单独出资，由国务院或者地方人民政府授权本级人民政府国有资产监督管理机构履行出资人职责。

（2）股份有限公司，是指公司全部资本分为等额股份，股东以其认购的股份为限对公司承担责任，公司以其全部财产对公司债务承担责任的，在中国境内设立的企业法人。根据《公司法》的规定，设立股份有限公司的发起人应当在 2 人以上 200 人以下，其中须有半数以上的发起人在中国境内有住所。

（3）其他企业法人，是指依《公司法》之外的相关法律、法规设立，并依法享有法人资格的企业。如依照《全民所有制工业企业法》设立的全民所有制企业法人，依照《乡镇企业法》《城镇集体所有制企业条例》等设立的集体所有制企业法人，依照《外商投资法》设立的外商投资企业法人。

（二）非营利法人

1. 非营利法人的含义

非营利法人，是指为公益目的或者其他非营利目的而成立，不向出资人、设立人或者会员分配所取得利润的法人。所谓公益目的，是指以公共利益为目的，即以满足不特定多数人的利益为目的，如中华慈善总会、中国红十字会、环境保护会、保护妇女儿童组织、各类基金会等就是非营利的公益法人。其他非营利目的，主要指以互助互益为目的，仅面向成员提供服务，如商会、行业协会、学会、俱乐部等就是互益性法人（又称为共益性法人）。

非营利法人不论是以公益目的还是以其他非营利目的成立，均不得向其出资人、设立人或者会员分配利润。

2. 非营利法人的类型

非营利法人包括事业单位法人、社会团体法人、捐助法人等。

（1）事业单位法人，是指国家为了社会公益目的，由国家机关举办或者其他组织利用国有资产举办的，从事教育、科研、文化、卫生、体育、新闻出版、广播电视、社会福利、统计调查、公用设施管理、物资仓储、监测、勘探、测绘、检验鉴定、法律服务、质量技术监督事务、公证与认证、人才交流、就业服务等活动的具有法人资格的社会组织。

（2）社会团体法人，是指具备法人条件，基于会员共同意愿，为公益目的或者会员共同利益等非营利目的设立的社会团体。社会团体法人一般由参加该社团的成员出资或国家资助成立，并以该出资对外承担责任，它通常只能在其章程所定的范围内进行民事活动。社会团体法人又可进一步分为学术性社会团体法人、行业性社会团体法人、专业性社会团体法人和联合性社会团体法人等。

（3）捐助法人，是指基于民事主体的捐助行为，以捐助财产为基础，为公益目的依法设立的具备法人条件的社会组织。为公益目的而以捐助财产设立的具有法人资格的基金会、社会服务机构、依法设立的具备法人条件的宗教活动场所，都是捐助法人。基金会法人分为面向公众募捐的公募基金会和不得面向公众募捐的非公募基金会；公募基金会按照募捐的地域范围，可分为全国性公募基金会和地方性公募基金会。社会服务机构一般是利用非国有资产设立的，具有非营利性、社会服务性等特征，包括科技服务、生态环境保护、文化、教育、卫生、福利救助等各类行业，如养老院、福利院、民办学校、民办医院、民办博物馆等。

（三）特别法人

《民法典》未对特别法人的概念作出立法界定。特别法人应该是除了营利法人和非营利法人之外的具有特殊性的法人组织。

1. 特别法人的分类

特别法人包括机关法人、农村集体经济组织法人、城镇农村的合作经济组织法人、基层群众性自治组织法人。

（1）机关法人，是指从事国家管理或依法行使国家权力，因行使职权的需要而参与民事活动并享有相应民事权利能力和民事行为能力的国家机关。国家机关在代表国家行使管理职能时，并不是民法上的主体，不以法人身份出现，只有在参与民事活动时才能成为民法意义上的法人，与同其进行民事活动的另一方当事人处于平等的地位。机关法人包括权力机关法人、行政机关法人、审判机关法人、法律监督机关法人、军事机关法人等。

（2）农村集体经济组织法人，是指在一定村或乡镇的社区范围内的农民集体成员，利用土地等农民集体所有的资源要素，通过资金联合与劳动联合的方式进行合作并实现共同发展的经济组织。根据《宪法》和《民法典》的规定，农村集体经济组织实行以家庭承包经营为基础、统分结合的双层经营体制。

（3）城镇农村的合作经济组织法人，是指同类产品或产业的生产经营者或生产经营服务的提供者、利用者，在资源联合的基础上，通过互助合作、民主管理共同实现成员利益的互助性经济组织。

（4）基层群众性自治组织法人，是指由我国城市居民和农村村民依照宪法、法律赋予的权利，通过民主选举的方式，实现"自我管理、自我教育、自我服务"的基层自治社会组织。在我国，基层群众性自治组织主要是指城镇的居民委员会和农村的村民委员会。

2. 特别法人的特征

（1）机关法人具有非营利性，不得开展商业性活动。机关法人是基于行政管理等政治性目的而依法设立的，其拥有行政权力，具有特殊地位。我国有多项法律规范禁止国家机关经商、办企业，规定其仅可因履行职责的需要进行一般的民事活动，例如购买办公用品、购买社会服务等。

（2）农村集体经济组织法人具有营利性。农村集体经济组织是村民自治的经济经营组织，拥有以家庭承包经营为主的耕地等资源性资产以及以集体统一经营为主的非资源性资产，并负责这些资产及其收益的经营管理，本质上具有营利属性。但农村集体经济组织具有社区性和封闭性，对内并不以利润最大化而以成员利益最大化为目的，不同于一般营利法人，不能简单适用营利法人的规定。

（3）城镇农村的合作经济组织法人具有营利性和自益性。合作经济组织是企业形态的一种，通过联合所有与民主控制等独特的产权结构和运行方式，为社员提供服务，满足社员共同的经济、社会与文化需求。合作经济组织从事营利活动并向社员分配利润，具有自益性，但盈余的分配并非基于社员股份，而是基于其与合作社的交易量或惠顾额而予以确定。

（4）居民委员会、村民委员会具有非营利性及适度自益性。居民委员会、村民委员会由居民（村民）选举产生的成员组成，以居民（村民）一定的居住地为纽带和范围，所从事的工作主要是居民（村民）居住范围内社区的公共事务和公益事业，是具有适度的自益性的非营利性组织。[1]

三、法人的成立

（一）法人的设立

个人或者组织可为特定目的设立法人。法人的设立是指为使法人成立、取得法人资格而依据法定程序进行的一系列法律行为，包括发起、筹建到成立的整个过程。具备法定条件的个人或者组织依法进行登记，才能成立法人，法人于成立时起才具有独立的民事主体资格。设立是法人成立的前提和准备阶段，是法人成立的必经程序；法人的成立则是法人设立行为的结果。

法人的设立，存在五种设立原则：[2]

（1）自由设立主义，又称放任主义，即国家对于法人的设立完全听凭当事人自由，不加以任何干涉或限制。

（2）特许设立主义，又称立法特许主义，即法人的设立须经特别立法或者获得国家元首许可。

（3）行政许可主义，即法人的设立须经行政机关许可。

（4）准则设立主义，又称登记主义，即法律对于法人的设立预先规定一定的条件，

---

〔1〕 参见张新宝：《〈中华人民共和国民法总则〉释义》，中国人民大学出版社 2017 年版，第 186~187 页。

〔2〕 参见梁慧星：《民法总论》，法律出版社 2017 年版，第 136 页。

其可遵照该条件设立，无须先经行政机关许可；依照法定条件设立后，仅需向登记机关办理登记即可成立。

（5）强制设立主义，即国家强制设立法人。我国法人设立以法定主义为一般原则，涵盖了准则主义（登记主义）、许可主义、特许主义等原则。

（二）法人成立的条件

我国《民法典》第 58 条规定，法人应当依法成立。法人应当有自己的名称、组织机构、住所、财产或者经费。法人成立的具体条件和程序，依照法律、行政法规的规定。

1. 法人应当依法成立

依法成立是指设立中的社会组织必须依照法律的规定才能成立。依法成立包括两个方面：一是法人组织要合法，即法人的设立目的和宗旨、组织机构、经营范围等必须符合国家法律法规和政策的规定；二是法人成立的程序和条件要合法，只有符合法律规定的条件并经过法定程序登记法人才能成立，非经法定程序不能成为法人。

2. 法人应当有自己的名称

名称是代表一个组织的标志，是其拥有独立于其成员的人格标志，也是区别于其他法人、组织和自然人的标志。法人的名称是其进行正常的活动，确定其主体地位，享有权利并承担义务的前提。法人的名称必须符合法律的规定，不得损害社会公共利益。法人的名称必须依法经过核准登记，在规定的范围内享有专用权和专有权，其他任何组织非经该法人同意，不得使用该名称，不得以任何方式滥用、冒用该名称。

3. 法人应当有自己的组织机构和住所

法人作为社会组织必须有自己的组织机构，对内管理法人事务，对外代表法人从事民事活动。法人的组织机构应当符合法律的规定。法人进行业务活动，应当有自己固定的住所。在法律上明确法人的住所，对于法人开展正常业务活动，确定债务履行、登记管辖、诉讼管辖、法律文书送达、涉外民事法律关系准据法等地点，便于国家有关部门对法人的监督和管理等方面，都有重要的意义，是法人承担民事责任的前提条件。法人可能有多个生产经营场所，但住所只能有一个。

4. 法人应当有自己的财产或者经费

法人的财产或者经费，是法人作为民事主体享有民事权利和承担民事义务的物质基础，也是法人独立承担民事责任的财产保障。法人的财产或者经费，是指法人独自享有的，独立于其他社会组织、法人内部成员的财产。法人因其经营性质和范围不同，其财产或经费对于资本数额的要求会有不同。法人的财产或经费须与其设立宗旨、生产经营及服务规模或者活动范围相适应，足以支持其进行相应活动。

5. 法律规定法人应当制定章程的，应当有自己的章程

不同类型的法人成立的实体要件和程序要件存在差异，例如法人的章程并不是所

有法人都需要制定，但相关法律、行政法规规定应当制定章程的，则法人须有自己的章程。《民法典》规定，设立营利法人、社会团体法人、捐助法人应当依法制定法人章程。

（三）法人成立的程序

法人的成立除应当具备以上实质要件外，还须符合法律规定的程序要件。法人的类型不同，其成立的程序要件也不完全一样。

1. 营利法人的成立程序

营利法人具备了法律规定的成立条件，依法向登记机关申请登记，符合法律规定的设立条件的，由登记机关发给营利法人营业执照。营业执照的签发日期为营利法人的成立日期。

有限责任公司、股份有限公司的设立以准则主义为原则，以许可主义为例外。只要符合法定的设立条件，直接向登记机关申请登记核对即告成立；但法律、行政法规规定其必须报经批准的，则应当依法办理审批手续，取得行政许可，才能申请登记设立公司。如以募集方式设立的、公开发行股份的股份有限公司，应当先获得国务院证券监督管理机构批准，再向公司登记机关申请登记，申请登记时必须报送相关核准文件；保险公司、证券公司和基金管理公司均需要主管机关前置行政许可，否则不能成立。

其他企业法人原则上采取许可主义，如全民所有制企业、集体所有制企业、外商投资企业、商业银行等需经主管部门或有关审批机关批准才能申请登记。

2. 非营利法人的成立程序

非营利法人的成立采取特许主义和许可主义相结合的原则。原则上，所有事业单位法人、社会团体法人都需要依法进行登记，但法律、法规另有规定的除外。具备法人条件的事业单位，经依法登记成立，取得事业单位法人资格；依法不需要办理法人登记的，如中国人民大学、中国社会科学院等，从成立之日起，具有事业单位法人资格。具备法人条件的社会团体，经依法登记成立，取得社会团体法人资格；依法不需要办理法人登记的，如中华全国总工会、中华全国妇女联合会等，从成立之日起，具有社会团体法人资格。

具备法人条件的基金会、社会服务机构须经依法登记成立，取得捐助法人资格。依法设立的宗教活动场所，具备法人条件的，可以申请法人登记，取得捐助法人资格。法律、行政法规对宗教活动场所有规定的，依照其规定。

（四）法人设立人的责任

法人的设立人是指以设立法人为目的，从事设立法人行为的主体。法人从设立到成立，需要一个过程，在这个过程中，设立人为设立法人必须与他人进行交易，法人设立人的责任指的就是设立人为设立法人从事民事活动而承担的民事责任。

依据《民法典》的规定，设立人为设立法人从事的民事活动，其法律后果由法人承受；法人未成立的，其法律后果由设立人承受，设立人为二人以上的，享有连带债权，承担连带债务。例如在公司不能成立时，股份有限公司的发起人应对设立行为所产生的债务和费用负连带责任，对认股人已缴纳的股款负有返还股款并加算银行同期存款利息的连带责任。

设立人设立法人应以法人的名义从事民事活动，但有些设立人并未认识到法人与自己是两个不同的民事主体，虽然为设立法人从事民事活动，却以自己的名义进行。相对一方的当事人未必能够了解也没有义务去了解设立人实质上是为谁的利益而从事民事活动。如果法人成立，从保护第三人合理信赖利益角度而言，法律允许对方当事人选择成立后的法人承担相应责任，也可以选择设立人承担相应责任。

▌ 法条链接

《最高人民法院关于适用〈中华人民共和国公司法〉若干问题的规定（三）》

第二条　发起人为设立公司以自己名义对外签订合同，合同相对人请求该发起人承担合同责任的，人民法院应予支持；公司成立后合同相对人请求公司承担合同责任的，人民法院应予支持。

第三条　发起人以设立中公司名义对外签订合同，公司成立后合同相对人请求公司承担合同责任的，人民法院应予支持。

公司成立后有证据证明发起人利用设立中公司的名义为自己的利益与相对人签订合同，公司以此为由主张不承担合同责任的，人民法院应予支持，但相对人为善意的除外。

第四条　公司因故未成立，债权人请求全体或者部分发起人对设立公司行为所产生的费用和债务承担连带清偿责任的，人民法院应予支持。

部分发起人依照前款规定承担责任后，请求其他发起人分担的，人民法院应当判令其他发起人按照约定的责任承担比例分担责任；没有约定责任承担比例的，按照约定的出资比例分担责任；没有约定出资比例的，按照均等份额分担责任。

因部分发起人的过错导致公司未成立，其他发起人主张其承担设立行为所产生的费用和债务的，人民法院应当根据过错情况，确定过错一方的责任范围。

第五条　发起人因履行公司设立职责造成他人损害，公司成立后受害人请求公司承担侵权赔偿责任的，人民法院应予支持；公司未成立，受害人请求全体发起人承担连带赔偿责任的，人民法院应予支持。

公司或者无过错的发起人承担赔偿责任后，可以向有过错的发起人追偿。

四、法人的民事能力

法人与自然人一样，都是民事主体，都具有民事权利能力和民事行为能力。

（一）法人的民事权利能力

法人民事权利能力，是指法律赋予法人享有民事权利和承担民事义务的资格。

法人的民事权利能力是法人作为民事主体参加民事活动的前提，没有这种民事权利能力，法人就不能参加民事活动。法人作为法律拟制的"人"，其民事权利能力与自然人的民事权利能力一样，都是由法律赋予的，而不是由法人自己决定的。但法人的民事权利能力与自然人的民事权利能力存在着不同之处。

1. 法人的民事权利能力因自身性质而有局限性

法人是社会组织，不具有与自然人一样的自然属性。自然人依其自然属性而享有的生命权、健康权、肖像权、隐私权、继承权等，法人均不享有。而法人享有的特殊民事权利能力，如银行法人开展信贷业务的权利，自然人也不享有。当然，法人和自然人一样，享有名称权、名誉权、荣誉权等人身权。

2. 法人的民事权利能力起止时间存在程序性差异

根据《民法典》第59条的规定，法人的民事权利能力从法人成立时产生，到法人终止时消灭。法人作为一种组织体，其成立和终止必须经过一定的法律程序，法律对这些程序的规定不尽相同，因此不同类型的法人成立和消灭的时间各不相同，其民事权利能力的起止时间也就有所不同。营利法人的民事权利能力，从其营业执照签发或领取之日起产生；无需办理法人登记的事业单位法人和社会团体法人，从批准其成立之日起即具有民事权利能力；其他需要依法办理登记的法人，则从登记之日起获得民事权利能力。对于依法需要办理注销登记的法人，其民事权利能力自注销登记之日起消灭；对于依法不需要办理注销登记的，清算终结时即法人终止，其民事权利能力归于消灭。

3. 法人的民事权利能力内容具有差异性

自然人的民事权利能力是平等的、普遍的和无差异的；而法人的民事权利能力因不同法人的设立目的、经营范围及活动领域有所不同，各自享有的民事权利能力也有所区别，它们只能在其核准登记的经营范围内和法律允许的范围内从事民事活动。

（二）法人的民事行为能力

法人民事行为能力，是指法人以自己的意思独立进行民事活动，行使民事权利和承担民事义务的资格。与法人的民事权利能力一样，法人的民事行为能力也由法律所赋予，它是国家通过法律而赋予社会组织或目的性财产得以独立从事民事活动的资格。

法人的民事行为能力，不仅包括法人独立行使民事权利和承担民事义务的资格，而且也包括法人对其违法行为承担民事责任的资格。

法人的民事行为能力与其民事权利能力紧密结合在一起。法人民事权利能力是法人能力的前提，法人的民事行为能力则是民事权利能力实现的条件，具有民事行为能力才能从事民事活动，实现其权利。

法人的民事行为能力具有以下特点：

1. 法人的民事行为能力与其民事权利能力在存续期间上有一致性

法人是否具有民事行为能力，直接取决于主体是否具有意思能力。法人的意思由法人机关作出，它不受年龄和精神状态的影响，因此，当法人具备相应的成立条件，并经由设立程序取得法人资格后，法人即开始享有民事权利能力，也同时开始具有民事行为能力。当法人注销登记终止时，其权利能力和行为能力随之终止。

2. 法人的民事行为能力与其民事权利能力在范围上具有一致性

法人只能在其民事权利能力范围内活动，即民事行为能力范围受民事权利能力范围的限制。不同法人的民事权利能力范围各不相同，而各法人的民事行为能力范围也不一样；同一法人，其民事权利能力与民事行为能力的范围是一致的。

3. 法人的民事行为能力通过法人的机关或代表实现

法人作为社会组织，其自身并不能直接从事民事活动，其民事行为能力只能通过法人机关或代表予以实现。法人机关和代表以法人的名义所从事的民事活动就是法人的行为，其法律后果由法人承担。

法人应在其民事权利能力和民事行为能力范围内从事民事活动，超出其民事权利能力和民事行为能力范围的行为具有违法性。但为了保护交易安全，我国《民法典》第504条规定，法人的法定代表人超越权限订立的合同，除相对人知道或者应当知道其超越权限外，该代表行为有效，订立的合同对法人发生效力。如果法人超越经营范围所实施的行为属于国家限制经营、特许经营或者法律、行政法规禁止经营的范围，则这种超越经营范围的行为无效。

（三）法人的民事责任能力

法人的民事责任能力是法人民事行为能力中的一种特殊形式，是指法人因违反法律规定的或合同约定的义务而独立承担民事责任的资格。法人的民事责任能力与法人的民事权利能力和民事行为能力同时产生、同时消灭。法人有无民事责任能力，在传统民法上存在不同的学说。我国民事立法肯定了法人的民事责任能力，《民法典》第60条规定："法人以其全部财产独立承担民事责任。"法人依靠自己独立支配的财产，能够以自己的名义，独立承担自己在民事活动中所产生的民事责任，而法人的投资者对法人的债务不承担责任。以营利法人为例，有限责任公司的股东以其认缴的出资额为限对公司承担责任；股份有限公司的股东以其认购的股份为限对公司承担责任。

法人承担民事责任须具备如下条件：

1. 必须是法定代表人或者其他工作人员执行职务的行为或以法人名义进行的活动

所谓执行职务的行为，包括职务活动本身要求法人机关、法定代表人或工作人员实施的行为，也包括其不正当执行职务活动的行为。在法律上，法人的机关或法定代表人在其代表权限范围内的行为被视为法人的行为，法人机关或法定代表人实施的行为，其后果当然应由法人承担。法人在经营活动中可以授权其他工作人员以法人名义从事活动，此活动属于法人的代理人的行为，其后果也应由法人承担。

2. 必须是法定代表人或者其他工作人员的职务行为违反合同义务或者法定义务

违反民事义务是民事主体承担民事责任的前提，如果法人的法定代表人或者其他工作人员的职务行为符合民事责任的构成要件，并且不存在民法所规定的免责事由，则法人应当对此承担相应责任。

法人就其法定代表人或其他工作人员的职务行为承担民事责任之后，有权依法追究有过错的法定代表人或其他工作人员的个人责任。

如果法人的法定代表人或其他工作人员实施与其业务活动无关的行为致人损害或者违反其他义务，或者纯粹以个人名义实施的行为违反义务，例如法人的工作人员在工作时间擅自外出参与斗殴致他人伤害、法人的法定代表人拒不返还个人名义的借款等，法人无须为之承担民事责任，相关民事责任由实施相应行为的行为人自己承担。

值得注意的是，在特殊情况下，法人的出资人须对法人债务承担连带责任。《民法典》第83条第2款的规定，营利法人的出资人不得滥用法人独立地位和出资人有限责任损害法人债权人的利益；滥用法人独立地位和出资人有限责任，逃避债务，严重损害法人债权人的利益的，应当对法人债务承担连带责任。《公司法》第20条第3款规定，公司股东滥用公司法人独立地位和股东有限责任，逃避债务，严重损害公司债权人利益的，应当对公司债务承担连带责任。

五、法人机关与法定代表人

（一）法人机关

法人机关，是指根据法律或法人章程的规定，形成法人的意思，并代表法人从事民事活动，实现其民事权利能力和民事行为能力的一定机构或者个人的总称。法人机关是法人组织体的核心组成部分，无独立人格，它是法人实现其民事权利能力与民事行为能力的基础。法人作为一种社会组织，不同于自然人，其自身是无法进行意思表示的。法人的意志只能通过法人的意思机关予以形成、表示和实现，法人机关的意志即为法人的意志，法人机关的行为就是法人的行为。法人机关对外以法人名义从事民事活动时，其法律后果由法人承担。

法人机关按其职能可以具体分为意思机关、执行机关、代表机关和监督机关。

意思机关也称权力机关、决策机关，是形成法人意志的机关。它有权决定法人的生产经营和业务管理等重大问题，但通常不代表法人对外进行民事活动，例如公司的权力机关为股东（大）会。

执行机关是执行法人意思机关决定的机关。它对法人的权力机关负责，以实现已形成的法人意志，或经权力机关授权就相关事务作出决断。执行机关的主要负责人是法定代表人，有权代表法人对外进行民事活动，例如董事会或执行董事为公司的执行机关。

代表机关是法人的意思表示机关，对外代表法人为意思表示，是法人的对外机关。

监督机关是对法人执行机关的行为进行监督检查的机关，保障法人权力机关决定的重大事项得以实现，它通常不得代表法人对外进行民事活动，如监事会就是公司的监督机关。

不同的法人，法律对其法人机关的规范存在一定的不同。《民法典》规定：①营利法人应当设权力机构、执行机构、监事会或者监事等监督机构。②事业单位法人设理事会的，除法律另有规定外，理事会为其决策机构。③社会团体法人应当设权力机构、执行机构，会员大会或者会员代表大会为其权力机构，理事会为其执行机构。④捐助法人应当设决策机构、执行机构、监督机构，理事会、民主管理组织为其决策机构。

（二）法定代表人

法定代表人是指依法律或法人章程规定代表法人行使民事权利、履行民事义务的主要负责人。法定代表人和法人是一个主体，法定代表人是法人的代表机关，法定代表人的行为就是法人的行为，法定代表人以法人名义从事民事活动，其后果都应当由法人承担。法定代表人具有以下特征：

1. 法人的法定代表人是由法律或法人的组织章程规定的

《民法典》规定，营利法人的董事长、执行董事或者经理按照法人章程的规定担任法定代表人；事业单位法人的法定代表人依照法律、行政法规或者法人章程的规定产生；社会团体法人应当设理事会等执行机构，理事长或者会长等负责人按照法人章程的规定担任法定代表人；捐助法人的理事长等负责人按照法人章程的规定担任法定代表人。

2. 法人的法定代表人是代表法人行使职权的负责人

法定代表人根据法律或章程的规定代表法人，以法人的名义对外进行民事活动和民事诉讼，无须法人特别授权。法定代表人是法人的代表机关，法定代表人直接代表法人从事民事活动。我国《民事诉讼法》第48条第2款规定，法人由其法定代表人进行诉讼。

法定代表人对外的职务行为即为法人行为，其后果由法人承担。如果法人章程或者法人权力机构对法定代表人的职权设有限制，而法定代表人以法人名义实施法律行为超越了该限制，则该越权法律行为是否有效，取决于该法律行为相对人是否善意。

如果相对人实施法律行为时不知道也不可能知道法定代表人的行为超越其代表权的限制，则该法定代表人的越权行为有效；反之，相对人知道或者应当知道法定代表人的行为超越了其代表权的限制，则该法定代表人的越权行为无效。

3. 法定代表人是代表法人进行民事活动的自然人

法定代表人只能是自然人，且该自然人只有代表法人从事民事活动和民事诉讼活动时才具有这种身份，并不具有独立的民事主体资格。

因法定代表人的特殊地位，法律对担任法定代表人的自然人予以一定的限制。如《企业法人法定代表人登记管理规定》第4条规定了八种自然人不得担任法定代表人的情形：①无民事行为能力或者限制民事行为能力的。②正在被执行刑罚或者正在被执行刑事强制措施的。③正在被公安机关或者国家安全机关通缉的。④因犯有贪污贿赂罪、侵犯财产罪或者破坏社会主义市场经济秩序罪，被判处刑罚，执行期满未逾5年的；因犯有其他罪，被判处刑罚，执行期满未逾3年的；或者因犯罪被判处剥夺政治权利，执行期满未逾5年的。⑤担任因经营不善破产清算的企业的法定代表人或者董事、经理，并对该企业的破产负有个人责任，自该企业破产清算完结之日起未逾3年的。⑥担任因违法被吊销营业执照的企业的法定代表人，并对该企业违法行为负有个人责任，自该企业被吊销营业执照之日起未逾3年的。⑦个人负债数额较大，到期未清偿的。⑧有法律和国务院规定不得担任法定代表人的其他情形的。

法人的法定代表人应当依法进行登记。

案例

船务公司通过债权转让协议取得对钢铁公司的债权8000万余元，为保证钢铁公司能够按时清偿债务，实业公司作为保证人为钢铁公司提供担保，实业公司的法定代表人蔡某在担保协议上签了字。后钢铁公司无力清偿债务，船务公司要求实业公司承担保证责任代为清偿。实业公司以蔡某擅自提供担保违反公司章程为由，主张担保无效。船务公司诉至法院，法院经审理后认定，根据《民法典》第504条的规定，对法定代表人代表公司所签合同，除法定代表人系超越其权限且损害公司利益并为相对方所知道或应当知道的以外，该代表行为有效。本案无证据证明船务公司在签订担保协议时对实业公司的章程内容明知，因此蔡某以法定代表人身份在该协议上签字的行为等同于实业公司的行为，其担保责任应由实业公司予以承担。

六、法人的变更和终止

（一）法人的变更

法人的变更，是指在法人的存续期间内，因法人组织机构、性质、经营范围、财产或名称、住所、法定代表人等登记事项发生的变动。登记是民法的主要制度之一，法人的登记事项对社会公众具有公示作用，法律规定重要事项必须要进行登记，以确保商事交易的安全。《民法典》第66条规定，登记机关应当依法及时公示法人登记的有关信息。

1. 法人变更的类型

（1）法人组织机构的变更。法人组织机构的变更包括法人合并和分立两种情形。

法人的合并，是指两个或两个以上的法人合并为一个法人。法人的合并可以分为新设合并和吸收合并。新设合并，即两个或两个以上的法人合并为一个新法人，原所有法人的人格全部消灭，原有法人的权利义务全部由新法人享有和承担。吸收合并，即一个或多个法人归入到一个现存的法人之中，被合并的法人人格消灭，存续的法人人格依然存在，被合并法人的权利义务由存续的法人享有和承担。

法人的分立，是指由一个法人分为两个或两个以上的法人。法人的分立包括新设分立和派生分立两种。新设分立是指一个法人分成两个或两个以上的法人，原法人人格消灭。派生分立是指原法人继续存续，并分出一部分财产设立新法人，原有法人的财产、债权、债务分别由分立后存续的各个法人享受和承担。

法人组织机构的变更，并不意味着法人的一切债权债务关系归于消灭。《民法典》第 67 条规定，法人合并的，其权利和义务由合并后的法人享有和承担。法人分立的，其权利和义务由分立后的法人享有连带债权，承担连带债务，但是债权人和债务人另有约定的除外。

（2）法人组织形态的变更。法人组织形态的变更是指在不消灭法人人格的前提下，法人从一种组织形态转为另一种组织形态的现象。如有限责任公司改为股份有限公司或者股份有限公司改为有限责任公司。法人组织形态的变更往往导致法人的责任形式、权利义务等变化，所以须依法报有关部门审批，获得批准后方得变更。法人组织形态的变更是在原法人的基础上创设新法人，因此须办理法人变更登记，变更后的法人依法享有相应民事权利和承担相应民事义务，同时在法定范围内承受原法人的债权债务。

（3）其他重要事项的变更。其他重要事项，是指法人登记中应登记的事项，如法人的名称、法定代表人、场所、住所、注册资本等。这些变动虽不消灭原法人、产生新法人，但影响了法人的民事权利能力和民事行为能力，也可能影响国家的管理和社会利益，因此法人重要事项的变更必须办理变更登记并进行公告。

2. 法人的变更登记

法人存续期间，发生名称、住所、经营场所、法定代表人、经济性质、经营范围、经营方式、注册资金、经营期限，以及增设或者撤销分支机构等变化时，应当依法向有关登记机关申请办理变更登记。如果变更登记事项依照法律、行政法规或者国务院规定在登记前须经批准的，还应当向法人登记机关提交有关批准文件，符合条件予以变更，同时向社会公告。

法人登记制度，要求法人将重要事项向登记机关登记，以便于其他民事主体可以查阅，可以准确获知法人的重要信息，判断其履约能力以及交易风险，从而达到保护交易安全的目的。法人登记事项具有相应的法律效力，法人的实际情况与登记的事项不一致的，不得对抗善意相对人。

（二）法人的终止

法人的终止，也称法人的消灭，是指法人民事主体资格的消灭。法人丧失民事主体资格，不再具有民事权利能力和民事行为能力。

1. 法人终止的原因

《民法典》第68条规定："有下列原因之一并依法完成清算、注销登记的，法人终止：①法人解散；②法人被宣告破产；③法律规定的其他原因。法人终止，法律、行政法规规定须经有关机关批准的，依照其规定。"

（1）法人解散。法人解散，是指已经成立的法人，因法人章程规定或法律规定的事由出现而停止经营活动，开始进行清算，是法人民事主体资格消灭的行为。[1]

法人的解散可以分为自愿解散和强制解散。

自愿解散，也称为任意解散，是基于法人的意思或设立人的意思而解散。通常有如下几种情况：①法人章程规定的存续期间届满或者法人章程规定的其他解散事由出现，如投资者在设立法人时，在章程中规定了经营期限，或者规定了解散事由，当法人经营期限届满或者解散事由出现时，投资者可以根据章程决定解散。②法人的权力机构决议解散，即股东会或者股东大会决定解散；法人章程规定了解散事由但没有出现或者章程没有规定解散事由，法人的股东（大）会不想再继续经营时，也可以决定解散。③因企业法人的合并或分立而解散。强制解散，并非法人自愿，而是法人在生产经营活动中违反法律、行政法规，被政府行政主管机关或法院裁判而解散。通常有如下几种情况：①法人依法被吊销营业执照、登记证书，被责令关闭或者被撤销。②法院判决解散，指法院依公司股东请求而判决公司解散；判决解散制度有利于解决公司经营管理出现严重困难，继续存续会使股东利益受到重大损失，且无法通过其他途径解决的公司状态，从而保护股东权利。③法律规定的其他情形。

（2）法人被宣告破产。法人破产，是指法人不能清偿到期债务，并且资产不足以清偿全部债务或者明显缺乏清偿能力的，债务人、债权人等相关主体可以向人民法院提出破产清算申请的法定程序。所谓不能清偿到期债务，是指：①债务的清偿期限已经届满；②债权人已要求清偿；③债务人明显缺乏清偿能力。债务人停止支付到期债务并呈连续状态，如无相反证据，可推定为"不能清偿到期债务"。

（3）法律规定的其他原因。《企业法人登记管理条例》第22条规定，企业法人领取《企业法人营业执照》后，满6个月尚未开展经营活动或者停止经营活动满1年的，视同歇业，登记主管机关应当收缴《企业法人营业执照》及《企业法人营业执照》副本，收缴公章，并将注销登记情况告知其开户银行。股份有限公司的股东不足法定人数，也属于导致法人终止的原因。

2. 法人的清算

（1）清算。法人因解散、被宣告破产以及法律规定的其他原因而终止时，依法应

---

[1] 沈德咏主编：《〈中华人民共和国民法总则〉条文理解与适用》（上），人民法院出版社2017年版，第514页。

当进行清算，了结债权债务关系。无论何种类型的法人，无论是因何种原因终止，都必须经过清算。法人的清算，是指法人解散时为了结其债权债务关系、分配其剩余财产，依法成立清算组织，处理法人全部财产，并向法人登记机关申请注销登记，使法人资格归于消灭的行为。清算期间法人存续，但是不得从事与清算无关的活动。

（2）清算义务人。《民法典》第 70 条第 1 款规定："法人解散的，除合并或者分立的情形外，清算义务人应当及时组成清算组进行清算。"清算义务人，是基于其与法人之间存在的特定法律关系而在法人解散时对法人负有依法组织清算义务，并在法人未及时清算给相关权利人造成损害时，依法应当承担民事责任的民事主体。[1] 清算义务人依据法律规定或法人章程规定产生。《民法典》第 70 条第 2 款规定："法人的董事、理事等执行机构或者决策机构的成员为清算义务人。法律、行政法规另有规定的，依照其规定。"

清算义务人的义务是组成清算组进行清算，清算组是以清算法人债权债务为目的而设立的执行清算事务的机构，是根据法律规定或者清算主体选任或者是法院指定具体负责清算工作的主体。清算义务人也可直接担任清算主体。清算义务人未及时履行清算义务，造成损害的，应当承担民事责任。主管机关或者利害关系人可以申请人民法院指定有关人员组成清算组进行清算。

清算组的职责包括对终止法人的财产进行保管、清理债权债务、处理剩余财产、参与民事诉讼活动等。《民法典》第 71 条规定："法人的清算程序和清算组职权，依照有关法律的规定；没有规定的，参照适用公司法律的有关规定。"

（3）清算后的剩余财产处理。法人清算后的剩余财产，按照法人章程的规定或者法人权力机构的决议处理。法律另有规定的，依照其规定。如非营利法人解散或终止后，其剩余资产的分配有所不同，为公益目的设立的非营利法人不得向出资人、设立人或者会员分配剩余财产；为其他目的设立的非营利法人可以分配剩余财产。剩余财产应当按照法人章程的规定或者权力机构的决议用于公益目的；无法按照法人章程的规定或者权力机构的决议处理的，由主管机关主持转给宗旨相同或者相近的法人，并向社会公告。

3. 注销法人登记

清算结束后，清算组应按有关规定向有关部门或人员报告清算情况，并向登记机关注销登记并公告。对符合终止条件的法人，依法定程序注销其法人资格。

清算结束并完成法人注销登记时，法人终止；依法不需要办理法人登记的，清算结束时，法人终止。法人被宣告破产的，依法进行破产清算并完成法人注销登记时，法人终止。法人的民事权利能力和民事行为能力也随之归于消灭。

---

〔1〕 沈德咏主编：《〈中华人民共和国民法总则〉条文理解与适用》（上），人民法院出版社 2017 年版，第 514 页。

但是机关法人被撤销的，法人终止，其民事权利和义务由继任的机关法人享有和承担；没有继任的机关法人的，由作出撤销决定的机关法人享有和承担。

案例

黄某与吴某系好朋友，他们于 2013 年共同出资设立了某销售有限公司，注册资本 200 万元，其中黄某出资 90 万元，拥有公司 45% 的股份，吴某出资 110 万元，拥有公司 55% 的股份，吴某为公司的法定代表人，黄某为公司监事。起初公司盈利颇丰，但是好景不长，随着时间的推移，二人为公司的经营管理和各自的权益逐渐发生纠纷，直接导致公司于 2014 年停止经营，黄某提出解散公司，吴某不同意。2015 年初，黄某将吴某及公司告上法庭，请求法院判决公司解散并进行清算。法院认为，黄某与吴某为公司的经营管理和各自的权益发生纠纷，直接导致公司停止经营，说明已经出现了《公司法》第 182 条规定的解散事由，而黄某作为持有公司股权 45% 的股东，符合"持有公司全部股东表决权 10% 以上的股东可以请求人民法院解散公司"的规定，因此判决支持黄某解散公司的请求。

引例分析

引例 1

本案涉及法人的成立问题，富辉装饰有限责任公司没有成立，只是处于设立之中。根据《民法典》第 58 条第 2 款"法人应当有自己的名称、组织机构、住所、财产或者经费"的规定和《公司法》第 23 条"设立有限责任公司，应当具备下列条件：①股东符合法定人数；②有符合公司章程规定的全体股东认缴的出资额；③股东共同制定公司章程；④有公司名称，建立符合有限责任公司要求的组织机构；⑤有公司住所"的规定，富辉公司已经具备了设立公司法人的实质性条件，但未依法定程序办理设立登记，公司法人没有成立。《民法典》第 58 条第 2 款规定："法人成立的具体条件和程序，依照法律、行政法规的规定。"《公司法》第 6 条规定："设立公司，应当依法向公司登记机关申请设立登记。符合本法规定的设立条件的，由公司登记机关分别登记为有限责任公司或者股份有限公司；不符合本法规定的设立条件的，不得登记为有限责任公司或者股份有限公司。"按照协议，石某任法定代表人并负责筹备公司法人具体事宜及办理设立的申请登记手续，现因石某未履行办理设立的申请登记手续，导致公司法人一直未成立，蔡某要求退还投资款，不属于违约。依据《民法典》第 75 条第 1 款的规定，"法人未成立的，其法律后果由设立人承受，设立人为二人以上的，享有连带债权，承担连带债务"。所以公司法人在设立中产生的部分费用应由石某、蔡某共同对外承担。如果石某主张双方应继续履行协议，则依法办理设立的申请登记手续，使公司法人依法成立。

引例 2

太极公司于 2018 年 10 月 22 日成立，在成立之前尚不具备独立民事主体资格，李某与盛弘租赁的 4 份租赁合同均在太极公司成立前签订，此时李某为设立太极公司以自己名义与盛弘租赁签订合同，不是法定代表人行为，而是公司发起人的责任问题。2021 年 6 月 22 日太极公司与盛弘租赁签订遗留问题解决协议，属太极公司对相关债务的认可，其自愿承担相关义务并不违反法律规定，但这与公司设立阶段的发起人责任没有直接的关联性，并不能免除李某作为合同相对人的民事责任。根据《民法典》第 75 条的规定，"设立人为设立法人以自己的名义从事民事活动产生的民事责任，第三人有权选择请求法人或者设立人承担"，以及《最高人民法院关于适用〈中华人民共和国公司法〉若干问题的规定（三）》第 2、3 条之规定，盛弘租赁享有请求太极公司的发起人李某和太极公司承担责任的选择权，盛弘租赁作为合同债权人可以直接要求李某承担相应的民事责任，也可以要求太极公司承担相应责任，履行双方业已签订的协议。

相关法律规范

1.《中华人民共和国民法典》第 57~101 条。

2.《中华人民共和国公司法》。

3.《中华人民共和国全民所有制工业企业法》。

4.《中华人民共和国商业银行法》。

5.《中华人民共和国外商投资法》。

6.《中华人民共和国企业破产法》。

7.《中华人民共和国城镇集体所有制企业条例》。

8.《中华人民共和国乡村集体所有制企业条例》。

9.《中华人民共和国公司登记管理条例》。

10.《中华人民共和国企业法人登记管理条例》。

11.《事业单位登记管理暂行条例》。

12.《社会团体登记管理条例》。

13.《基金会管理条例》。

14.《企业法人法定代表人登记管理规定》。

思考与练习

一、结合本项目原理，作出正确选择：

1.《民法典》规定，依法设立的宗教活动场所，具备法人条件的，可以申请法人登记，取得（   ）资格。

　　A. 特别法人　　　　　　　　B. 事业单位法人

　　C. 捐助法人　　　　　　　　D. 社会团体法人

2.《民法典》明确规定，法人是具有民事权利能力和（   ），依法独立享有民事权利和承担民事义务的组织。

　　A. 民事行为能力　　　　　　B. 民事法律能力

C. 民事责任能力   D. 人格尊严

3. 根据《民法典》的规定，法人解散的，除合并或者分立的情形外，（   ）应当及时组成清算组进行清算。

A. 登记机关   B. 利害关系人

C. 主管单位   D. 清算义务人

4.《民法典》规定，股东滥用出资人权利给法人或者其他出资人造成损失的，应当依法（   ）。

A. 承担刑事责任   B. 承担民事责任

C. 没收出资财产   D. 承担行政责任

5.《民法典》规定，依法设立的有限责任公司为（   ）。

A. 营利法人   B. 社会团体法人

C. 事业单位法人   D. 其他企业法人

6. 下列不具有法人资格的是（   ）。

A. 上海市人民政府   B. 腾讯控股有限公司

C. 工商银行湖南省分行   D. 中山大学

7. 法定代表人变更以后，原订立的合同（   ）。

A. 一律无效   B. 应继续履行

C. 经追认后有效   D. 部分有效

8. 法人设立登记具有（   ）。

A. 生效效力   B. 对抗效力

C. 生效效力或对抗效力   D. 生效效力和对抗效力

9. 甲企业系国有企业，经营不善，其上级主管部门市工业局决定撤销该企业，并成立了清算小组，清算时发现乙公司尚欠甲企业货款 20 万元，如起诉要求乙公司偿还货款，应以谁为原告？（   ）

A. 甲企业   B. 市工业局

C. 清算组   D. 市国有资产管理局

10. 下列机构为法人机关的是（   ）。

A. 某公司的销售科   B. 全民所有制企业的厂长

C. 某公司的董事会   D. 某企业的工会

11. 法人有（   ）情形的，应及时向登记机关申请变更登记并公告。

A. 分立   B. 合并

C. 增加注册资本   D. 减少注册资本

12. 下列法人中，属于中国法人的有（   ）。

A. 中国国有企业在国外设立的公司

B. 在中国境内设立的中外合资企业

C. 在中国境内设立的中外合作企业

D. 外商在中国境内设立的独资公司

E. 依中国法律成立的其他企业法人

二、结合本项目原理，回答下列问题：

1. 举例说明法人的民事权利能力、民事行为能力及民事责任能力的关系。

2. 简要说明法人变更的形式及其变更后的民事责任承担。

3. 试述法人的终止及清算。

三、结合本项目原理，分析以下案例：

1. 张某、李某、王某协商准备成立富丽有限责任公司，主要从事家具的生产，公司办公地点为广州市某区一大厦，三人约定：张某为公司提供厂房和设备，经评估作价25万元；李某以20万元现金作为出资；王某以商标权出资，作价15万元。三人共同起草了公司章程，章程内容包括：①公司的名称和住所；②公司经营范围；③公司的注册资本；④股东的权利与义务；⑤股东的出资方式与出资额；⑥公司的机构及其产生办法、职权、议事规则；⑦公司法定代表人；⑧公司的解散与清算办法。张某、李某、王某均在公司章程上签名、盖章，然后向公司登记机关申请设立登记。富丽有限责任公司是否取得了法人资格？

★思考方向：

（1）明确法人的成立条件，了解设立有限责任公司的有关规定。

（2）张某、李某、王某为成立公司实施了哪些行为？分析这些行为与公司能否成立之间的关系。

（3）明确成立公司的法定程序，判断本案是否符合相关程序要求。

（4）确认富丽有限责任公司是否取得了法人资格。

2. 甲县建材厂与乙市建筑工程队订立了供应瓷砖4000件的购销合同，货款总额9万余元。双方约定，瓷砖须在第三季度末前交货，建筑工程队于收货后15日内付清货款。8月底，建材厂就备好供货。9月初，建筑工程队分五次拉完了全部瓷砖，每次提货都打了欠条。半个月后，建筑工程队付给建材厂货款4万元，尚欠5万余元。建筑工程队购买了这么多瓷砖，并非用于建筑施工，而是看到市场上瓷砖紧俏，想转手倒卖，从中渔利，没想到瓷砖刚售出一半，行情就发生了巨变，瓷砖过剩。建筑工程队即以瓷砖质量不合格为由要求退货。建材厂答复说这种瓷砖并无国家标准，就行业标准而言，本厂的产品质量还属于较好的，故不同意退货，并要求建筑工程队依合同支付其余5万元货款。建筑工程队继续拖欠货款，建材厂无奈，只好诉至法院。法院在审理中查明，乙市建筑工程队虽然领用《企业法人营业执照》，但它的经营范围是建筑施工，不能经销瓷砖。本案当事人之间的购销合同是否有效？法院应如何处理？

★思考方向：

（1）我国法律对于法人的民事行为能力和经营范围有哪些规定？

（2）如何判断企业法人超越经营范围的行为？

（3）了解判断合同有效与否的法律标准。

（4）判断本案中的购销合同的效力，据此提出处理方案。

3. 某股份有限公司因为市场行情发生重大变化，导致运营难以继续。为避免公司遭受更大的损失，公司于6月10日召开了股东大会，经出席会议的股东所持表决权的70%通过了公司解散的决议，但是迟至7月1日公司仍然未组成清算组对公司的财产以及债权债务进行清算。7月21日，该公司才由董事会通知了债权人甲和乙，考虑到公司无法通知部分债权人，该公司还拟进行多次公告，但是由于公告费太高，该公司在8月10日前只在报纸上进行了一次公告，告知债权人及时行使权利。8月10日该公司开始清算。某股份有限公司解散公司的程序是否合法？

★思考方向：

（1）明确《民法典》和《公司法》关于公司法人解散的法律规定，特别注意解散程序。

（2）分析该公司法人是否具备解散的条件。

（3）判断该公司法人解散程序是否存在违反法律规定的问题。

情境训练　法人民事能力的确认

情景案例

童某、陈某和姜某三人共同在某市设立了一家儿童制衣有限公司（以下简称"制衣公司"），公司注册资本为60万元。章程中载明三人的出资分别是20万元、15万元和25万元，但实际上三方的出资都没有缴足，总共只有价值20万元的生产设备和5万元的流动资金，公司的注册是陈某通过欺骗手段获得出资证明办理的。公司成立后，一直运营正常，也与其他企业签订了大量的合同，其中多数合同已经履行完毕；但是由于经营不善，公司一直都没有真正盈利。1年后，制衣公司因对市场估计失策，导致严重亏损，童某、陈某和姜某决定解散公司。该市布料厂得知消息后前来追讨被欠的50万元布料款。童某等三人声称公司破产，无法偿还债务。布料厂认为他们是有意逃避债务，遂将该公司的一辆价值8万元的小型货车开走。姜某的一位朋友在某省服装公司工作，知道姜某公司的状况，提出由其所在公司收购制衣公司。童某、陈某、姜某商量后同意，2个月后该制衣公司被服装公司兼并，成为其分公司。制衣公司起死回生，布料厂又向其追讨布料款，姜某等人以制衣公司已经不存在为由，拒绝还款。布料厂要求服装公司偿还该项欠款，服装公司则认为该债务属原制衣公司，与公司业务没有任何关系，也拒绝承担责任，于是布料厂向法院起诉。

训练目标

通过实训，使学生进一步理解法人的性质，掌握关于法人成立、变更、终止的条件及程序上的要求，明确法人享有财产权利和承担民事责任的具体要求，能够掌握正确处理法人债务的方法和途径。

完成以下工作任务：

(1) 掌握法人成立的条件及程序上的要求，知晓法人解散或破产的原因。

(2) 明确法人享有财产权利和承担民事责任的具体要求。

(3) 把握处理法人债权债务的方式方法，以及如何通过诉讼途径解决法人的债务纠纷。

训练方法

1. 课堂讨论。针对案例由教师或者学生提出问题，并由学生自主进行探讨、论证，教师进行辅导、点评。

2. 角色模拟。学生分组，每组5~8人，分别模拟童某、陈某、姜某和布料厂、制衣公司，根据案情模拟当事人各自的主张和解决纠纷的过程。

训练步骤

步骤1. 判断制衣公司是否具有法人资格。根据材料提供的情节，判断童某、陈某和姜某在设立公司过程中是否有违法行为，确认其行为对公司成立与否存在何种影响，了解我国现行法律对此的规定。

步骤2. 分析童某等人拒绝还款和布料厂开走其货车两种行为的性质。法人解散或者破产应当具备相应条件、履行相应手续，童某等三人以此为由拒绝清偿欠款是否具有法律依据？布料厂能否因此开走制衣公司的货车？

步骤3. 分析制衣公司、服装公司、布料厂三者之间的关系。根据法人合并的有关规定判断，制衣公司的债权债务在其被服装公司兼并之后产生了什么变化，服装公司与布料厂之间是否因此形成某些民事法律关系。

步骤4. 明确布料厂的起诉对象。了解我国《民事诉讼法》关于当事人资格条件的规定，判断哪一民事主体是适格的被告。

步骤5. 确认原制衣公司财产权利的主张者和债务的承担者。

项目三 非法人组织

引例

安达皮革有限公司深圳分公司（以下简称"安达深圳分公司"）经理刘某持分公司营业执照和合同文本与花田百货公司（以下简称"花田公司"）签订了一份买卖合同，由该分公司提供皮箱1000个，每个800元，总金额为80万元。合同签订后，花田公司立即按合同约定支付了定金 8 万元。1 个星期后，安达深圳分公司按合同规定的期限交货，但经花田公司检验，皮箱的质量不符合合同约定，花田公司当即提出质量异议，且要求双倍返还定金并支付违约金。

安达深圳分公司则坚持要求花田公司按合同要求如期付款，双方发生纠纷。花田公司以安达公司和其深圳分公司为被告诉至法院。安达公司认为，该深圳分公司长年在深圳经营，平时的经济效益都留在分公司，只上交约定的承包金额；按其公司章程规定，下属分公司经理的委任需经董事会决定、董事长签字，而深圳分公司经理刘某却是本公司总经理王某未经董事会决定，擅自以公司的名义委任的，因而拒绝承担责任。

问题：

1. 安达皮革有限公司深圳分公司是什么性质的组织？

2. 安达皮革有限公司应否承担民事责任？

基本原理

一、非法人组织概述

非法人组织作为一种组织形式，广泛存在于大陆法系和英美法系，但其具体称谓则不尽相同。如德国民法称之为"无权利能力的社团"，日本民法称之为"非法人的社团或财团"，英美法系则称之为"非法人社团"或"非法人团体"。在我国，一般称为"非法人组织"或者"其他组织"。尽管称谓不尽相同，但其基本含义相似，都是指介于自然人和法人之间的社会组织。

（一）非法人组织的含义

非法人组织，是指不具有法人资格但能以自己的名义进行民事活动，依法享有民事权利和承担民事义务的社会组织。其特征表现为较为稳定的社会组织体，具有相应的民事权利能力和民事行为能力，但又不具备法人资格，在责任能力方面也不同于法人。

我国法律中普遍存在"其他组织"的用语，如《行政诉讼法》第 2 条第 1 款规定："公民、法人或其他组织认为行政机关和行政机关工作人员的行政行为侵犯其合法权益，有权依照本法向人民法院提起诉讼。"《民事诉讼法》第 3 条规定："人民法院受理公民之间、法人之间、其他组织之间以及他们相互之间因财产关系和人身关系提起的民事诉讼，适用本法的规定。"该法第 48 条第 1 款规定："公民、法人和其他组织可以作为民事诉讼的当事人。"根据《最高人民法院关于适用〈中华人民共和国民事诉讼法〉的解释》第 52 条的规定，其他组织是指合法成立、有一定的组织机构和财产，但又不具备法人资格的组织，包括：①依法登记领取营业执照的个人独资企业；②依法登记领取营业执照的合伙企业；③依法登记领取我国营业执照的中外合作经营企业、外资企业；④依法成立的社会团体的分支机构、代表机构；⑤依法设立并领取营业执照的法人的分支机构；⑥依法设立并领取营业执照的商业银行、政策性银行和非银行金融机构的分支机构；⑦经依法登记领取营业执照的乡镇企业、街道企业；⑧其他符合本条规定条件的组织。

上述法律中的"其他组织"基本上就是指非法人组织。为了明确非法人组织作为民事活动主体的法律地位，《民法典》第102条规定："非法人组织是不具有法人资格，但是能够依法以自己的名义从事民事活动的组织。非法人组织包括个人独资企业、合伙企业、不具有法人资格的专业服务机构等。"

（二）非法人组织的特征

1. 应当依法设立

非法人组织必须依法设立，设立时既要符合实体法的规定，又要在程序上履行法定的核准登记手续，经有关机关核准登记并领取营业执照或社会团体登记证。这是非法人组织的合法性要件。它既区别于非法成立的组织，也区别于依法人的内部规章成立的内部职能部门，如组成法人的车间、班组或科室。《民法典》第103条规定："非法人组织应当依照法律的规定登记。设立非法人组织，法律、行政法规规定须经有关机关批准的，依照其规定。"

2. 具有稳定性、组织性，以自己的名义从事民事活动

这是非法人组织和法人的相同之处。非法人组织是人和资产集合而成的组织体，为了一定目的而长期存在；其有相应的组织机构和代表人，能够形成独立于成员的组织体的意思；其能够以自己的名义开展民事活动，享有并行使民事权利，承担民事义务。

3. 有一定的财产或经费，有自己的场所

非法人组织以自己的名义对外从事民事活动，必须要拥有与其经营活动和经营规模相适应的财产或经费以及场所，作为其参与民事活动，享有民事权利、承担民事义务的物质基础和财产保障。但是，非法人组织的财产或经费与法人的财产或经费有严格的区别，非法人组织对其财产不享有独立的所有权或独立的经营管理权，这些财产或经费仍属于创设人所有，非法人组织只能相对独立地占有、使用或处分该财产或经费。

4. 不具有独立承担民事责任的能力

非法人组织不具有法人资格，其与法人的最大区别在于：非法人组织不能独立承担民事责任，非法人组织的民事责任最终是由设立人或出资人承担无限责任。《民法典》第104条规定："非法人组织的财产不足以清偿债务的，其出资人或者设立人承担无限责任。法律另有规定的，依照其规定。"由此可见，非法人组织不同于自然人，它必须依法成立，有自己的名称，有一定的组织机构和场所，是具有组织特性的组织体；

它也不同于法人，不能独立承担民事责任，是介于自然人和法人之间的第三类民事主体。

二、非法人组织的类型

非法人组织根据创设目的不同，分为以营利为目的的非法人组织和公益性的非法人组织。前者如个人独资企业、合伙企业、法人的分支机构等；后者如不具有法人资格的机关、机构、事业单位和社会团体。

根据《民法典》第 102 条的规定，非法人组织包括以下类型：

（一）个人独资企业

个人独资企业，是指依照《个人独资企业法》在中国境内设立，由一个自然人投资，财产为投资人个人所有，投资人以其个人财产对企业债务承担无限责任的经营实体。投资人应当具有我国国籍，但法律、行政法规禁止其从事营利性活动的人不得作为投资人申请设立个人独资企业。

个人独资企业除具有企业的一般属性外，还具有如下典型特征：

（1）投资人仅为一个人，且是自然人；区别于公司企业，公司企业除国有独资公司外，投资人为二人以上。

（2）企业全部财产为投资人个人所有。投资人的财产和企业的财产没有分离。依据《个人独资企业法》第 17 条规定："个人独资企业投资人对本企业的财产依法享有所有权，其有关权利可以依法进行转让或继承。"由此可见，个人独资企业的财产属于投资人个人所有，投资人也可将企业的财产依法进行转让。但是个人独资企业投资人在申请企业设立登记时明确以其家庭共有财产作为个人出资的，则企业的财产归家庭共有。

（3）企业的所有权和经营权没有分离。投资人的财产和企业的财产没有分离，因此企业的所有权和经营权也没有分离。依据《个人独资企业法》第 19 条规定："个人独资企业投资人可以自行管理企业事务，也可以委托或者聘用其他具有民事行为能力的人负责企业的事务管理。"

（4）投资人对企业债务承担无限责任。《个人独资企业法》第 31 条规定："个人独资企业财产不足以清偿债务的，投资人应当以其个人的其他财产予以清偿。"投资人既是企业的所有者，也是企业的经营者，企业不具有独立法人资格，投资人对企业债务承担无限责任。个人独资企业区别于一人公司，一人公司在性质上具有独立法人资格，投资人仅以其认缴的出资额为限对公司债务承担责任。

（二）合伙企业

合伙企业，是指自然人、法人和其他组织依照《合伙企业法》在中国境内设立的普通合伙企业和有限合伙企业。

普通合伙企业是由普通合伙人组成，合伙人对合伙企业债务承担无限连带责任的营利性组织。在普通合伙企业中也存在"特殊的普通合伙企业"，适用法律的特别规定。

有限合伙企业是由普通合伙人和有限合伙人组成，普通合伙人对合伙企业债务承担无限连带责任，有限合伙人以其认缴的出资额为限对合伙企业债务承担相应责任的营利性组织。

合伙企业作为企业的一种形态，自然具备企业以营利为目的等基本特征，同时合伙与自然人、法人相比，具有以下独有的特点：

1. 合伙企业赖以存在的基础是合伙协议

合伙企业以各合伙人订立合伙协议为开端，没有合伙协议，不能设立合伙企业。这一特征与享有法人资格的公司不同，公司是以章程为成立基础，但公司章程与合伙协议在性质上有很大的不同。公司章程是公司组织和行为的基本准则，是公司的"宪法"，具有公开的对外效力，其功能主要是约束作为法人组织的公司本身；而合伙协议是处理合伙人相互之间的权利义务关系的内部法律文件，仅具有对内的效力，即只约束合伙人。所以，合伙协议是调整合伙关系、规范合伙人相互间的权利义务、处理合伙企业纠纷的基本法律依据，也是合伙企业得以成立的法律基础。

2. 合伙企业由合伙人共同出资、共同经营

合伙企业虽然建立在合伙人之间相互信赖的基础上，是人的联合，但作为一个组织，必须要有一定的资产作为经营基础，出资是合伙人的基本义务，也是其取得合伙人资格的前提，所以合伙人必须共同出资，至于出资方式、出资期限、出资数额则由合伙协议约定。合伙企业与公司制企业不同，合伙的出资形式比公司灵活，不仅可以资金、实物、土地使用权和知识产权出资，还可以劳务、技术、管理经验、商誉甚至以不作为的方式出资，只要其他合伙人同意即可；合伙不设专门的组织机构，合伙事务由全体合伙人共同执行，不因出资的多少而影响权利的大小，所以合伙企业的经营是合伙人共同经营，在合伙业务范围内，各个合伙人互为代理人。合伙企业也可以推举负责人，负责人和其他人员的经营活动所产生的法律责任，由全体合伙人共同承担。当然，《合伙企业法》规定的有限合伙企业的情形有所不同，有限合伙人不执行合伙事务，不得对外代表有限合伙企业，对合伙企业的债务仅承担有限责任。

3. 合伙企业由合伙人共负盈亏，共担风险

由于合伙企业由合伙人共同出资，合伙经营，所以对于合伙企业在生产经营过程中产生的收益和风险，也由全体合伙人共同享有、共同承担，具体按合伙协议的约定或出资的比例确定。《合伙企业法》第33条规定："合伙企业的利润分配、亏损分担，按照合伙协议的约定办理；合伙协议未约定或者约定不明确的，由合伙人协商决定；协商不成的，由合伙人按照实缴出资比例分配、分担；无法确定出资比例的，由合伙人平均分配、分担。合伙协议不得约定将全部利润分配给部分合伙人或者由部分合伙

人承担全部亏损。"这一规定体现了合伙企业共负盈亏、共担风险的特点。

4. 合伙人对于合伙的债务承担无限连带责任

合伙企业不具有独立的法人资格，合伙企业的债务由合伙人按照出资比例或者协议的约定，以各自的财产承担清偿责任。当合伙企业财产不足清偿合伙企业债务时，各合伙人应当承担无限连带责任。不过，在合伙企业中，只投资不参与合伙经营、只收取固定利润的有限合伙人只以其出资额为限对合伙企业债务承担责任。

（三）不具有法人资格的专业服务机构

不具有法人资格的专业服务机构，是指专门提供专业服务的非法人组织。如不具有法人资格的律师事务所、会计师事务所等。《律师法》第 15 条规定："设立合伙律师事务所，除应当符合本法第 14 条规定的条件外，还应当有 3 名以上合伙人，设立人应当是具有 3 年以上执业经历的律师。合伙律师事务所可以采用普通合伙或者特殊的普通合伙形式设立。合伙律师事务所的合伙人按照合伙形式对该律师事务所的债务依法承担责任。"《注册会计师法》第 23 条、第 24 条规定，会计师事务所可以由注册会计师合伙设立，也可以设立负有限责任的法人制会计师事务所。因此，合伙制的律师事务所、会计师事务所等属于《民法典》规定的非法人组织。

不具有法人资格的专业服务机构具有以下特征：

1. 设立程序的特殊性

《民法典》第 103 条规定："非法人组织应当依照法律的规定登记。"设立非法人组织，法律、行政法规规定须经有关机关批准的，依照其规定。非法人组织一般只需要办理登记，而不需要批准；但是依据《律师法》《注册会计师法》的规定，设立律师事务所、会计事务所等不具有法人资格的专业服务机构须经有关机关批准，便于规范经营活动和监督管理。

2. 业务范围的特殊性

不具有法人资格的专业服务机构以提供专门的专业知识和技能为客户提供有偿服务，如律师事务所为当事人代理案件、会计师事务所为企业提供审计等服务。由于相关专业知识和技能通常只为少数受过专业知识教育与培训的人才所掌握，在向客户提供专业服务时，个人的知识、技能、职业道德、经验等往往起着决定性的作用，与机构本身的财产状况、声誉、经营管理方式等都没有直接的和必然的联系，合伙人个人的独立性极强。

3. 责任承担的特殊性

非法人组织的投资者对于非法人组织的债务承担无限连带责任，但是不具有法人资格的专业服务机构在特殊情况下无须承担无限连带责任。如《合伙企业法》第 58 条规定："合伙人执业活动中因故意或者重大过失造成的合伙企业债务，以合伙企业财产对外承担责任后，该合伙人应当按照合伙协议的约定对给合伙企业造成的损失承担赔偿责任。"由该条法律规定可见，合伙人执业活动中因故意或者重大过失造成的合伙企业债务，合伙企业财产对外承担责任后，其他合伙人无须承担连带责任。《律师法》第54条规定，律师违法执业或者因过错给当事人造成损失的，由其所在的律师事务所承担赔偿责任。律师事务所赔偿后，可以向有故意或者重大过失行为的律师追偿。由该条法律规定可见，律师违法执业或者因过错给当事人造成损失的，由律师事务所承担责任，其他律师不需要承担无限连带责任。

（四）法人的分支机构

法人的分支机构，是法人的重要组成部分，是以法人财产为基础，在一定区域内设立的开展相对独立活动的业务活动机构。法人分支机构在参与民事活动时须有法人的授权，才能形成自己的独立意思，而且不得对外代表法人。其主要法律特征如下：

1. 应当依法设立

法人根据业务需要，可以设立分支机构。法人设立分支机构，应当符合法律的规定。《民法典》第74条第1款规定："法人可以依法设立分支机构。法律、行政法规规定分支机构应当登记的，依照其规定。"如营利法人的分支机构，需要领取营业执照。《公司法》第14条第1款规定："公司可以设立分公司。设立分公司，应当向公司登记机关申请登记，领取营业执照。"《企业法人登记管理条例》第34条第1款规定，企业法人设立不能独立承担民事责任的分支机构，由该企业法人申请登记，经登记主管机关核准，领取《营业执照》，在核准登记的经营范围内从事经营活动。

2. 有自己的名称和组织机构，有必要的财产和经费

法人分支机构的名称必须标明其与所属法人的隶属关系，其机构由所属法人设置，应当拥有与其经营或活动范围相适应的财产或者经费，以保证其正常运作。

3. 以自己的名义从事民事活动

法人分支机构依法设立并领取了营业执照的，可以在法人授权的范围内以自己的名义参加民事活动，可以刻制公章、开立银行账户，在核准的经营范围内从事生产经营活动，具有独立的诉讼主体资格，可以作为当事人参加诉讼。

4. 不具有独立的民事责任能力

法人分支机构是以法人财产设立的、在内部具有相对独立性的组织，它只能为实现其所属法人的宗旨在其所属法人业务范围内进行活动。分支机构虽然有一定的财产或经费，但该财产或经费并不属于其所有，而是其所属法人财产的组成部分，因此法人分支机构没有独立的民事责任能力。分支机构对外从事民事活动的法律后果，最终由其所属法人承担。《民法典》第74条第2款规定："分支机构以自己的名义从事民事活动，产生的民事责任由法人承担；也可以先以该分支机构管理的财产承担，不足以承担的，由法人承担。"

（五）其他类型

根据《民法典》第102条的规定，非法人组织不限于个人独资企业、合伙企业、

不具有法人资格的专业服务机构，还存在其他类型。如《外商投资法》第 31 条规定，外商投资企业的组织形式、组织机构及其活动准则，适用《公司法》《合伙企业法》等法律的规定。这表明外商投资企业符合中国法律关于法人条件规定的才能依法取得中国法人资格，不具备法人条件的则属于非法人组织。再如，《乡镇企业法》第 2 条第 3 款规定，乡镇企业只有符合企业法人条件的，才能依法取得企业法人资格，不具备法人条件的乡镇企业属于非法人组织。

三、非法人组织的设立程序

《民法典》第 103 条第 1 款规定："非法人组织应当依照法律的规定登记。"依据该规定，非法人组织必须依法登记，否则不能设立非法人组织。通过登记主要起到公示的作用，从而降低交易相对人的识别成本，维护交易安全。如《合伙企业法》第 9 条第 1 款规定："申请设立合伙企业，应当向企业登记机关提交登记申请书、合伙协议书、合伙人身份证明等文件。"《个人独资企业法》第 9 条第 1 款规定："申请设立个人独资企业，应当由投资人或者其委托的代理人向个人独资企业所在地的登记机关提交设立申请书、投资人身份证明、生产经营场所使用证明等文件。"法律对于合伙企业、个人独资企业申请设立作出了登记的规定。

《民法典》第 103 条第 2 款规定："设立非法人组织，法律、行政法规规定须经有关机关批准的，依照其规定。"根据该条法律规定，非法人组织不仅应当依法登记，对某些特殊类型的非法人组织设立还规定须经有关机关批准的，即符合法定条件的非法人组织应在登记之前向相关主管部门申办审批手续。《律师法》第 18 条规定，设立律师事务所应当向设区的市级或者直辖市的区人民政府司法行政部门提出申请，受理申请的部门应当自受理之日起 20 日内予以审查。《注册会计师法》第 25 条第 1 款规定，设立会计师事务所，由省、自治区、直辖市人民政府财政部门批准。《合伙企业法》第 9 条第 2 款规定，合伙企业的经营范围中有属于法律、行政法规规定在登记前须经批准的项目的，该项经营业务应当依法经过批准，并在登记时提交批准文件。《个人独资企业法》第 9 条第 2 款规定，个人独资企业不得从事法律、行政法规禁止经营的业务；从事法律、行政法规规定须报经有关部门审批的业务，应当在申请设立登记时提交有关部门的批准文件。

四、非法人组织的事务执行与代表

《民法典》第 105 条规定："非法人组织可以确定一人或者数人代表该组织从事民事活动。"非法人组织可以确定代表人，以自己的名义对外开展民事活动，有权代表非法人组织与第三人从事交易活动，有利于维护交易安全，也有利于控制非法人组织的自身风险，防止非法人组织成员实施不当代表行为。如《合伙企业法》第 26 条第 2 款规定："按照合伙协议的约定或者经全体合伙人决定，可以委托一个或者数个合伙人对外代表合伙企业，执行合伙事务。作为合伙人的法人、其他组织执行合伙事务的，由其委派的代表执行。"第 27 条规定："依照本法第 26 条第 2 款规定委托一个或者数个合伙人执行合伙事务的，其他合伙人不再执行合伙事务。不执行合伙事务的合伙人有权监督执行事务合伙人执行合伙事务的情况。"

当然《民法典》第 105 条只是规定非法人组织可以确定代表人，并非必须确定，如果没有确定代表人，则非法人组织的所有成员都可以代表非法人组织作出代表行为。如《合伙企业法》第 26 条第 1 款规定："合伙人对执行合伙事务享有同等的权利。"合伙企业如果未确定代表人，则每个合伙人都可以对外代表合伙企业，执行合伙事务，其执行合伙事务的行为对所有合伙人均发生效力。

五、非法人组织的民事能力

《民法典》第 104 条规定，非法人组织的财产不足以清偿债务的，其出资人或者设立人承担无限责任。非法人组织不具有独立承担民事责任的能力。非法人组织以自己的名义进行民事活动，所产生的债务先以非法人组织的财产予以清偿。非法人组织的财产不足以清偿债务的，由其出资人或者设立人承担无限责任，以其他财产偿还债务。如《合伙企业法》第 38 条规定："合伙企业对其债务，应先以其全部财产进行清偿。"第 39 条规定："合伙企业不能清偿到期债务的，合伙人承担无限连带责任。"第 40 条规定，合伙人由于承担无限连带责任，清偿数额超过其亏损分担比例的，有权向其他合伙人追偿。

设立人为设立非法人组织所从事的民事活动，其法律后果由依法成立后的非法人组织承受；非法人组织未成立的，其法律后果由设立人承受。设立人为设立非法人组织以自己的名义从事民事活动产生的责任，第三人有权选择请求非法人组织或者设立人承担。

《民法典》第 104 条还规定，法律另有规定的，依照其规定。该规定表明非法人组织承担无限连带责任的例外，即法律规定有特别规定非法人组织的出资人或投资人无须对非法人组织的债务承担无限连带责任。如《合伙企业法》第 2 条第 3 款规定："有限合伙企业由普通合伙人和有限合伙人组成，普通合伙人对合伙企业债务承担无限连带责任，有限合伙人以其认缴的出资额为限对合伙企业债务承担责任。"《个人独资企业法》第 28 条规定："个人独资企业解散后，原投资人对个人独资企业存续期间的债务仍应承担偿还责任，但债权人在五年内未向债务人提出偿债请求的，该责任消灭。"

六、非法人组织的解散与清算

（一）非法人组织的解散

非法人组织的解散，是指根据非法人组织章程规定或法定事由的出现，或者是由投资人、设立人决议，停止非法人组织活动，终止非法人组织民事主体资格的法律程序。《民法典》第106条规定了非法人组织的解散事由："有下列情形之一的，非法人组织解散：①章程规定的存续期间届满或者章程规定的其他解散事由出现；②出资人或者设立人决定解散；③法律规定的其他情形。"

非法人组织的解散可分为自愿解散和强制解散两类。

自愿解散，是指非法人组织基于出资人或者设立人预先设定解散的情形，包括非法人组织的存续期间届满、出现相应的解散事由，或者根据投资人或者设立人的意愿而解散，体现了民事主体的意思自治。

强制解散，是指非法人组织基于法律规定的原因被解散。例如：非法人组织被依法吊销营业执照、责令关闭或者被撤销；投资人死亡或者被宣告死亡，无继承人或者继承人决定放弃继承；等等。非法人组织解散的，应当依法进行清算。非法人组织的章程对清算程序有规定的，依其规定；相关法律有规定的，依照相关法律规定进行。

（二）非法人组织的清算

非法人组织清算，是指非法人组织解散后，依法确定清算人开展的清理结束现有业务、了结债权债务关系的活动。《民法典》第107条规定："非法人组织解散的，应当依法进行清算。"出资人或设立人在非法人组织出现解散事由后，应当解散非法人组织，指定清算人开展清算活动。清算期间，非法人组织民事主体资格仍然存在，但其民事权利能力受到一定的限制，仅可进行与清算有关的民事活动，不得开展与清算目的无关的活动。

非法人组织清算的程序，《民法典》没有作统一规定，但相关的立法对于个别类型的非法人组织清算规则作了规定，如《合伙企业法》第4章对于合伙企业清算程序作了具体的规定。

非法人组织清算结束，应当依法办理注销登记。完成注销登记，非法人组织的主体资格消灭。如《合伙企业法》第90条规定，清算结束清算人应当编制清算报告，经全体合伙人签名、盖章后，在15日内向企业登记机关报送清算报告，申请办理合伙企业注销登记。《个人独资企业法》第32条规定，个人独资企业清算结束后，投资人或者人民法院指定的清算人应当编制清算报告，并于15日内到登记机关办理注销登记。《民法典》第108条规定，非法人组织的其他活动，法律有明确规定的，依照相关规定进行；没有规定的，准用法律关于法人的一般规定。

法条链接

《中华人民共和国合伙企业法》

第八十五条　合伙企业有下列情形之一的，应当解散：

（一）合伙期限届满，合伙人决定不再经营；

（二）合伙协议约定的解散事由出现；

（三）全体合伙人决定解散；

（四）合伙人已不具备法定人数满三十天；

（五）合伙协议约定的合伙目的已经实现或者无法实现；

（六）依法被吊销营业执照、责令关闭或者被撤销；

（七）法律、行政法规规定的其他原因。

第八十六条　合伙企业解散，应当由清算人进行清算。

清算人由全体合伙人担任；经全体合伙人过半数同意，可以自合伙企业解散事由出现后十五日内指定一个或者数个合伙人，或者委托第三人，担任清算人。

自合伙企业解散事由出现之日起十五日内未确定清算人的，合伙人或者其他利害关系人可以申请人民法院指定清算人。

第八十七条　清算人在清算期间执行下列事务：

（一）清理合伙企业财产，分别编制资产负债表和财产清单；

（二）处理与清算有关的合伙企业未了结事务；

（三）清缴所欠税款；

（四）清理债权、债务；

（五）处理合伙企业清偿债务后的剩余财产；

（六）代表合伙企业参加诉讼或者仲裁活动。

第八十八条　清算人自被确定之日起十日内将合伙企业解散事项通知债权人，并于六十日内在报纸上公告。债权人应当自接到通知书之日起三十日内，未接到通知书的自公告之日起四十五日内，向清算人申报债权。

债权人申报债权，应当说明债权的有关事项，并提供证明材料。清算人应当对债权进行登记。

清算期间，合伙企业存续，但不得开展与清算无关的经营活动。

《中华人民共和国个人独资企业法》

第二十六条　个人独资企业有下列情形之一时，应当解散：

（一）投资人决定解散；

（二）投资人死亡或者被宣告死亡，无继承人或者继承人决定放弃继承；

（三）被依法吊销营业执照；

（四）法律、行政法规规定的其他情形。

引例分析

本案的焦点是企业法人分支机构的民事责任能力问题。根据《民法典》第74条的规定，企业法人的分支机构不具有法人资格，只能为实现其所属法人的宗旨在其所属法人业务范围内进行活动，其以自己名义进行的民事活动所产生的债务，由设立它的法人最终承担。安达皮革有限公司深圳分公司属于安达皮革有限公司设立的分支机构，本身不具有法人资格，但具有缔约能力和诉讼能力。该分公司经理刘某持分公司营业执照与花田百货公司签订合同，合同合法有效，现其提供的皮箱质量不符合合同约定，存在违约行为，其法律后果应当由安达皮革有限公司承担。刘某的委任不符合安达公司章程的规定，属于该公司的内部事务，不能成为对抗善意相对人花田百货公司的理由。

相关法律规范

1. 《中华人民共和国民法典》第 102~108 条。

2. 《中华人民共和国民事诉讼法》第 3、48 条。

3. 《中华人民共和国合伙企业法》。

4. 《中华人民共和国个人独资企业法》。

5. 《中华人民共和国律师法》第 15、16、20 条。

6. 《中华人民共和国注册会计师法》第 23、24 条。

7. 《中华人民共和国乡镇企业法》。

8. 《中华人民共和国外商投资法》。

9. 《最高人民法院关于适用〈中华人民共和国民事诉讼法〉的解释》第 52 条。

思考与练习

一、结合本项目原理，作出正确选择：

1. 只提供技术性劳务的合伙人，对合伙经营的亏损额，对外（　　）。

A. 按技术性劳务折抵的出资比例承担责任

B. 在分得的利润范围内承担责任

C. 只承担约定的按份责任

D. 承担连带责任

2. 甲、乙、丙三人依法成立一合伙组织，推举甲为负责人，其他合伙人的经营活动（　　）。

A. 对全体合伙人不发生效力

B. 只有经甲认可后方发生效力

C. 对全体合伙人发生效力

D. 须经全体合伙人认可后方发生效力

3. 个人独资企业的投资人对企业债务（　　）。

A. 以出资额为限承担责任

B. 以企业财产为限承担责任

C. 以其个人财产承担无限责任

D. 以其个人财产承担无限连带责任

4. 中国农业银行某县支行为某企业的债务提供了担保，因该企业不能偿还债务而发生纠纷，对此，下列判断正确的是（　　　）。

　　A. 该担保合同无效，因为支行不具有缔约能力

　　B. 该担保合同有效，因为支行具有缔约能力

　　C. 债权人应以该支行作为被告，因为该支行具有诉讼能力

　　D. 债权人只能以中国农业银行作为被告，因为该支行不能承担担保责任

5. 甲、乙两人分别出资 4 万元合伙经营一饭店，后因经营管理不善，负债 5 万元。甲、乙对该债务应承担（　　　）。

　　A. 无限按份责任　　　　　　B. 有限按份责任

　　C. 无限连带责任　　　　　　D. 有限连带责任

6. 2020 年 5 月甲、乙、丙经工商部门登记为合伙组织，领取了字号为"幸福饭店"的营业执照，为经营需要，甲向丁借款 3 万元，借后不久丁即要求返还，应以谁为被告提起诉讼？（　　　）

　　A. 甲　　　　　　　　　　　B. 乙

　　C. 丙　　　　　　　　　　　D. 幸福饭店

7. 王某以个人名义兴办了一个木制品加工厂，在申请设立企业登记时明确以其家庭共有财产作为个人出资，对此，下列观点中正确的是（　　　）。

　　A. 该加工厂为个人独资企业

　　B. 该加工厂实为合伙企业

　　C. 王某应以个人财产对企业债务承担无限责任

　　D. 王某应以家庭共有财产对企业债务承担无限责任

8. 某甲提供资金 1 万元，某乙提供房屋 5 间，某丙提供自己的技术，共同开办一家修理厂，因资金不足，他们又向某丁借贷了 1 万元，这个厂的合伙人是谁？（　　　）

　　A. 甲　　　　　B. 乙　　　　　C. 丙　　　　　D. 丁

二、结合本项目原理，分析以下案例：

　　张某于 2019 年 3 月成立一家个人独资企业。同年 5 月，该企业与甲公司签订一份买卖合同，根据合同，该企业应于同年 8 月支付给甲公司货款 15 万元，后该企业一直未支付该款项。2020 年 1 月该企业解散。2021 年 5 月，甲公司起诉张某，要求张某偿还上述 15 万元债务。

　　张某是否应当偿还这 15 万元？

　　★思考方向

　　法律对个人独资企业的民事责任能力是怎样规定的？

情境训练　合伙的内外关系

情景案例

2017 年 1 月，赵某、钱某、孙某、李某四人决定设立天竹商行（普通合伙企业），并签订书面协议，内容如下：①赵某出资 10 万元，钱某以实物折价出资 8 万元，孙某以劳务出资 6 万元，李某货币出资 4 万元；②赵某、钱某、孙某、李某四人按 2∶2∶1∶1 比例分配利润和承担风险；③由赵某执行合伙企业事务，对外代表企业，但签订大于 5 万元的合同应经其他合伙人同意。协议未约定经营期限。经营期间发生以下事实：①2017 年 5 月赵某擅自以天竹商行名义与红天公司签定标的额为 8 万元的销售合同，红天公司不知道天竹商行的内部限制；钱某获知后，向红天公司表示不承认该合同。②2018 年 1 月，李某提出退伙，其未对企业造成任何不利影响，同年 3 月李某经清算退伙；4 月，新合伙人周某出资 4 万元入伙。③2018 年 7 月，天竹商行的债权人绿光公司要求赵、钱、孙、李和周某共同清偿早于 2017 年 12 月底到期的 14 万元债务，李某以自己退伙为由、周某以自己新入伙为由拒绝承担。④赵某为了改善企业的经营管理，于 2018 年 9 月独自聘任田某为天竹商行的经营管理人，并以合伙企业的名义为蓝海设备厂提供担保。⑤2019 年 4 月，合伙人钱某在与黄河公司的买卖合同中无法偿还到期债务 8 万元，同年 6 月，黄河公司向人民法院起诉钱某并胜诉，8 月申请强制执行钱某在天竹商行中的财产份额。

训练目标

通过实训，使学生进一步理解合伙组织的性质，掌握合伙内外关系的相关规定，能够正确区分合伙债务与合伙人债务，正确处理合伙债务的清偿问题。

完成以下工作任务：

（1）明确合伙的法律地位和有关其内外关系的法律规定，以及入伙、退伙的条件和程序。

（2）准确判断合伙债务的承担方式及各个合伙人的相应责任。

训练方法

1. 分析材料。针对案例中涉及的多种民事法律关系，搜索相关法律规范，重点了解《合伙企业法》的规定。

2. 课堂讨论。针对案例由教师或者学生提出问题，学生自主进行探讨、论证，教师进行辅导、点评。

3. 角色模拟。学生分组，每组 10～12 人，分别模拟赵某、钱某、孙某、李某、周某、田某和红天公司、绿光公司、蓝海设备厂、黄河公司、法官，根据案情模拟当事人各自的主张和解决纠纷的过程。

训练步骤

步骤1：判断赵某与红天公司的合同是否有效。

步骤2：分析李某退伙和周某入伙的法律依据。

步骤3：判断赵某聘用田某及为蓝海设备厂担保的行为是否合法。

步骤4：分析合伙人钱某被人民法院强制执行其在合伙企业中的全部份额后可能发生的法律后果。

步骤5：综合评判天竹商行各合伙人之间的法律关系及相应责任。

拓展阅读

1. 李永军："论民法典上'自然人'的概念"，载《苏州大学学报（哲学社会科学版）》2020年第4期。

2. 彭诚信："确定代孕子女监护人的现实法律路径——'全国首例代孕子女监护权'评析"，载《法商研究》2017年第1期。

3. 王利明："论民法典对合伙协议与合伙组织体的规范"，载《甘肃社会科学》2019年第3期。

4. 宋亚辉："营利概念与中国法人法的体系效应"，载《中国社会科学》2020年第6期。

5. 孙涛："我国民事合伙的重新审视及完善"，载《红河学院学报》2020年第3期。

6. 谢鸿飞、涂燕辉："民法典中非营利法人制度的创新及评价"，载《社会治理》2020年第7期。

民事法律行为

民事法律行为是民事主体有意识有目的而实施的行为，是一种可以引起民事法律关系产生、变更、消灭的民事法律事实，也是民事生活中最为常见的主体活动。充分了解民事法律行为的相关法律规范，掌握其生效要件及效力瑕疵的法律效果，有助于民事主体更好地行使民事权利，使民事活动更加有序更为顺利地开展。

知识目标

1. 理解民事法律事实、事实行为、民事法律行为三者之间的关系。
2. 掌握民事法律行为的核心要素即意思表示。
3. 掌握民事法律行为的效力类型。
4. 了解附条件与附期限的民事法律行为的内涵。
5. 掌握代理制度以及无权代理的法律后果。

能力目标

1. 能够准确判断某一民事主体的行为是否构成民事法律行为、能产生什么样的法律效果。
2. 能够判断欠缺有效要件的民事法律行为会引发哪些法律后果、需要承担何种法律责任。
3. 能够正确区分一般无权代理与表见代理，判断相关代理行为的法律效力。

项目一　民事法律行为概述

引例 1

原告张某因仓库施工，冰箱无处存放，遂与被告钱某签订了一份保管合同，合同约定由被告为原告保管 50 台冰箱，期限为 6 个月，原告支付 2 万元保管费。1 个月后，原告又有一批办公用纸需要存放，就与被告商量，被告同意原告将纸张存放在其仓库内并同意不再另外收费。6 月中旬，因天降大雨，被告仓库漏水使得原告纸张被淋湿大半，原告遭受损失 8 千元。合同期满，原告发现还丢失了 2 台价值共计 1 万元的冰箱。

原告向法院起诉，要求被告钱某赔偿其 1.8 万元的损失。[1]

问题：

1. 此案中存在着几个民事法律行为？张某与钱某之间存在哪些法律关系？

2. 钱某应否赔偿张某 1.8 万元的损失？

引例 2

2014 年 12 月 1 日，张某某书写遗嘱一份。遗嘱载明："我有济南市历城区××小区×××室房屋一套，现在市场价值 40 万元左右，由三个子女张某甲、张某乙、张某丙共同继承。该房产在我去世后 3 个月内出售，三个子女所占份额分别为张某甲 20 万元，张某乙 10 万元，张某丙 10 万元。"2017 年 2 月 2 日，张某某去世。2017 年 3 月，张某甲、张某乙、张某丙共同将房屋出售，获得售房款 100 万元。

对于该售房款的分割，三继承人意见不一。张某甲认为，按照遗嘱中对房屋的分配比例，自己应当拥有房屋价值一半的权利，即售房款 100 万元的 50%，为 50 万元；张某乙认为，按照遗嘱中的分割方案，张某甲比自己和张某丙多分 10 万元，因此，应当从 100 万元中先支付张某甲 10 万元，剩下的 90 万元由三人平分，即张某甲分得 40 万元，张某乙、张某丙各分得 30 万元；张某丙认为，遗嘱仅对售房款中的 40 万元进行了处理，对超出预估价值的 60 万元未作分割，因此，该 60 万元不适用遗嘱继承，而应依法按法定继承处理，即张某甲分得遗嘱分配部分 20 万元+法定继承部分 20 万元 = 40 万元；张某乙、张某丙各分得遗嘱分配部分 10 万元+法定继承部分 20 万元 = 30 万元。张某丙、张某乙的分配方案虽然不同，但分配结果是一样。

问题：

1. 遗嘱属于什么性质的法律行为？

2. 该遗嘱应该如何理解和执行？

基本理论

一、民事法律行为的含义和分类

（一）民事法律行为的含义和特征

在前面"民事法律事实"部分曾介绍，能够引起民事法律关系变动的客观现象包括事件和行为两大类，而行为又可依据其是否包含了意思表示分为民事法律行为与事实行为。《民法典》第 133 条规定："民事法律行为是民事主体通过意思表示设立、变更、终止民事法律关系的行为。"换言之，民事法律行为是指以意思表示为要素，以追求产生一定法律效果为目的的行为，因此在民法理论上民事法律行为又称为表意行为。而事实行为，是指行为人不具有设立、变更或消灭民事法律关系的意图，但依照法律

---

〔1〕 杨立新主编：《民法总则案例教程》，知识产权出版社 2005 年版，第 134 页。

的规定客观上能引起民事法律效果的行为，又称非表意行为。例如：甲以 2000 元的价格卖给乙一部电脑，在这一买卖行为中，甲有以 2000 元转让电脑的意思表示，乙有以 2000 元受让电脑的意思表示，因此这是一个民事法律行为；5 岁的儿童丙在幼儿园老师的指导下完成了一幅画作，丙即依法取得了该画作的著作权，该著作权法律关系是通过绘画这一事实行为引发的，并不需要行为人有获得著作权的意思表示。

民事法律行为具有如下三大特征：

1. 民事法律行为是私法意义上的行为

民事法律行为是由自然人、法人或非法人组织等民事主体作出的行为，与政府机关行使国家权力作出的行政行为、法院依审判权作出的裁判行为相区别。行政行为、裁判行为也可以导致民事法律关系的变动，例如征收征用决定、判决损害赔偿等，但是这些公法意义上的行为体现的是国家意志，而民事法律行为体现的是当事人的个人意志，遵循私法上的意思自治原则。

2. 民事法律行为是一种最重要的民事法律事实

民事法律行为是一种可以引起民事法律关系变动的民事法律事实，它与其他民事法律事实的不同之处在于，虽然各种民事法律事实都能引起一定民事法律关系的发生、变更或消灭，但唯有民事法律行为是民事主体主动实施的、以发生一定法律效果为目的的民事法律事实。在我们社会生活中发生的各种民事活动、经济活动基本上都属于民事法律行为，因此这是一种最重要的民事法律事实。

3. 民事法律行为以民事法律效果为目的、以意思表示为核心

民事主体实施民事法律行为，旨在或设立、变更或终止某种民事权利义务关系，该行为必须包含意思表示这个要素，无意思表示即无民事法律行为。所谓意思表示，简言之就是行为人把想要设立、变更、终止民事权利义务关系的内心意思以一定的方式表示出来使他人知晓的活动。民事法律行为以意思表示为要素的这个特征，使得民事法律行为与不追求民事法律效果的事实行为区别开来，也与生活中大量不具有民法意义的行为区别开来。例如：朋友之间相约一起看电影、踢足球等，仅仅是娱乐，并不追求在彼此之间产生权利义务，因而不属于民事法律行为。

（二）民事法律行为的成立与生效

《民法典》第 134 条规定："民事法律行为可以基于双方或者多方的意思表示一致成立，也可以基于单方的意思表示成立。法人、非法人组织依照法律或者章程规定的议事方式和表决程序作出决议的，该决议行为成立。"第 136 条第 1 款规定："民事法律行为自成立时生效，但是法律另有规定或者当事人另有约定的除外。"这两个条文的规定说明民事法律行为的成立与生效是两个不同的概念，二者切不可混为一谈。

民法理论一般认为，民事法律行为的成立应当具备三个要件：①要有行为主体。行为主体的人数依是单方、双方还是多方民事法律行为而定。②要有意思表示。意思

表示是民事法律行为成立的核心要素，有法律行为必有意思表示。单方民事法律行为只需有一个意思表示即可，双方和多方的民事法律行为需要有两个以上的意思表示，而且需各方的意思表示一致，民事法律行为才成立。③要有明确的行为标的。所谓标的又称客体，也就是当事人各方权利和义务所共同指向的对象，如物、行为、智力成果等。此外，对于实践性的民事法律行为，行为的成立还需要有标的物的实际交付。从性质上而言，民事法律行为的成立属于一种事实判断。

民事法律行为的生效是指已经成立的民事法律行为，由于其符合了法律规定的有效要件而得到法律的认可和保护，从而能够按照意思表示的内容产生法律上的预期效果。从性质上而言，民事法律行为的生效属于一种价值判断。一般民法理论认为，民事法律行为的生效包括一般和特殊两方面的要件。所谓一般生效要件，也称民事法律行为的有效要件，是指对所有民事法律行为生效的共同要求。《民法典》第143条规定："具备下列条件的民事法律行为有效：①行为人具有相应的民事行为能力；②意思表示真实；③不违反法律、行政法规的强制性规定，不违背公序良俗。"民事法律行为需同时满足这三个有效要件才能生效，对此本书将在项目二"民事法律行为的效力"部分展开介绍。所谓特殊生效要件，是指某些民事法律行为即使已经成立并具备上述一般有效要件，却并不能立即发生行为人所预期的效力，还须满足特定的条件，才会发生法律效力。例如，附生效条件的民事法律行为，必须等条件成就才能生效，对此本书将在"附条件和附期限的民事法律行为"部分展开介绍。

简言之，民事法律行为的成立与生效的区别与联系是：民事法律行为的成立是一个事实判断，即某一民事法律行为是否已经发生和存在；民事法律行为的生效是一个价值判断，即行为人所从事的某一民事法律行为是否符合法律的规定和要求，从而能否取得法律的认可并产生相应的法律效力。民事法律行为的成立是其生效的前提，但并非已成立的民事法律行为都能生效，如不符合法律所规定的一般有效要件的行为通常是无效的，无法实现行为人所追求的法律目的，其成立也就失去了意义。一般而言，符合《民法典》第143条规定的有效要件的民事法律行为自成立时起即生效，除非法律另有规定或者当事人另有约定。

（三）民事法律行为的分类

对民事法律行为，可以根据不同的标准，进行不同的分类。民法理论上主要的分类有如下几种：

1. 单方行为、双方行为、多方行为、决议行为

《民法典》第134条规定："民事法律行为可以基于双方或者多方的意思表示一致成立，也可以基于单方的意思表示成立。法人、非法人组织依照法律或者章程规定的议事方式和表决程序作出决议的，该决议行为成立。"根据此条规定，我们可以把民事法律行为分为单方行为、双方行为、多方行为和决议行为四种。

　　单方行为，是指仅根据当事人一方的意思表示就能够成立的行为。其特点在于，仅凭一方的意思表示而不需要对方或其他任何人的同意，便能发生行为人所预期的法律效果。例如立遗嘱只要有立遗嘱人一方的意思表示就可成立，遗嘱行为就是一种单方法律行为。单方行为进一步又可以分有相对人的单方行为和没有相对人的单方行为。没有相对人的单方行为仅仅发生个人权利变动的效果，意思表示无需到达任何其他民事主体，如无主物的先占、立遗嘱、所有权的抛弃等。有相对人的单方行为涉及他人权利的发生、变更或消灭等，如授予代理权、债务的免除、放弃继承权、委托代理的撤销、行使合同解除权等。

　　双方行为是指双方当事人意思表示一致才能成立的法律行为，即合同行为。如买卖合同需要有出卖人和买受人双方的意思表示，且双方的表示一致才能成立，这就是一个双方法律行为。双方行为是生活中最典型最常见的民事法律行为。

　　多方行为，又称为共同行为，[1] 是基于两个或两个以上方向一致的意思表示而成立的法律行为。例如，制定公司章程的行为，订立合伙合同的行为。在多方行为中，当事人所追求的利益是共同的。而在双方行为中，当事人的利益是互相对立的。

　　决议行为，主要存在于商事法律中，是指两个以上的组织内部成员在表达其意思表示的基础上，根据法律或者章程的规定采取多数表决原则，依一定的程序和规则作出的行为。如公司股东会的决议、董事会的决议、小区业主大会的决议等。[2] 决议行为所通过的决议对那些没有参加投票或者投反对票的成员一样具有法律约束力。

　　区别单方行为、双方行为、多方行为及决议行为的意义主要在于，法律上对这几种法律行为成立的要件要求不同。

　　2. 有偿法律行为与无偿法律行为

　　根据当事人的行为是否要求对方给付对价为标准，民事法律行为可分为有偿法律行为与无偿法律行为。

　　有偿法律行为，是指一方当事人取得利益时需向对方为对待给付义务的法律行为，即当事人一方以作出某种行为或付出某种利益为代价去交换对方的某种利益。法律行为的有偿与无偿取决于法律的规定或当事人的约定。在现实生活中，绝大多数法律行为都属于有偿法律行为，如买卖、租赁、运输、加工承揽等合同行为。

　　无偿法律行为，是指一方当事人取得利益时无需承担对待给付义务的法律行为，如赠与、借用、无偿保管等。在无偿法律行为中，无须为对待给付义务的一方有时候也要承担某些义务，如借用人无偿借用他人物品，负有正当使用和按期归还的义务。

　　有偿法律行为与无偿法律行为的区分意义，首要在于确定当事人责任的大小。一

---

　　〔1〕 王利明教授主编的民法教材中使用"共同行为"这一概念。参见王利明主编:《民法》,中国人民大学出版社 2010 年版, 第 104 页。

　　〔2〕 王利明教授将决议行为定义为:数个当事人之间以多数决形式达成合意的法律行为。如业主大会的决议,股东大会的决议等。参见王利明:《合同法分则研究》(下卷),中国人民大学出版社 2013 年版, 第 434 页。

般说来，有偿法律行为的当事人的民事责任比无偿法律行为当事人的责任更重。例如，买卖为有偿法律行为，出卖人负瑕疵担保责任；赠与为无偿法律行为，赠与人一般不负瑕疵担保责任。又如在保管合同中，因保管人保管不善造成保管物毁损、灭失的，保管人应当承担损害赔偿责任；但保管若是无偿的，保管人则只在故意或重大过失的情况下，才对保管物的毁损承担赔偿责任。此外，还在于对行为主体的要求不同。实施有偿法律行为的当事人应当具备相应的民事法律行为能力，而对无偿法律行为中纯获益的一方当事人，通常没有行为能力上的要求。

法条链接

《中华人民共和国民法典》

第六百六十二条　赠与的财产有瑕疵的，赠与人不承担责任。附义务的赠与，赠与的财产有瑕疵的，赠与人在附义务的限度内承担与出卖人相同的责任。

第八百九十七条　保管期内，因保管人保管不善造成保管物毁损、灭失的，保管人应当承担赔偿责任。但是，无偿保管人证明自己没有故意或者重大过失的，不承担赔偿责任。

第九百二十九条第一款　有偿的委托合同，因受托人的过错造成委托人损失的，委托人可以请求赔偿损失。无偿的委托合同，因受托人的故意或者重大过失造成委托人损失的，委托人可以请求赔偿损失。

3. 单务法律行为与双务法律行为

根据双方法律行为中当事人双方的权利义务关系，法律行为可分为单务法律行为与双务法律行为。

单务法律行为是指当事人一方仅负担义务而另一方仅享有权利的法律行为。如赠与即为单务法律行为，赠与人仅负有交付赠与物并转移所有权的义务，而不享有相应的权利。双务法律行为的当事人互为权利义务人，双务行为一般是有偿的，但也有双务行为是无偿的，如无偿的委托合同。单务行为一般是无偿的，但也可以是有偿的，例如自然人之间的有息借款合同就是有偿法律行为。

区分单务法律行为与双务法律行为的意义主要在于：除法律另有规定或当事人另有约定外，双务法律行为的当事人应当同时履行其义务；一方在未履行自己的义务时请求对方履行的，对方有权拒绝；一方因可归责于自己的事由不能履行义务时，对方有权依法解除法律关系并要求赔偿。而对于单务法律行为则不发生上述法律效果。

4. 诺成性法律行为与实践性法律行为

根据法律行为的成立是否以标的物的实际交付为要件，民事法律行为可分为诺成性法律行为与实践性法律行为。这是对双方法律行为进一步的分类。

所谓诺成性法律行为，又称不要物行为，是指双方当事人意思表示一致即可成立的法律行为。如买卖、租赁、借款等行为。所谓实践性法律行为，又称要物行为，是指除了双方当事人意思表示一致外，还要实际交付标的物才能成立的法律行为。例如《民法典》第 890 条规定："保管合同自保管物交付时成立，但是当事人另有约定的除外。"可见，保管合同为实践性法律行为，除非当事人另有约定。

如前所述，双方法律行为只要双方当事人意思表示一致即告成立，因此诺成性法律行为是一种普遍的法律行为，而实践性法律行为则是一种例外情形，因为实践性法律行为的成立，除需要双方当事人意思表示一致外，还需要实际交付标的物。例如买卖、租赁、承揽、运输等大多数法律行为属于诺成性法律行为，而借用、保管、存款、定金、质押、自然人之间的借款等少数法律行为属于实践性法律行为。

需要注意的是：诺成性法律行为与实践性法律行为的区别，并不在于一方是否应交付标的物，而在于是否将交付标的物作为行为的成立要件。例如买卖合同中，卖方也要交付标的物给买方，但卖方交付标的物并非买卖合同成立的要件，而是其履行合同义务的行为，买卖合同在双方意思表示达成一致时即告成立；而在保管合同中，委托人和保管人意思表示达成一致，此时保管合同尚未成立，只有在委托人交付保管物给保管人后，合同才成立。区分诺成性法律行为与实践性法律行为，可以帮助我们识别哪些法律行为已经成立，具有了法律效力；哪些还没有成立，对当事人不产生法律约束力。

5. 要式法律行为与不要式法律行为

根据法律行为的成立是否必须采用某种特定的形式为标准，法律行为可分为要式法律行为与不要式法律行为。

所谓要式法律行为，是指依据法律的规定或者当事人的约定必须采用某种形式或履行一定程序才能成立的法律行为。《民法典》第 135 条规定："民事法律行为可以采用书面形式、口头形式或者其他形式；法律、行政法规规定或者当事人约定采用特定形式的，应当采用特定形式。"所谓的特定形式通常有：书面、登记、批准、公证、见证等。例如，《民法典》第 1136 条规定："打印遗嘱应当有两个以上见证人在场见证。遗嘱人和见证人应当在遗嘱每一页签名，注明年、月、日。"可见打印遗嘱是一种要式法律行为，必须严格按照法律的要求去完成才能成立。书面形式是最常见的要式法律行为的形式，我国《民法典》中规定了很多合同行为都应当采用书面形式，如居住权合同、抵押权合同、质权合同、融资租赁合同、保理合同、建设工程合同、技术开发、转让和许可合同、物业服务合同等。同时《民法典》490 条第 2 款还规定："法律、行政法规规定或者当事人约定合同应当采用书面形式订立，当事人未采用书面形式但是一方已经履行主要义务，对方接受时，该合同成立。"由此可见，对合同行为而言，没有满足书面形式要求的合同并非一律不成立。不要式法律行为，是指法律不要求采用某种特定形式，当事人可以自由选择某种形式即可成立的法律行为，如买卖、赠与、承揽等。在现代民法中，法律行为以不要式为原则，以要式为例外。

区分要式法律行为与不要式法律行为的意义在于判断民事法律行为的成立与否，

对于要式法律行为，当事人若没有采用法律规定或者当事人约定的形式或程序，则行为不成立。

法条链接

《中华人民共和国民法典》

第三百四十八条　通过招标、拍卖、协议等出让方式设立建设用地使用权的，当事人应当采用书面形式订立建设用地使用权出让合同。

第三百六十七条　设立居住权，当事人应当采用书面形式订立居住权合同。

第四百条　设立抵押权，当事人应当采用书面形式订立抵押合同。

第四百二十七条　设立质权，当事人应当采用书面形式订立质押合同。

第六百六十八条　借款合同应当采用书面形式，但是自然人之间借款另有约定的除外。

第七百零七条　租赁期限六个月以上的，应当采用书面形式。当事人未采用书面形式，无法确定租赁期限的，视为不定期租赁。

第七百三十六条第二款　融资租赁合同应当采用书面形式。

第七百六十二条第二款　保理合同应当采用书面形式。

第七百八十九条　建设工程合同应当采用书面形式。

第七百九十六条　建设工程实行监理的，发包人应当与监理人采用书面形式订立委托监理合同。

第八百五十一条第三款　技术开发合同应当采用书面形式。

第八百六十三条第三款　技术转让合同和技术许可合同应当采用书面形式。

第九百三十八条第三款　物业服务合同应当采用书面形式。

6. 主法律行为与从法律行为

根据法律行为相互之间的关系，法律行为可分为主法律行为与从法律行为。

所谓主法律行为，是指在两个相互关联的民事法律行为中，能够独立存在的法律行为；从法律行为是依附于主法律行为而存在的法律行为。《民法典》第388条规定：担保合同是主债权债务合同的从合同。主债权债务合同无效的，担保合同无效，但是法律另有规定的除外。例如：借款合同与保证合同，保证合同是为了担保借款合同中的债权人的债权能够实现而设立的，它没有独立存在的意义，所以是从法律行为，而借款合同就是主法律行为。

区分主法律行为与从法律行为之意义在于，从法律行为的成立与效力均取决于主法律行为，它具有：①发生上的依附性；②效力上的从属性；③转让上的从属性；④消灭上的从属性。

7. 财产法律行为与身份法律行为

根据法律行为产生的法律效果性质不同，民事法律行为可分为财产法律行为与身份法律行为。

财产法律行为是指直接导致财产关系发生、变更、消灭的法律行为，如买卖、赠与、借款、运输、承揽等法律行为。身份法律行为是指直接导致身份关系变动的法律行为，如结婚、收养、监护的设定等法律行为。

区分财产法律行为与身份法律行为的意义在于：财产法律行为一般可代理；而身份法律行为一般不可代理，而且一般不适用民法上的欺诈、重大误解、显失公平等制度。

8. 负担行为和处分行为

依据法律行为所产生的效果不同，可以将财产法律行为进一步区分为负担行为和处分行为。

所谓负担行为，是指发生债权债务关系或给付义务之法律行为，亦即产生请求权的行为。对于义务人来说，产生了法律上的负担，所以称负担行为。负担行为可分为单独行为和合同行为。前者如悬赏广告、遗赠、捐助财产设立基金之行为，后者则包括签订各种类型的合同的行为。买卖是典型的负担行为，例如，甲与乙订立二手车买卖合同，一经生效，甲就负有交付车辆给乙，并办理汽车过户登记手续的义务，乙则对待负有支付车辆价款的义务。

处分行为是指不产生请求权，而直接使既存权利发生变更或者消灭的法律行为。如动产所有权之抛弃、抵押权之设定、股权、知识产权或债权的让与、债务的承担、债务的免除等。

负担行为和处分行为的区别在于：

（1）法律效果不同。负担行为生效只是使当事人负担债务，或者使债权债务发生变更。处分行为则直接导致权利的移转或消灭。

（2）对标的物是否特定的要求不同。处分行为在生效之时，行为所涉及的标的物必须确定。对负担行为而言，并不要求标的物特定化。

（3）对行为人是否有处分权的要求不同。从事负担行为时，行为人即使不具有处分权，负担行为也可以有效。[1]《民法典》第597条规定："因出卖人未取得处分权致使标的物所有权不能转移的，买受人可以解除合同并请求出卖人承担违约责任。"出卖人对出卖物没有处分权的，处分行为无效；但作为负担行为，买卖合同依然有效。

二、意思表示

意思表示为民事法律行为的核心要素，没有意思表示就没有民事法律行为。对于何为意思表示，法律上并无明确的界定。理论上一般认为，所谓意思表示，是指行为人将欲设立、变更、终止民事权利和民事义务的内心意思表现于外部，让第三人可知

---

〔1〕 王利明：《民法总则》，中国法制出版社第2006年版，第174页。

晓的行为。意思表示中的意思，不是一般意义上的意思，而是行为人内心所追求的一种法律目的，如关于权利义务的取得、变更或消灭。

（一）意思表示的方式

行为人内心的意思必须通过一定的方式表现出来，才能为他人所知晓并与之建立法律关系。《民法典》第140条规定："行为人可以明示或者默示作出意思表示。沉默只有在有法律规定、当事人约定或者符合当事人之间的交易习惯时，才可以视为意思表示。"因此，意思表示的方式有明示和默示两大类型。

1. 明示形式

所谓明示形式，是指行为人用积极的、直接的、明确的方式表达其内部意思于外部，为他人所知晓。明示形式通常包括以下三种：

（1）口头形式。口头形式是用口头语言进行意思表示的形式。包括双方当事人当面洽谈、电话交谈等直接对话方式，也包括托人带口信等。口头形式的法律行为，其优点是简便易行，直接迅速，自然人在日常生活中大量的法律行为都采用口头形式；但其缺点是没有文字记载，一旦日后发生纠纷，则很难调查取证。因此，这种形式一般适用于数额不大或即时清结的民事法律行为；而对于数额较大，内容复杂，经过一段时间才能清结的民事活动，则不宜采用口头形式。

当法律对口头形式的行为有特殊要求时，行为人必须满足该要求。如口头遗嘱，法律规定遗嘱人在危急情况下，才可以立口头遗嘱。同时还要求有两个以上无利害关系的见证人在场见证。因此口头遗嘱是一种要式法律行为。

（2）书面形式。书面形式是用文字进行意思表示的形式，《民法典》第469条第2款规定："书面形式是合同书、信件、电报、电传、传真等可以有形地表现所载内容的形式。"书面形式可以把当事人双方的权利义务记载下来，发生纠纷时容易证明某项法律行为是否存在，具体的内容是什么，便于确定当事人的民事责任，同时有利于促使行为人慎重行事，减少纠纷。若法律规定某种法律行为必须采用书面形式，这就是要式法律行为，当事人没有采用书面形式的将会影响其行为的效力。在现代电子技术条件下，书面形式还包括了各种数据电文形式。《民法典》第469条第3款规定："以电子数据交换、电子邮件等方式能够有形地表现所载内容，并可以随时调取查用的数据电文，视为书面形式。"

书面形式又可分为一般书面形式和特殊书面形式。一般书面形式是指行为人以文字记载的形式表达自己的意思，并且签名盖章后即可发生法律效力，不需要再履行其他法律手续的形式。特殊书面形式是指行为人除了用文字形式进行意思表示之外，还要按法律规定或者当事人的约定履行其他法律手续的形式，具体包括公证、见证、登记、批准等。

当法律规定某种行为必须要采用书面形式，或者必须要采用某种特殊的书面形式时，行为人就必须要按规定去完成法律行为，否则会因为形式要件的欠缺而导致法律行为不能成立和生效。

（3）视听资料形式。视听资料是指借助电磁、光电、电子介质等所记载和再现的声音、图像、数据等信息资料。视听资料形式是指以现代化的视听技术手段来记载行为人的意思表示的形式，该形式具有动态直观、内容丰富、利于保存、方便使用等特点，具有相当的准确性和可靠性。我国《民事诉讼法》第63条明确将"视听资料"列为可以用作证明案件事实的证据之一。视听资料在传统上分为三种类型：①视觉资料，指通过各种载体录制的图像。②听觉资料，指通过各种载体录制的声音。③音像资料，指通过各种载体录制的图像与声音的结合，这种类型在现代技术条件下最为常见。

对采用视听资料形式来进行意思表示的法律行为，法律往往有较为严格的要求。如《民法典》第1137条规定："以录音录像形式立的遗嘱，应当有两个以上见证人在场见证。遗嘱人和见证人应当在录音录像中记录其姓名或者肖像，以及年、月、日。"

2. 默示形式

默示形式是指不依赖语言或文字等明示形式，而是通过某种客观事实推知行为人作出了某种意思表示从而认定该民事法律行为成立的形式。《民法典》第140条第1款规定："行为人可以明示或者默示作出意思表示。"随着社会的发展，为了提高交易的效率或者节省交易的费用，默示形式的法律行为在生活中日渐增多。默示形式具体又包括以下两种情形：

（1）推定形式。推定形式是指行为人通过有目的、有意义的积极行为将其内在的意思表现于外部，使得他人可以根据常识、交易习惯、相互间的默契，推知当事人已作出了某种意思表示，从而使得该法律行为成立。这种形式，当事人既没有通过语言，又没有通过文字，而是通过某种积极的行为来进行其意思表示，因而推定形式又称作为的默示或积极的默示。如《民法典》第490条第1款规定："当事人采用合同书形式订立合同的，自当事人均签名、盖章或者按指印时合同成立。在签名、盖章或者按指印之前，当事人一方已经履行主要义务，对方接受时，该合同成立。"又如《民法典》第734条规定："租赁期限届满，承租人继续使用租赁物，出租人没有提出异议的，原租赁合同继续有效，但是租赁期限为不定期。"

（2）沉默形式。沉默形式是指行为人既没有通过语言、文字来进行意思表示，也没有进行任何积极的行为，但从其沉默不语，可以推断其内在的意思表示，从而使得法律行为成立。因此沉默又称作不作为的默示或者消极的默示。

通常情况下，内心意思表达于外部需借助积极的表示行为，沉默不是表示行为，即沉默不构成意思表示，不能成立法律行为。因此沉默作为法律行为的形式是受到严格限制的，按照《民法典》第140条第2款的规定，沉默只有在法律有特别规定，或当事人有特别约定，又或当事人间存在特定的交易习惯时，当事人的消极不作为才能被赋予一定的表示意义，并产生成立法律行为的效果。如《民法典》第1124条第1款规定："继承开始后，继承人放弃继承的，应当在遗产处理前，以书面形式作出放弃继承的表示；没有表示的，视为接受继承。"第 2 款规定："受遗赠人应当在知道受遗赠后 60 日内，作出接受或者放弃受遗赠的表示；到期没有表示的，视为放弃受遗赠。"在这里，不同情形下的沉默，依法律规定具有完全相反的意思表示效果。

（二）意思表示的生效

所谓意思表示的生效，是指意思表示对表意人产生法律拘束力。一旦生效，则表意人不得任意撤回、撤销或变更其作出的意思表示。根据《民法典》的规定，意思表示的生效可分为如下几种情形：

1. 有相对人的意思表示生效时间

《民法典》第 137 条规定："以对话方式作出的意思表示，相对人知道其内容时生效。以非对话方式作出的意思表示，到达相对人时生效。以非对话方式作出的采用数据电文形式的意思表示，相对人指定特定系统接收数据电文的，该数据电文进入该特定系统时生效；未指定特定系统的，相对人知道或者应当知道该数据电文进入其系统时生效。当事人对采用数据电文形式的意思表示的生效时间另有约定的，按照其约定。"可见对于有相对人的意思表示，法律上又进一步区分为以对话方式作出和以非对话方式两种情形。对以非对话方式作出的意思表示的生效时间，有发信主义和到达主义两种理论。英美法系国家一般采发信主义，即以意思表示的信函交邮之时或数据电文发出之时生效；大陆法系国家一般采到达主义，即以意思表示的信函或数据电文到达相对人时生效。依《民法典》第 137 条的规定，我国显然是采用到达主义理论。

法条链接

《中华人民共和国民法典》

第四百七十四条　要约生效的时间适用本法第一百三十七条的规定。

第四百八十四条　以通知方式作出的承诺，生效的时间适用本法第一百三十七条的规定。承诺不需要通知的，根据交易习惯或者要约的要求作出承诺的行为时生效。

2. 无相对人的意思表示生效时间

根据《民法典》第 138 条的规定，无相对人的意思表示，表示完成时生效。法律另有规定的，依照其规定。因为没有相对人的意思表示，不存在意思表示到达相对人的问题，原则上在意思表示作出之时即刻生效。

3. 以公告方式作出的意思表示生效时间

根据《民法典》第 139 条的规定，以公告方式作出的意思表示，公告发布时生效。因为公告一发布即为社会公众所知晓，意思表示视为到达相对人。

（三）意思表示的撤回和解释

1. 意思表示的撤回和撤销

所谓意思表示的撤回，是指在意思表示发出后，但尚未生效前，表意人将其意思表示收回。

所谓意思表示的撤销，是指在意思表示生效后，在符合法律规定条件下，表意人取消其效力。

根据《民法典》第137条的规定，非对话方式作出的意思表示的生效采取到达主义原则，因此表意人的撤回表示只要在原意思表示到达之前或者同时到达相对人，亦即赶在原意思表示生效之前到达相对人即可；而一旦意思表示已经到达相对人，则意思表示已然生效，不可再撤回。因此，《民法典》第141条规定："行为人可以撤回意思表示。撤回意思表示的通知应当在意思表示到达相对人前或者与意思表示同时到达相对人。"

以对话方式作出的意思表示，相对人知道其内容时即生效，故不存在撤回一说，只能依《民法典》第476、477条的规定进行撤销，但是基于对相对人信赖利益的保护，这种撤销受到严格的限制。

对于没有相对人的意思表示，因意思表示一经完成即刻生效，因此也不存在意思表示撤回一说，只能撤销。没有相对人的意思表示一般只涉及对自己权利的处分，故法律一般不限制表意人对自己意思表示的撤销。

2. 意思表示的解释

所谓意思表示的解释，是指在意思表示不清楚、不明确而发生争议的情况下，法院或仲裁机构对意思表示进行的解释。《民法典》第142条第1款规定："有相对人的意思表示的解释，应当按照所使用的词句，结合相关条款、行为的性质和目的、习惯以及诚信原则，确定意思表示的含义。"第2款规定："无相对人的意思表示的解释，不能完全拘泥于所使用的词句，而应当结合相关条款、行为的性质和目的、习惯以及诚信原则，确定行为人的真实意思。"可见《民法典》对有相对人和没有相对人的意思表示采取了不同的解释规则。在无相对人的意思表示解释上采主观主义，侧重于对表意人内心真实意思的探究，无需关注第三人之理解。故不能完全拘泥于所使用的词句，而应当结合相关条款、行为的性质和目的、习惯以及诚信原则，确定行为人的真实意思；对于有相对人的意思表示的解释上则采纳了客观主义，侧重于对文本表达出来的意思的查明，须从客观第三人角度观察确定意思表示内容，故应当按照所使用的词句，结合相关条款、行为的性质和目的、习惯以及诚信原则，确定意思表示的含义。

依据《民法典》第142条的规定，我国对于意思表示进行解释的方法主要有：

（1）文义解释。文义解释是指依据意思表示语句（包括书面文字和口头语句）的通常含义进行解释。对意思表示应当首先进行文义解释，即文义解释是解释意思表示的起点，是意思表示解释的基础，如果脱离了文义，也就失去了解释意思的客观标准。

（2）整体解释。整体解释又称体系解释，是指对有争议的条款、语句解释时，要考察其与整体的关系，不能拘泥于只言片语。意思表示的条款、语句得互相联系，以确定每一条款、语句从整个行为所获得的意义。如果不把有争议的条款或词句与上下文和其关联的条款联系起来考察，而是孤立地去探究它的一般意思或可能具有的意思，则很容易走入歧途。例如，对同一合同关系，如果由多种文书（合同书、信件、电传、确认书等）组成，应合并解释，不可以偏概全。[1]

（3）习惯解释。所谓习惯解释，是指对意思表示所使用的文字、词句有疑义时，应参照当事人的交易习惯解释。交易习惯是人们在长期反复实践基础上形成的，在某一地域、某一行业或某类交易中采用的做法、方法。交易习惯实际上也是一种规则，当事人对合同条款的理解不一致或条款之间发生矛盾时应当考虑当事人交易的背景，考察交易背景中实际为当事人所依据的交易习惯。

（4）目的解释。所谓目的解释，是指如果意思表示所使用的文字或某个条款可能作两种解释时，应采取最适合于意思表示目的的解释。当事人为意思表示都有一定目的，该目的是当事人真意的核心，是决定意思表示内容的指针。[2] 目的解释的结果可以验证文义解释、体系解释、习惯解释的结果是否正确。

（5）诚信解释。所谓诚信解释，是指对意思表示进行解释时，应遵循诚实信用原则。严格来讲，诚信解释并非意思表示的解释方法，而是进行意思表示解释时应遵循的原则。诚信解释的主要功能在于，依据诚实信用原则对运用前述几种解释方法所得出的结论进行检验。违反诚实信用原则的解释结论，不应被采纳。[3]

▨▨▨▨ **法条链接**

《中华人民共和国民法典》

第四百七十五条　要约可以撤回。要约的撤回适用本法第一百四十一条的规定。

第四百七十六条　要约可以撤销，但是有下列情形之一的除外：

（一）要约人以确定承诺期限或者其他形式明示要约不可撤销；

（二）受要约人有理由认为要约是不可撤销的，并已经为履行合同做了合理准备工作。

第四百七十七条　撤销要约的意思表示以对话方式作出的，该意思表示的内容应当在受要约人作出承诺之前为受要约人所知道；撤销要约的意思表示以非对话方式作出的，应当在受要约人作出承诺之前到达受要约人。

第四百六十六条　当事人对合同条款的理解有争议的，应当依据本法第一百四十

---

〔1〕　隋彭生：《民法》，中国人民大学出版社 2013 年版，第 68 页。
〔2〕　杨仁寿：《法学方法论》，中国政法大学出版社 1999 年版，第 221 页。
〔3〕　王利明：《民法》，中国人民大学出版社 2020 年版，第 134 页。

二条第一款的规定，确定争议条款的含义。

合同文本采用两种以上文字订立并约定具有同等效力的，对各文本使用的词句推定具有相同含义。各文本使用的词句不一致的，应当根据合同的相关条款、性质、目的以及诚信原则等予以解释。

三、附条件与附期限的民事法律行为

符合生效要件的民事法律行为原则上应当自成立时起就生效。而由于现实总有可能不同于当事人的设想，或者未来的事态无法如其预期的那样发展，这样就带来了一个问题，当事人是否可以就未来事态不符合预期的风险，预先来作出安排和规定？比如说，甲想将其闲置的房屋出租给乙居住，但又担心合同期内在国外留学的儿子万一回国工作需要自住，所以想跟乙在合同中作一个特别的约定：若租赁期内甲儿子回国工作的话，则甲可提前终止合同收回房屋。依据私法自治的原则，行为的当事人当然可以考虑到不确定的因素和未来的发展，对法律行为作出此安排。诚如王泽鉴教授所言："为顺应当事人需要，法律乃本乎私法自治原则，创设两种制度，俾供利用，一为条件，一为期限。条件及期限除分配交易上危险外，亦具有引导相对人为特定行为的功能。"[1] 亦即民法为此提供了两种制度上的安排，即约定附加条件或者期限，以决定法律行为的效力是否发生或消灭。

（一）附条件的民事法律行为

1. 附条件民事法律行为的含义

附条件的民事法律行为是指双方当事人在民事法律行为中设立一定的法律事实作为条件，以该条件的成就与否作为决定该民事法律行为效力产生或解除的根据的民事法律行为。《民法典》第 158 条规定："民事法律行为可以附条件，但是根据其性质不得附条件的除外。附生效条件的民事法律行为，自条件成就时生效。附解除条件的民事法律行为，自条件成就时失效。"例如，甲为了激励其侄子乙好好学习，跟乙说：只要你今年考上了 211 院校，我就送你一台戴尔笔记本电脑。在该赠与合同中，附加了"乙今年考上 211 大学"作为赠与合同生效的条件。又如，丙与丁签订了房屋租赁合同，但作为出租人的丙考虑到其儿子将来可能从国外回来要居住该房的情况，故在合同中附加了"如本人儿子回国定居，本房屋租赁合同即行终止"的条件。在前一个例子中，甲与乙之间虽然成立了赠与合同，但赠与合同并不是立即生效，而是该合同所附加的条件成就之时，即乙考上 211 大学的事实发生时，该赠与合同才生效。而在后一个例子中，附加的是使该租赁合同失效的条件。

附条件民事法律行为的意义在于充分尊重当事人的意愿，使法律行为的实施更好地满足当事人的需要。附条件的民事法律行为一旦成立，就已经产生了法律拘束力，

---

〔1〕 王泽鉴：《民法总则》，中国政法大学出版社 2001 年版，第 420 页。

任何一方当事人都不得反悔。但是当事人的合同目的能否得到实现，则取决于合同所附加的条件能否成就。

附条件的民事法律行为适用的范围是极为广泛的，原则上除了依行为的性质不得附条件的除外，都可以附加条件。民法理论上一般认为不得附条件的民事法律行为有两类：①基于社会公德或公共利益的要求而不允许。如对结婚、离婚、收养、接受继承等身份行为而言，为维护公序良俗而不允许。②基于交易安全或法律秩序稳定的要求而不允许。前者如票据行为，《票据法》第 33 条第 1 款就规定背书不得附有条件；后者如抵销权、解除权、追认权、撤销权等形成权的行使，不得附条件。

2. 附加条件的要求

"条件"是指决定民事法律行为的效力的产生或消灭的不确定的事实。这种事实既可以是事件，也可以是行为，但均应符合下列要求：

（1）条件应当是将来发生的事实。能够作为附条件的民事法律行为中的条件的，必须是当事人实施民事法律行为时尚未发生的事实，过去的、已经发生的事实不能作为条件。当事人把已发生的事实作为条件时，如果该条件决定着法律行为效力的产生，则视为该法律行为未附加任何条件；如果该条件决定着民事法律行为效力的消灭，则视为当事人并不希望实施该法律行为，因而该法律行为应视为未生效。

（2）条件必须是不确定的事实。条件的本质特征在于，其将来能否发生是当事人所无法预料的，这种不确定性也是条件区别于期限的地方。如果能够肯定将来必定会发生或者必定不会发生的事实，则不能作为民事法律行为所附的条件。

（3）条件必须是当事人任意选择的事实。作为条件的事实必须是当事人自己选定的，是当事人意思表示一致的结果。如果是法律规定某项法律行为必须具备的内容，则属于该法律行为生效或失效的法定条件而非附条件，如按照《民法典》第 402 条的规定，以房屋设定抵押的，应当办理抵押登记，抵押权自登记时设立，因此，登记是房屋抵押权生效的法定条件。如果法律行为中附有法定的条件，则视为未附条件。

（4）条件应当是合法的事实。附条件法律行为当中的条件，必须符合法律的规定和公序良俗。以违法或违背公序良俗的事实作为法律行为的条件，称为不法条件。附不法条件的民事法律行为一般应当认定为无效。但在特殊情况下，如果仅仅是条件无效，而法律行为本身并不具有违法性的，为了保护相对人的利益，该法律行为仍应有效。例如，某雇主与雇员约定，若雇员怀孕则雇主解除合同，则该条件应当认定为无效，但该雇佣合同仍应有效。

3. 条件的分类

在民法上，可以对法律行为所附的条件作出如下分类：

（1）生效条件与解除条件。根据条件对法律行为效力所起的不同作用，可将所附条件分为生效条件与解除条件。生效条件又称延缓条件，是指法律行为要在所附条件成就时才能发生法律效力的条件。该条件对于法律行为效力的发生起着延缓或推迟作用，在条件成就前，尽管法律行为已经成立，但其效力处于抑制状态，权利人尚不能行使权利，义务人也无须履行义务，法律行为的效力因被延缓而处于相对停止状态。如前所述乙考上 211 大学即为甲赠与其笔记本电脑之法律行为的生效条件。

解除条件又称消灭条件，是指法律行为中所确定的民事权利和民事义务，在所附的条件成就时失去法律效力的条件。在附解除条件的法律行为中，法律行为的效力已经发生，当事人已经开始履行其权利义务，当约定的解除条件成就时，则导致法律行为的效力归于消灭。如前所述，丙的儿子回国定居即为该房屋租赁合同失效的解除条件。

（2）肯定条件与否定条件。肯定条件又称积极条件，是指以某种客观事实的发生为其所附条件的内容。约定的客观事实发生了为条件成就，不发生为条件不成就。肯定条件又可分为肯定的生效条件和肯定的解除条件。前述两个事例中所附条件均为附肯定条件的法律行为，前者"乙今年考上 211 大学"为肯定的生效条件，后者"如本人儿子回国定居"为肯定的解除条件。

否定条件又称为消极条件，是指以某种事实的不发生为其所附条件的内容。否定条件与肯定条件相反，它是以一定事实的不发生为条件成就，而以一定事实的发生为条件不成就。因而否定条件又可分为否定的生效条件和否定的解除条件。如甲、乙签订粮食买卖合同，在合同中约定"如今年不发生旱灾即供给乙小麦 10 吨"，该买卖合同即属于附否定的延缓生效条件。

4. 附加条件的效力

附条件的民事法律行为成立之后，就已经在当事人之间产生了法律拘束力。所以，对于附条件的合同行为而言，如果任何一方在所附条件成就前单方面地撕毁合同，都构成违约。在所附条件成就与否未确定时，条件的成就与否可以为行为人带来预期的利益，行为人对此利益享有期待权。

（1）条件成就及其效力。所谓条件成就，是指作为条件内容的事实已经实现。对于肯定条件，以条件事实的发生为条件成就。对于否定条件，其条件事实不发生，为条件成就。例如，甲与乙约定，若乙今年考上大学，则甲如何如何，到时乙果真考上大学，为条件成就；若甲与乙约定，如乙今年考不上大学，则如何如何，到时如乙果真没考上大学，为条件成就。

条件成就的效力，在于决定民事法律行为效力的发生或消灭。对附生效条件的民事法律行为，因条件的成就，而使法律行为的效力当然地发生，不需要再有当事人的意思表示或者其他行为。对于附解除条件的民事法律行为，因条件之成就，而使已经生效的民事法律行为失去效力。

（2）条件不成就及其效力。所谓条件不成就，是指作为条件内容的事实确定地不实现。对于肯定条件，以该事实的不发生为条件不成就；对于否定条件，以该事实的发生为不成就。例如，约定明日下雨则如何如何，届时晴天，为条件不成就；如约定明日不下雨则如何如何，届时雨天，为条件不成就。

对于附生效条件的民事法律行为，条件不成就时，法律行为的效力则确定地不发生；对于附解除条件的民事法律行为，条件不成就时，法律行为的效力就确定不消灭，即继续有效。

（3）条件成就与否的拟制。由于民事法律行为所附条件的成就与否直接关系到行为人的期待利益，因此行为人应当让条件事实自然地发展，不能为了自己的利益不正当地，即恶意促成条件成就或者阻碍条件不成就。《民法典》第159条规定："附条件的民事法律行为，当事人为自己的利益不正当地阻止条件成就的，视为条件已经成就；不正当地促成条件成就的，视为条件不成就。"如甲乙约定，如甲考试通过，乙将赠其1万元。甲为了考试通过，找丙替考，并付丙1000元报酬，发榜之日，甲考试通过。甲为了自己获得利益，用不正当的手段促成条件的成就，按照《民法典》的规定，应当视为条件不成就，乙无须向甲赠与1万元。

（二）附期限的民事法律行为

1. 附期限民事法律行为的含义

附期限的民事法律行为，是指当事人约定以一定期限的到来作为行为生效或解除的依据的民事法律行为。《民法典》第160条规定："民事法律行为可以附期限，但是根据其性质不得附期限的除外。附生效期限的民事法律行为，自期限届至时生效。附终止期限的民事法律行为，自期限届满时失效。"在非即时结清的民事法律行为中，时间要素往往对于当事人民事权利义务的确定具有重要的意义。当事人通过给民事法律行为附加期限，可以限制民事法律行为所确定的民事权利和义务的发生或终止的时间，因此能够使民事法律行为按照行为人的意愿有计划、有步骤地进行，从而满足其特定的利益需要。

附期限与附条件都是对民事法律行为效力的发生或消灭产生某种限制，因此二者存在相同点：①都是当事人约定的事实；②都是合法的事实；③都是将来发生的事实；④都是作为民事法律行为效力依据的事实。但是，二者又具有明显不同的特点：条件的成就与否，是当事人所不能预知的，它将来可能发生，也可能不发生，具有不确定性；而期限则是当事人能够预知的，虽然有的是确定的期限，有的是不确定的期限，但期限总是要到来的，是必然会发生的事实。

2. 期限的分类

（1）生效期限和终止期限。根据所附期限对民事法律行为效力所起的作用不同，可将期限分为生效期限和终止期限。生效期限又称延缓期限或始期，它指合同的效力自期限到来时才发生。具体地说，就是当事人在行为成立时约定，权利和义务处于停止状态，待期限届至时才生效。例如，甲乙双方签订了协议，协议中约定该协议在双方签字后1个月生效，即属于附生效期限的民事法律行为。生效期限与履行期限不同，前者是一项民事法律行为生效的时间，后者是指一项已经生效的民事法律行为中各方义务的具体落实的时间。在生效期限到来前，法律行为尚未生效，权利义务尚未产生。而在履行期限到来前，法律行为已经生效，权利义务已经产生，只是当事人尚未实际履行而已。

终止期限也称为解除期限或终期，指法律行为的效力自期限到来时消灭。具体地说，是在当事人约定的期限届满时，民事法律行为的效力即行终止。如明确约定了租期的房屋租赁合同即为附解除期限的民事法律行为。

（2）确定期限与不确定期限。确定期限是指依照日历可以计算的期日。如"自2005年1月1日始"或"到2005年1月1日止"，都是确定期限。不确定期限是指以某一确定会发生的事实为期限，如甲乙约定，待甲父过世后，就将房子卖给乙。

3. 附加期限的效力

民事法律行为所附期限的效力表现在，如果是始期，则民事法律行为的生效时间在行为成立时被延缓，使其不能在行为成立的同时生效，而只有在所附期限届至时才能发生效力；如果是终期，则民事法律行为的解除期限在行为成立时被确定，在期限届满前，民事法律行为已经生效，在期限届满时，民事法律行为即失效。

引例分析

引例1

张某与钱某之间存在着两个保管合同法律关系。一个是以冰箱为标的物的保管合同，另一个则是以纸张为标的物的保管合同。冰箱的保管合同中，张某支付了2万元的保管费，为有偿法律行为。纸张的保管合同未收取费用，为无偿法律行为。《民法典》第897条规定："保管期内，因保管人保管不善造成保管物毁损、灭失的，保管人应当承担赔偿责任。但是，无偿保管人证明自己没有故意或者重大过失的，不承担赔偿责任。"可见保管行为在有偿与无偿的情况下，保管人责任的大小是有区别的。因此对于冰箱保管合同的损失，保管人钱某应当承担全部的损失赔偿责任，赔偿张某1万元；对于无偿的纸张保管合同，保管人钱某只对其故意或者重大过失造成保管物毁损、灭失的后果负责，轻微过失不负赔偿责任。如钱某能证明对于仓库漏水，自己主观不存在故意或重大过失，就不用承担8000元损失的赔偿责任。

引例2

遗嘱是典型的无相对人的单方法律行为。从遗嘱的文义看，房屋价值40万元，出售后三个继承人分别分得20万元、10万元、10万元，如此分割方式并无任何歧义或模糊不清。引发争议的原因在于房屋实际出售的价格超过了立遗嘱时的预估，而被继承人对于溢出估价部分的售房款并未作出明确处理。此时如何执行遗嘱涉及对遗嘱的意思表示进行解释的问题。

《民法典》第142条第2款规定："无相对人的意思表示的解释，不能完全拘泥于所使用的词句，而应当结合相关条款、行为的性质和目的、习惯以及诚信原则，确定行为人的真实意思。"故涉案遗嘱应当以被继承人的真实意思为解释目标。此案中三子女通过文义解释的方法各自理解的被继承人的意思表示亦各有道理，不明显与遗嘱文义相悖。为确定被继承人的真实意思，必须进一步借助其他解释方法。

从遗嘱的整体内容和目的看，被继承人所立遗嘱旨在完成房屋全部价值的分割，而无意遗漏，因此，遗嘱中房产的分割方式以及由此得出的分配规则应当及于房屋全部价值，张某丙主张超过40万元部分的售房款应按照法定继承方式处理的理由，不能成立。

从诚实信用的角度看，对该遗嘱的解释应当平衡各继承人利益，公平合理地进行解释。立遗嘱时，房屋价值40万元，三继承人分别分配20万元、10万元、10万元。从数额上看，张某甲多分得10万元；从比例上看，三继承人的分配比例为2：1：1。假设房屋出售价格为20万元，是否由张某甲先分得10万元，剩余10万元由三继承人平均分割？显然将遗嘱理解为无论房屋出售价值几何，张某甲均较张某乙、张某丙多分10万元的解释是不公平的。而依照被继承人分配给三继承人遗产数额计算分配比例并对全部售房款进行分割更为公平合理，更能平衡三继承人的利益。

相关法律规范

《中华人民共和国民法典》第133~142、158~160条。

思考与练习

一、结合本项目原理，作出正确选择：

1. 下列属于民事法律行为的是（　　　）。

A. 甲对所种果树之果实的收获行为

B. 甲入乙果园擅自摘取果实的行为

C. 甲为避免乙的果实受损而擅入乙果园摘取果实的行为

D. 甲与乙约定以一定报酬为条件由甲帮乙收果实的行为

2. 乙借甲100元。某日甲通知乙："你欠我的100元不要还了。"乙说："不行，一定要还。"甲放弃债权的行为属（　　　）。

A. 单方法律行为而有效　　　　　B. 单方法律行为而无效

C. 双方法律行为而有效　　　　　D. 双方法律行为而无效

3. 甲乙相约，如果明年甲结婚，乙将自己的一套住房租给甲使用。该行为是（　　）。

A. 附期限的法律行为　　　　　　B. 附条件的法律行为

C. 附始期的法律行为　　　　　　D. 附终期的法律行为

4. 甲乙约定："甲的儿子如果调出北京，甲、乙间的房屋租赁合同即行生效。"这一民事法律行为所附的是（　　　）。

A. 肯定延缓条件　　　　　　　　B. 否定解除条件

C. 否定延缓条件　　　　　　　　D. 肯定解除条件

5. 下列属于事实行为的有（　　）。

A. 无因管理行为　　　　　　　　B. 正当防卫行为

C. 紧急避险行为　　　　　　　　D. 合同行为

6. 甲与乙签订了自行车赠与合同一份，该项民事法律行为属于（　　）。

A. 单方法律行为　　　　　　　　B. 双方法律行为

C. 单务法律行为　　　　　　　　D. 无偿法律行为

E. 诺成性法律行为

7. 下列行为中，属于单方法律行为的是（　　）。

A. 授权行为　　　　　　　　　　B. 赠与人行使撤销权的行为

C. 买卖行为　　　　　　　　　　D. 行使法定抵销权的行为

8. 下列对"意思表示"表述正确的是（　　）。

A. 意思表示是法律行为的核心，有意思表示就有法律行为

B. 意思表示为主观范畴无需表现出来

C. 内心意思表达于外部的方式包括明示与默示

D. 意思表示是法律行为的基本要素，但二者并不等同

二、结合本项目原理，回答下列问题：

1. 举例说明什么是民事法律行为。民事法律行为与事实行为有什么区别？

2. 在附生效条件的合同法律行为中，在所附条件尚未成就之前，当事人一方宣称将不履行合同，其是否要承担违约责任？

三、结合本项目原理，分析以下案例：

1. 甲单独邀请朋友乙到家中吃饭，乙爽快答应并表示一定赴约。甲为此精心准备了许多食材，在炒菜的过程中还不慎被热油烫伤。但当日乙因有其他应酬而未赴约，也没有及时告知甲，致使甲准备的饭菜浪费。甲非常生气，认为乙对自己财产的损失和身体受伤有责任，应该承担购买食材的一半费用。乙则认为自己对甲不存在法定义务，不需要对其承担任何责任。

你赞成哪一方的说法？请提出你的观点。

◇思考方向：

（1）判断甲的邀请行为是否构成民事法律行为。

（2）分析甲乙之间是否存在民事权利义务关系。

2. 李某与刘某是很要好的朋友，刘某因结婚急需用钱向李某借了10万元。在婚宴上，刘某感谢李某的帮助，表示将尽快归还这10万元。这时，其他朋友对李某开玩笑说："都是哥们，还什么，干脆给刘某算了。"李某随口说了一句："算就算了。"刘某随后笑着说："那我就不还了，算你送的。"数月后，李某因事需用钱，向刘某催还借

款。刘某说："这钱你已当着大家说过送我的，不用还了，现在怎么又向我要？"李某解释说："那只是随口开玩笑。"刘某表示："我是当真的！"李某多次催要无果，向法院起诉，要求刘某归还欠款。

法院能否支持李某的主张？为什么？

✧思考方向：

（1）明确当事人之间的法律关系及相关权利义务。

（2）判断双方当事人意思表示的真实性。

（3）确定法院的判决依据。

3. 王某与林某合伙经营布匹期间，销售给某服装厂价值 5 万元的布，该服装厂收到布后迟迟没有付款。后来，王、林二人决定不再进行合伙经营，原合伙期间所产生的一切债权归王某享有，王某给付林某人民币 3 万元整。于是，王某给林某出具一张欠条，该条上写着"今欠林某人民币 3 万元整。归还期，到收回服装厂欠款后归还"。之后王某多次向服装厂索要，但是仍未能收回欠款。而林某也多次向王某索要欠款，王某则以未收回服装厂的欠款为由拒不偿还。林某向法院起诉，要求王某归还所欠款项。

法院是否应支持林某的诉讼请求？

✧思考方向：

（1）明确当事人之间的民事法律关系内容。

（2）分析王某还款义务的法律性质。

（3）判断林某和王某各自主张的合法性。

情境训练　民事法律行为成立的确认

情境案例

高某某、白某某均从事贸易工作，高某某名下有多家公司，收入甚丰；白某某经营的公司也有很好的效益。二人于 2015 年 4 月订婚，白某某收取了高某某彩礼 300 万元。而后开始同居，因性格不合经常发生争吵，于同年 11 月分手。两人分手后，高某某多次转款给白某某，希望能够恢复恋爱关系。至 2016 年 6 月，白某某明确拒绝与高某某复合，高某某遂要求白某某返还彩礼及其他所有转款。白某某返还了彩礼和钻戒，但拒绝返还其他款项。

高某某向法院提起诉讼，请求判令白某某返还其银行转账和微信红包合计 1 147 999.28 元。高某某主张返还的款项包括：2015 年 6 月 8 日转账 135 000 元；2015 年 7 月 27 日转账 1670 元；2015 年 8 月 5 日转账 100 000 元；2015 年 8 月 22 日转账 18 888 元；2015 年 9 月 5 日转账 68 000 元；2015 年 9 月 24 日转账 10 000 元；2015 年

10 月 8 日转账 5000 元；2015 年 12 月 23 日转账 20 000 元；2015 年 12 月 24 日转账 10 000 元；2015 年 12 月 24 日转账 10 000 元；2016 年 1 月 8 日转账 50 000 元；2016 年 1 月 20 日转账 52 000 元；2016 年 2 月 7 日转账 52 000 元；2016 年 3 月 9 日转账 52 000 元；2015 年 3 月 18 日转账 88 888.88 元；2016 年 3 月 21 日转账 80 000 元；2015 年 4 月 5 日转账 1428 元；2015 年 4 月 7 日转账 15 000 元；2016 年 4 月 9 日转账 28 000 元；2016 年 4 月 16 日转账 268.88 元；2016 年 4 月 17 日转账 288.88 元；2016 年 4 月 17 日转账 1688.88 元；2016 年 4 月 17 日转账 100 元；2016 年 4 月 17 日转账 250 000 元；2016 年 4 月 18 日转账 8888.88 元；2016 年 4 月 29 日转账 88 888.88 元。

高某某诉称给白某某转账是基于与其缔结婚姻的愿望，是以结婚为目的附条件的赠与，双方已经成立附条件的赠与民事法律关系，高某某期待的婚姻未达成，则赠予行为不发生法律效力，白某某对上述款项缺乏占有的合理依据，应当返还财产。白某某认为上述转账发生在双方恋爱期间和分手之后高某某求复合阶段，先是高某某为增进两人感情，后是为了挽回关系而自愿实施的馈赠，属于好意惠施，不属于民法调整的范围，高某某的诉讼请求无法律依据。双方的微信聊天记录显示，高某某的多次转账发生在白某某说"那就要发 52 000""你说 88 888""现在你不发 88 888""我就不会原谅你"之后。白某某辩称高某某没有明确说明所转款项是以双方未来缔结婚姻为条件，双方没有设立附条件的赠与法律关系的意思表示。高某某认为给白某某转账的金额远远超过恋爱关系中正常和适当赠与的限度，如不以结婚为目的不会有如此大额的转账。白某某认为高某某经济条件较好，转账金额并未明显超过其消费水平，而且转账金额有大有小，多笔转账金额有特殊寓意，如"52 000""8888.88"等，表明高某某转账是为了联络感情和表达爱意；双方订婚时高某某支付了彩礼，分手后已由白某某返还，更加说明上述款项的赠与并非以结婚为条件。

训练目标

通过实训，使学生进一步掌握民事法律行为成立的有关规定，能够正确判断民事主体的意思表示，了解附条件民事法律行为的构成要件，能够正确处理民事法律关系当事人之间的权利义务争议。

完成以下工作任务：

（1）正确认识民事法律行为的成立要件和生效要件，准确判断当事人行为的法律性质。

（2）正确判断当事人有无设立民事法律关系的意思表示，确认当事人是否实施了附条件民事法律行为。

（3）掌握处理相关民事纠纷的正确方法。

训练方法

1. 收集相关资料，了解赠与、彩礼等知识及法律规定。

2. 课堂讨论。针对案例由教师或者学生提出问题，由学生自主进行探讨、论证，教师进行辅导、点评。

3. 角色模拟。学生分组，每组4~6人，分别模拟当事人及法官等，根据案情模拟当事人各自的主张和解决纠纷的过程。

训练步骤

步骤1. 分析高某某与白某某订婚的法律性质，判断当事人之间是否存在某种民事法律关系。

步骤2. 分析判断高某某向白某某银行转账、发微信红包等行为的法律性质。

步骤3. 判断高某某和白某某各自的主张是否有法律依据。

步骤4. 确认附结婚条件的赠与民事法律行为是否成立。

步骤5. 对双方的纠纷作出处理。

项目二　民事法律行为的效力

引例1

冯某通过房屋中介单某以233万元的价格购入位于某市房产一套，交易完成并成功过户后，适逢国家楼市新政出台，房价飙升。1年后，原房主马某和牟某向广州市仲裁委员会提出仲裁申请要求撤销该房产交易。其申请理由是：因申请人马某和牟某均年事已高，故于售房前由子女陪同去公证处办理了《公证书》，授权单某全权处理房产的交易事宜。由于申请人不了解市场行情，缺乏经验，导致房屋以远低于市场价的价格成交。经评估公司评估，涉案房屋在交易期间的估价为2 774 683元，与实际成交价相差444 683元。故该交易显失公平，请求依法予以撤销。

问题：

1. 本案所涉交易是否构成显失公平？

2. 撤销权的行使有何要求？

引例2

某酒业销售公司组织促销活动，设立有奖销售，宣称所有购买该店某种品牌的酒的顾客均获得奖券1张，都有中奖机会，中奖率为100%。等级分为一等奖3名，二等奖至五等奖若干。其中一等奖奖金为2888元。原告齐某购买了50瓶酒，获得50张奖券，刮开后发现其中一等奖有19张，其余各种等级的奖券均有。原告向被告主张兑奖，被告称自己的奖印刷有错误，不同意兑现全部奖券的奖金，只同意兑现3张一等奖、其他等级的奖若干。齐某不同意酒业销售公司的说法，诉至法院。[1]

───────────

〔1〕 杨立新编著：《民法案例分析教程》，中国人民大学出版社2018年版，第51页。

问题

1. 某酒业销售公司的有奖销售属于民法上什么性质的法律行为？

2. 该酒业销售公司应否向齐某兑现全部奖券的奖金？

基本理论

民事法律行为是一种行为人意欲追求法律上一定效果之行为，但是能否实现这种效果，则取决于其行为是否符合法律之要求。《民法典》第143条规定了民事法律行为的三大有效要件，须同时满足这三大要件的行为才是有效的民事法律行为，不具备有效要件的行为亦称效力有瑕疵的民事法律行为，主要有三种情形：无效的民事法律行为、可撤销的民事法律行为、效力待定的民事法律行为。

一、民事法律行为的生效要件

民事法律行为的生效要件，也叫有效要件，是指已经成立的民事法律行为产生法律拘束力需要具备的条件。具备生效要件的民事法律行为，能够发生行为人当初所预期的法律后果，实现行为人追求的法律目的。根据《民法典》第143条的规定，一个有效的民事法律行为必须同时符合以下三个要件：

（一）行为人具有相应的民事行为能力

行为人要具有相应的民事行为能力，又称主体合格原则。民事法律行为是以意思表示为核心要素的，因此行为人必须具有正确理解自己行为的性质和后果，独立地表达自己意思的能力，亦即必须具备与从事某项法律行为相适应的民事行为能力。

对自然人而言，相应行为能力问题主要存在于限制民事行为能力人这个类型中。根据《民法典》的规定，限制民事行为能力人可以独立实施如下两类民事法律行为：①接受奖励、报酬以及赠与等纯获益的民事法律行为；②与其智力、精神健康状况相适应的民事法律行为。限制民事行为能力人所进行的民事活动是否与其智力、精神健康状况相适应，可以从行为与本人生活相关联的程度、本人的智力能否理解其行为并预见相应的行为后果以及行为标的数额等方面进行认定。

就法人和非法人组织而言，是否具有相应的行为能力取决于设立的目的、宗旨和经营范围。《民法典》第505条规定："当事人超越经营范围订立的合同的效力，应当依照本法第一编第六章第三节和本编的有关规定确定，不得仅以超越经营范围确认合同无效。"可见商事主体超经营范围的行为并不会影响其行为的效力，除非违反的是国家限制经营、特许经营以及法律、行政法规禁止经营的规定。如麻醉品、黄金及黄金制品等属于限制经营的产品；如食盐、烟草制品等属于特许经营的产品；如毒品、枪支弹药等属于法律、行政法规禁止经营的产品；等等。上述领域严格地受商事主体行为能力（经营范围）的限制，不允许超范围经营。

案例

2015 年 12 月，寇某通过中介公司与张某某签署了房屋买卖合同，约定以 66 万元的价格购买张某某的房屋，该房屋系张某某于 2011 年 5 月通过拆迁补偿所得，双方在合同中就付款、交房、过户等均进行了约定。寇某对房屋进行了装修并入住。此后，寇某多次要求张某某将房屋过户，却均遭到拒绝，张某某要求增加购房款才配合其办理过户。寇某无奈之下，于 2017 年 6 月在中介公司又与张某某签订了一份附件，明确在原有房价的基础上增加 10 万元。但此后张某某仍拒绝配合，并且再次要求加钱，还在 2017 年 8 月将房屋登记在了自己和其配偶戴某名下。2018 年 5 月，张某某的女儿张某红将寇某起诉到了法院，请求确认张某某与寇某订立的购房合同无效，理由是张某某长期患有精神疾病，属于无民事行为能力人，张某红作为他的监护人对于售房一事并不知情。张某红向法庭提供了两份残疾人证，证明张某某及其配偶戴某均为精神伤残二级，自己是两人的法定监护人。寇某则表示，从整个交易过程中可以看出张某某对房屋处置具有正常认知，从其多次要求加价并签订附件更能看出其对房屋市场价格的精准认定，张某某对自己的行为有明确和充分的认识。中介公司的工作人员也没有发现张某某有任何无民事行为能力或者限制民事行为能力的情况。中介工作人员还证实，张某红对卖房是知情的，当时曾就卖房事宜与其电话沟通过。

法院审理后认为：该房屋买卖合同中对房价的约定符合当时的市场行情，之后双方根据房价迅速上涨的情况作出了总价上涨的约定，张某某在合同签订及履行中的表现均与常人无异。张某某具有驾驶资格，与寇某签约时还自行驾车到中介公司，有理由相信张某某签订合同时并非无民事行为能力人。法院从拆迁公司调取的拆迁协议上有张某某本人单独的签名，并无其监护人张某红的签字，表明张某某并非一直处于无民事行为能力的状态。张某红作为监护人，对于涉及被监护人重大利益的事项应尽监护义务，但从该房屋买卖合同签订到张某红认可的知晓时间已逾 2 年，这么长的时间内监护人对于房屋情况不过问、不知晓，不符合常理。因此，张某红以张某某无民事行为能力为由主张该房屋买卖合同及附件无效的主张缺乏充分证据，法院不予支持。

（二）行为人意思表示真实

意思表示是民事法律行为的核心要素，因此法律要求意思表示必须要真实，这样才能落实意思自治原则。所谓意思表示真实，是指行为人表现于外部的意思与其内心的真实意愿是一致的。在大多数情况下，行为人表示于外部的意思与其内心真实意思是一致的，但有时因某些主客观方面的原因也可能导致行为人的意思表示与其内心的真实意思不符。传统民法将意思表示不真实分为两大类：

1. 行为人的意思表示不自由

行为人因受到欺诈、胁迫、乘人之危等外在原因导致其处于意志不自由的状态，因此其表达出来的意思并不符合其内心的真实意愿，这属于典型的意思表示不真实的情况。例如甲男威胁乙女，若不给其 2 万元好处费就将乙女的裸照发送给其亲友，乙女迫于无奈只好给了甲男 2 万元。此处乙女赠与甲男金钱的行为就属于受胁迫所致的意思表示不真实。

2. 行为人的意思表示不一致

因行为人自身的原因而导致表达于外部的意思不符合其内心的真实意思。这种不一致又可进一步分为两种情形：

（1）故意的不一致，又称虚伪表示，包括单独的虚伪表示和通谋的虚伪表示。单独的虚伪表示又称真意保留，指表意人故意隐匿其真意，而表示与其真意不同之意思的意思表示。[1] 在真意保留的情况下，行为人通常没有设立法律关系的真实意图，可以认为该行为没有法效意思而不成立。但亦有学者认为真意保留除相对人明知外，应为有效。[2] 对于真意保留的意思表示，我国《民法典》未作规定。通谋的虚伪表示，就是指行为人与相对人通谋而为虚假的意思表示，如恶意串通、以合法形式掩盖非法目的等。例如，甲为了逃避债务，与朋友乙通谋，将其房产低价转让给乙。对于通谋的虚伪表示，《民法典》第 146 条第 1 款规定："行为人与相对人以虚假的意思表示实施的民事法律行为无效。"

（2）无意的不一致。又称意思表示的错误，是指因自身主观认识的错误、不知、他人的误传等原因，导致行为人作出了不符合其内心真实想法的意思表示。具体包括：①错误。错误既包括对法律行为性质认识的错误、对标的物认识的错误、对当事人认识的错误等导致的意思与表示的不一致，也包括对表示的内容根本不知，如欲写 1000 元却误写成 100 元。②误传。误传是指因传达人或传达机关的传达不实所导致的错误。例如，行为人的意思是购买 A 物，而翻译错误地译成了购买 B 物。对于误传，过去一般依《最高人民法院关于贯彻执行〈中华人民共和国民法通则〉若干问题的意见（试行）》（已失效）第 77 条的规定处理，即："意思表示由第三人义务转达，而第三人由于过失转达错误或者没有转达，使他人造成损失的，一般可由意思表示人负赔偿责任。但法律另有规定或者双方另有约定的除外。"现行《民法典》对此未作规定。

（三）不违反法律、行政法规的强制性规定，不违背公序良俗

这一要件体现了法律对意思自治原则的限制和干预，是对民事法律行为的根本性要求。需要注意的是这一要件强调的是不违反法律、行政法规的强制性规定，而不是泛指一切法律、行政法规的规定。如果违反的是任意性规定，则不影响行为的效力。

除了不得违反法律、行政法规的强制性规定，民事法律行为还不得违背公序良俗。所谓公序良俗，就是社会公共秩序和善良风俗的简称。它是一种社会公共利益的体现，与国家利益不完全相同。以公序良俗为补充可以大大弥补法律规定之不足，但同时也

---

[1] 梁慧星：《民法总论》，法律出版社 2017 年版，第 181 页。
[2] 龙卫球：《民法总论》，中国法制出版社 2001 年版，第 547 页。

赋予了执法者较大的自由裁量权。

法条链接

《中华人民共和国民法典》

第八条　民事主体从事民事活动，不得违反法律，不得违背公序良俗。

第一百五十三条　违反法律、行政法规的强制性规定的民事法律行为无效。但是，该强制性规定不导致该民事法律行为无效的除外。

违背公序良俗的民事法律行为无效。

二、无效民事法律行为

（一）无效民事法律行为的含义和特征

无效民事法律行为，又称为绝对无效的民事法律行为，是指不具备或不完全具备民事法律行为的有效要件，因而无法得到法律的认可和保护，无法产生行为人所预期的法律效果的行为。无效的民事法律行为也能引起一定的法律后果，但不是行为人所追求的法律效果，甚至可能是与行为人预期相反的法律效果。

无效民事法律行为具有以下特征：

（1）无效民事法律行为具有违法性。这里所说的"违法性"包括两个方面的内容：一是违反了法律和行政法规的强制性规定。注意不得以其他低位阶的法规或者规章中的规定为依据，来判断民事法律行为是否违法。二是指违背了公序良俗。

（2）对无效民事法律行为实行国家干预。无效的民事法律行为有损国家利益和社会公共利益，因此要实行国家干预。这种干预主要体现在：法院和仲裁机构不待当事人请求确认民事法律行为无效，便可以依职权主动审查民事法律行为是否具有无效的因素，如发现确属于无效民事法律行为的，应当主动地确认民事法律行为无效。

（3）无效民事法律行为具有不得履行性。无效民事法律行为的不得履行性，是指当事人在实施无效的民事法律行为，尤其是订立无效合同以后，不得依据合同要求实际履行，也不承担不履行合同的违约责任。

（4）无效民事法律行为自始无效、当然无效、绝对无效。由于无效民事法律行为严重违反了法律规定，因此国家不承认此类民事法律行为的法律效力。民事法律行为一旦被确认无效，就将产生溯及力，使民事法律行为自成立之日起就不具有法律效力，以后也不能转化为有效的法律行为，对已经履行的，应当通过返还财产、赔偿损失等方式使当事人的财产恢复到民事法律行为实施之前的状态；当然无效是指无效的民事法律行为无需任何人主张，也不待法院或仲裁机构宣告，其本质即无效；绝对无效则意味着根本不存在着转化为有效民事法律行为的可能性。

（二）无效民事法律行为的类型

1. 无民事行为能力人实施的民事法律行为

《民法典》第 20 条规定，不满 8 周岁的未成年人为无民事行为能力人，由其法定代理人代理实施民事法律行为。《民法典》第 144 条规定，无民事行为能力人实施的民事法律行为无效。因为无民事行为能力人对自己的行为无法正确认知，为保护其自身利益及其他人的合法权益，无民事行为能力人所实施的民事法律行为自当无效。

2. 行为人与相对人以虚假的意思表示实施的民事法律行为

《民法典》第 146 条第 1 款规定，行为人与相对人以虚假的意思表示实施的民事法律行为无效。该规定即民法理论上的"通谋的虚伪表示"，属行为人故意追求的意思表示的不真实情形。例如生活中经常出现的虚假购房合同（阴阳合同）以规避税费、为逃避债务并规避强制执行而为的财产赠与、为避免财产因离婚被分割而捏造虚假债务和虚假诉讼等。依第 146 条之规定，上述"通谋的虚伪表示"行为均属无效。

《民法典》第 146 条第 2 款规定，以虚假的意思表示隐藏的民事法律行为的效力，依照有关法律规定处理。亦即虚伪表示（假行为）底下所隐藏的"真行为"是否有效，取决于该隐藏行为本身是否符合民事法律行为的有效要件要求。例如甲乙双方签订了一份二手房买卖合同，总价款为 500 万元。但为了减少房屋买卖的税负，双方在房产交易中心网签时，签订的是总价款为 300 万的购房合同。此处网签的购房合同（阳合同）即为双方以虚假的意思表示而为的民事法律行为，应认定无效；而双方在中介处签订的购房合同（阴合同）则属于隐藏行为，其效力取决于它是否符合法律行为的有效要件及相关法律规定。

3. 违反法律、行政法规的强制性规定以及违背公序良俗的民事法律行为

《民法典》第 153 条规定："违反法律、行政法规的强制性规定的民事法律行为无效。但是，该强制性规定不导致该民事法律行为无效的除外。违背公序良俗的民事法律行为无效。"《民法典》第 8 条把"民事主体从事民事活动，不得违反法律，不得违背公序良俗"作为民法的基本原则，第 143 条规定民事法律行为的有效要件包括"不违反法律、行政法规的强制性规定，不违背公序良俗"。正是在这样的基础上，规定民事法律行为违反法律行政法规的强制性规定就当然无效。[1]

值得注意的是，《民法典》第 153 条中的但书"该强制性规定不导致该民事法律行为无效的除外"应当如何理解。司法实践中把强制性规定分为效力性强制性规定和管理性强制性规定。违反效力性强制规定的，人民法院应当认定合同无效；违反管理性强制规定的，人民法院应当根据具体情形认定其效力。所谓"效力性强制性规定"，是指法律及行政法规明确规定违反了这些相关规定将导致合同无效或合同不成立的规范；所谓"管理性强制性规定"，是指法律行政法规没有明确规定违反此类规范将导致合同

---

[1] 杨立新：《中华人民共和国民法总则要义与案例解读》，中国法制出版社 2017 年版，第 413 页。

无效或者不成立，只规定了若违反此类规范，继续履行合同可能将会受到相关的行政制裁。因此，《民法典》第153条"该强制性规定不导致该民事法律行为无效的除外"应理解为违反的是"管理性强制性规定"，此情形不影响该民事法律行为的效力。

4. 恶意串通的民事法律行为

《民法典》第154条规定："行为人与相对人恶意串通，损害他人合法权益的民事法律行为无效。"恶意串通的民事法律行为，是指双方当事人故意合谋，弄虚作假，进行损害国家、集体或者第三人利益的民事法律行为。其行为特征有三：①当事人双方出于恶意；②当事人之间互相串通；③当事人之间互相配合或者共同实施了一定行为。恶意串通行为在拍卖、竞标、代理、股权转让及担保等经济活动中较为常见。例如某县国土资源局对开发区的一块国有土地进行挂牌出让，参加竞标的共有A、B、C三家公司，于是三家公司的董事长私下达成协议，由A、B两家公司压低投标报价，以使得C公司最后低价竞得土地，之后大家再一起合作开发。这就是所谓的围标、串标行为，是一种典型的恶意串通行为。

需要注意的是，"恶意串通"本质上也是一种"通谋的虚伪表示"，但不同的是在"恶意串通"行为之下，通常并不存在第146条"通谋的虚伪表示"中的"隐藏行为"。如代理人收受了第三人的高额回扣后与其签订了质次价高的商品买卖合同，损害了被代理人的利益。该代理行为就属于恶意串通的无效民事法律行为，并不存在隐藏行为的效力认定问题。

三、可撤销的民事法律行为

可撤销的民事法律行为，是指根据法律规定已经发生法律效力，但当事人事后发现意思表示存在瑕疵，依据法律规定可以请求人民法院或者仲裁机构予以撤销的民事法律行为。被撤销的民事法律行为，其法律后果等同于无效的民事法律行为，自始不发生法律效力。但由于可撤销的民事法律行为在撤销前已经生效，只是由于当事人依法行使撤销权才使其归于无效，所以它并非是当然无效的民事法律行为。如果权利人放弃行使撤销权，那么该行为依然为有效的民事法律行为。

（一）可撤销的民事法律行为的种类

1. 因重大误解实施的民事法律行为

《民法典》第147条规定："基于重大误解实施的民事法律行为，行为人有权请求人民法院或者仲裁机构予以撤销。"重大误解属于前文意思表示不真实中的"错误"之情形，是指行为人因对行为的性质、对方当事人、标的物的品种、质量、规格和数量等重要问题发生了错误认识，使行为的后果与自己的真实意思相悖，并造成较大损失的情形。如对买卖标的物有重大误解，误认为复制品是真品；对法律关系的性质有重大误解，把租赁关系误认为是买卖关系；对合同当事人有重大误解，把与某甲签订合同误认为是与某乙签订合同；等等。

重大误解的民事法律行为的特征有：

（1）误解是重大的。这里应当有两层含义：一是误解的对象是民事法律行为中的重大事项，如行为的性质、当事人、数量和质量、履行期限和地点等；二是误解可能给行为人造成较大的损失。也就是说，误解的内容应当涉及行为人的实体权利和义务，影响行为人的重大利益。如果仅仅是一般性的误解，对行为人的利益没有重大影响的，则不属于重大误解的民事法律行为。

（2）误解是过失所致。也就是说，误解是行为人自己的认识错误造成的，而非相对人故意诱使的结果。如果重大误解是因相对人的故意造成的，则属于欺诈的民事法律行为，在性质上与重大误解是不同的。由于重大误解是行为人自身的原因所造成的，因此，如果该民事法律行为被人民法院或仲裁机构撤销而造成对方当事人或第三人损失的，误解方应当承担相应的赔偿责任。

（3）误解与民事法律行为之间有因果关系。即民事法律行为是基于行为人的误解而实施的，如果行为人对行为的内容没有重大误解，就不会实施该民事法律行为。可见，行为人的主观误解必须与客观行为之间有直接的因果关系。

需注意的是，民法上的重大误解，仅限于对行为内容的误解，而不包括对行为动机的误解。如某男某女恋爱多年，某男留学美国期间，某女嫁给他人，某男学成归来订制一对钻戒准备向女方求婚，后得知实情。某男此时不能以重大误解为由向商家要求撤销合同。

案例

一款原价 14 500 元的超级平板电脑因商务公司员工操作失误，被标价为 1450 元在某网络平台销售。仅 3 个小时，该款电脑就售出 500 余台，销售商损失 600 万元。为挽回损失，销售商北京某商务公司将其中一名消费者刘先生诉至法院，要求撤销双方买卖合同关系，法院受理了此案。刘先生在当天购买了一台该款电脑，该商务公司认为，因平板电脑标错价格，刘先生购买平板电脑的行为属于重大误解，故请求法院撤销原被告双方所订立的买卖合同。法院经审理后认为，按照《民法典》第 147 条的规定，如买卖双方因重大误解订立合同，受损害方有权请求人民法院或者仲裁机构撤销该合同；北京某商务公司与刘先生所订立的平板电脑买卖合同符合重大误解的法定条件，故支持原告的诉讼请求，判令撤销相关合同。

2. 以欺诈手段实施的民事法律行为

《民法典》第 148 条规定："一方以欺诈手段，使对方在违背真实意思的情况下实施的民事法律行为，受欺诈方有权请求人民法院或者仲裁机构予以撤销。"所谓欺诈是指一方当事人故意告知对方虚假情况，或者故意隐瞒真实情况，诱使对方当事人作出错误的意思表示。受欺诈而为的民事法律行为的特点是：①须有他人的欺诈，即故意告知对方虚假情况，或者故意隐瞒；②须表意人因受欺诈而陷入错误认识，如因对方的欺骗而将人工宝石误以为是天然宝石；③表意人因该错误的认识而作出了违背其内心真实意思的意思表示，实施了不利于自己的民事法律行为。

《民法典》第149条规定："第三人实施欺诈行为，使一方在违背真实意思的情况下实施的民事法律行为，对方知道或者应当知道该欺诈行为的，受欺诈方有权请求人民法院或者仲裁机构予以撤销。"亦即在第三人欺诈的情形下，受欺诈人一般不能主张撤销合同，法律优先保护善意相对人的利益，但是如果相对人知情或应当知情，则受欺诈方可以撤销合同。

3. 以胁迫手段实施的民事法律行为

《民法典》第150条规定："一方或者第三人以胁迫手段，使对方在违背真实意思的情况下实施的民事法律行为，受胁迫方有权请求人民法院或者仲裁机构予以撤销。"所谓胁迫，是指以给自然人或其亲友的生命健康、荣誉、名誉、财产等造成损害或者以给法人的荣誉、名誉、财产等造成损害为要挟，迫使相对方作出违背其真实意思的行为。受胁迫而为的民事法律行为的特点是：①须有他人的胁迫。需注意的是合法的行为也可以构成胁迫，如以举报他人偷税漏税的行为相要挟向对方索要巨额"封口费"。②须表意人因受胁迫而产生恐惧。③表意人因恐惧而作出了违背其真意的意思表示。因胁迫的违法性较欺诈更为严重，因此无论胁迫者是否为对方当事人，表意人均有权请求撤销其该法律行为。

4. 显失公平的民事法律行为

《民法典》第151条规定："一方利用对方处于危困状态、缺乏判断能力等情形，致使民事法律行为成立时显失公平的，受损害方有权请求人民法院或者仲裁机构予以撤销。"显失公平的民事法律行为的特点是：①行为结果对一方当事人有重大的不利，另一方则获得了超出正常情况下所能获得的利益，即获取了暴利。②必须是行为时显失公平。即应以民事法律行为实施当时的市场行情为标准，而不能以实施后的市场行情为标准来判断是否显失公平。例如，甲与乙订立买卖合同，若合同履行时合同标的物的市场价格暴涨或猛跌，卖方或者买方均不得以显失公平为理由主张变更或撤销合同。③遭受重大不利的一方当事人所实施的行为不是出自其真实意愿。可能是因为缺乏经验，或处于危困状态，或是对方当事人利用优势而使其接受了不公平的条件。④这种不公平是法律所不允许的。也就是说，这种显失公平的结果严重违反了国家法律、公序良俗或者交易习惯。

▓▓▓ 法条链接

《中华人民共和国民法典》

第一百四十七条　基于重大误解实施的民事法律行为，行为人有权请求人民法院或者仲裁机构予以撤销。

第一百四十八条 一方以欺诈手段，使对方在违背真实意思的情况下实施的民事法律行为，受欺诈方有权请求人民法院或者仲裁机构予以撤销。

第一百四十九条 第三人实施欺诈行为，使一方在违背真实意思的情况下实施的民事法律行为，对方知道或者应当知道该欺诈行为的，受欺诈方有权请求人民法院或者仲裁机构予以撤销。

第一百五十条 一方或者第三人以胁迫手段，使对方在违背真实意思的情况下实施的民事法律行为，受胁迫方有权请求人民法院或者仲裁机构予以撤销。

第一百五十一条 一方利用对方处于危困状态、缺乏判断能力等情形，致使民事法律行为成立时显失公平的，受损害方有权请求人民法院或者仲裁机构予以撤销。

（二）撤销权的行使和消灭

撤销权在性质上属于形成权，即撤销权人依自己单方面的意思表示，就可以使得民事法律关系发生变动。故理论上意思表示瑕疵方无需征得对方当事人的同意，单方面就有权撤销已经成立的民事法律行为。但是由于在实务中，对方当事人往往根本就不承认受损方有所谓的撤销权，撤销权人通常要通过人民法院或者仲裁机构来行使其撤销权。因此，《民法典》第147~151条分别规定，在重大误解、欺诈、胁迫、显失公平等法律行为中意思表示不真实的一方享有撤销权，可以通过人民法院或者仲裁机构来行使撤销权。

撤销权作为一种形成权，它虽然不受诉讼时效的限制，但受除斥期间的限制。也就是说，撤销权人必须在法定的期间内行使该项权利，否则权利消灭，这也是各国立法的通例。依《民法典》第152条的规定，有下列情形之一的，撤销权消灭：①当事人自知道或者应当知道撤销事由之日起1年内、重大误解的当事人自知道或者应当知道撤销事由之日起90日内没有行使撤销权；②当事人受胁迫，自胁迫行为终止之日起1年内没有行使撤销权；③当事人知道撤销事由后明确表示或者以自己的行为表明放弃撤销权。当事人自民事法律行为发生之日起5年内没有行使撤销权的，撤销权消灭。

四、效力待定的民事法律行为

（一）效力待定民事法律行为的含义和特征

所谓效力待定的民事法律行为，是指民事法律行为完成之后，因欠缺民事法律行为的有效要件，是否能发生法律效力尚不能确定，需要由特定当事人作出追认或拒绝的意思表示后，才能确定其效力的民事法律行为。

效力待定的民事法律行为具有如下显著特征：

（1）效力待定的民事法律行为已经成立，但因缺乏民事法律行为的某些有效要件而使其效力处于不确定的状态。即既不是确定有效，也不是当然无效。

（2）效力待定民事法律行为既可成为有效的民事法律行为，也可成为无效的民事法律行为。其有效或无效取决于追认权人的意思表示。效力待定民事法律行为本身是一种欠缺有效要件的民事法律行为，但并没有违反法律的强制性规定或社会公共利益，因而法律对这种行为并不实行国家干预强行使其无效，而是把选择权留给了有关当事人，这也充分体现了私法自治和民法鼓励交易的精神。

（二）效力待定民事法律行为的类型

根据《民法典》的规定，效力待定的民事法律行为包括以下几个类型：

1. 限制民事法律行为能力人依法不能独立实施的行为

《民法典》第 145 条第 1 款规定："限制民事行为能力人实施的纯获利益的民事法律行为或者与其年龄、智力、精神健康状况相适应的民事法律行为有效；实施的其他民事法律行为经法定代理人同意或者追认后有效。"可见限制民事行为能力人若实施了非纯受益的或者超出了其年龄、智力、精神健康状况的民事法律行为，其行为的效力取决于法定代理人是否追认，因此属于效力待定的民事法律行为。

2. 无权代理行为

《民法典》第 171 条第 1 款规定："行为人没有代理权、超越代理权或者代理权终止后，仍然实施代理行为，未经被代理人追认的，对被代理人不发生效力。"行为人没有代理权、超越代理权或者代理权终止后仍以代理人名义从事活动属于无权代理的三种行为表现，本质上都是欠缺代理权。无权代理行为在经被代理人追认后变为有权代理，对被代理人发生法律效力；若被代理人不追认的，则由无权代理人来承担相应的民事法律责任。因此属于效力待定的民事法律行为。

3. 未经债权人同意的债务转让行为

《民法典》第 551 条规定："债务人将债务的全部或者部分转移给第三人的，应当经债权人同意。债务人或者第三人可以催告债权人在合理期限内予以同意，债权人未作表示的，视为不同意。"因此，未经债权人同意的债务转让，若事后取得了债权人的同意，亦即追认，则债务的转让行为有效；若债权人不同意的，则债务转让行为无效。因此亦属于效力待定的民事法律行为。

（三）追认权与撤销权

1. 追认权

对于效力待定的民事法律行为，按照法律规定，权利人既可以依法追认，也可以拒绝追认，亦即权利人享有追认权。所谓追认权，是指权利人通过事后的意思表示，使无权代理人、限制民事行为能力人、债务人等所为的效力待定的行为成为有效民事法律行为的权利。这里的权利人，实际就是指限制民事行为能力人的法定代理人、无权代理中的被代理人、债务转让中的债权人。追认权在性质上是一种形成权，即只需权利人单方面向对方作出追认的意思表示，该效力待定的民事法律行为即可生效，无需取得相对人的同意。

根据《民法典》第 145 条第 2 款、第 171 条第 2 款及第 551 条第 2 款的规定，权利人追认的方式可以是明示，也可以是积极的默示方式（推定）；权利人若拒绝追认，可以是明示，也可以是消极的默示方式（沉默）的方式。效力待定的民事法律行为，一经追认，便自始具有法律效力；一旦拒绝追认，效力待定的民事法律行为便自始不发生法律效力。

《民法典》虽然规定了追认权这一法律制度，但对追认权的期限，亦即权利人应在多长时间内表示追认并没有加以明确。如果不给权利人的追认权以一定期限的约束，就可能发生权利人无限期拖延追认的情况，使相对人长期处于不稳定的法律关系之中而蒙受损害。

2. 催告权与撤销权

在效力待定的民事法律行为中，法律在赋予权利人享有追认权的同时，基于权利均衡的考虑，也赋予了相对人以催告权和撤销权。所谓催告权，是指相对人在得知民事法律行为存在效力欠缺的事实后，将此事实告知追认权人并催促其在一定期限内作出追认或拒绝的确切的意思表示的行为。如《民法典》第 145 条第 2 款规定："相对人可以催告法定代理人自收到通知之日起 30 日内予以追认。法定代理人未作表示的，视为拒绝追认……"

所谓撤销权，是指效力待定的民事法律行为的善意相对人主动撤销其意思表示的权利。《民法典》第 145 条第 2 款规定："……民事法律行为被追认前，善意相对人有撤销的权利。撤销应当以通知的方式作出。"故撤销权的行使应遵循以下几点：①撤销权只能在追认权人进行追认之前行使。因追认权一旦行使，效力待定的行为即刻生效，相对人不得再行使撤销权。②相对人必须是善意的。如明知对方是限制行为能力人而与之实施民事法律行为，则不得享有撤销权。③撤销权的行使必须采用明示的方式。

催告权与撤销权都是相对人的权利，两者的不同主要在于对效力待定行为的期待不同，相对人行使催告权，表示其期待追认权人追认该行为，使其生效；而行使撤销权，则表明相对人不希望该行为生效。

法条链接

《中华人民共和国民法典》

第一百四十五条第二款　相对人可以催告法定代理人自收到通知之日起三十日内予以追认。法定代理人未作表示的，视为拒绝追认。民事法律行为被追认前，善意相对人有撤销的权利。撤销应当以通知的方式作出。

第一百七十一条第二款　相对人可以催告被代理人自收到通知之日起三十日内予以追认。被代理人未作表示的，视为拒绝追认。行为人实施的行为被追认前，善意相对人有撤销的权利。撤销应当以通知的方式作出。

五、效力有瑕疵的民事法律行为的处理

《民法典》第 156 条规定："民事法律行为部分无效，不影响其他部分效力的，其他部分仍然有效。"因此，对无效民事法律行为的处理首先要区分该民事法律行为是部分无效还是全部无效。例如：张某立遗嘱将其名下的 3 套房子都留给小儿子张乙，张某去世后，其大儿子张甲与小儿子张乙因继承纠纷打官司。法官审理查明，遗嘱中处分的 3 套房子虽然登记在张某名下，但是在其妻子李某在世期间购买，应属夫妻共同财产，遗嘱将属于李某的房产份额一并处分，故属于部分无效的民事法律行为。3 套房子应当先分割为李某和张某各自的财产，李某的遗产按照法定继承由张某、张甲、张乙各得 1/3，张某所得的 1/3 加上属于他的一半房产按遗嘱由张乙继承。

《民法典》第 157 条规定："民事法律行为无效、被撤销或者确定不发生效力后，行为人因该行为取得的财产，应当予以返还；不能返还或者没有必要返还的，应当折价补偿。有过错的一方应当赔偿对方由此所受到的损失；各方都有过错的，应当各自承担相应的责任。法律另有规定的，依照其规定。"依该条规定，民事法律行为被确认绝对无效、被撤销或者确定不发生效力后，应按如下方式进行处理：

1. 返还财产

民事法律行为被确认绝对无效、被撤销或确定不发生效力后，当事人取得财产的法律根据已丧失，如原物仍存在的，交付财产的一方可行使返还请求权，请求受领财产的一方返还财产。如甲与乙签订了总价值 100 万元的货物买卖合同，甲向乙支付了首期货款 20 万元，乙向甲给付了首批价值 20 万元的货物。后双方因履行问题诉至法院，买卖合同被法院认定无效。那么不仅是合同未履行部分不能再继续履行的问题，双方已经履行的内容能够返还的也要相互返还。

2. 折价补偿

对于不能返还或者没有必要返还的情形，则应当折价补偿对方。这是法律对无效民事法律行为后果采取的灵活处理方法，如购买的商品已经消费，或者购买的货物已经被第三人合法取得等，此时只能进行折价补偿。

3. 赔偿损失

民事法律行为被确认绝对无效、被撤销或确定不发生效力，如系一方过错所造成的，过错方应当赔偿对方由此所受到的损失；如各方都有过错的，则应当各自承担相应的责任。

引例分析

引例 1

《民法典》第 151 条规定："一方利用对方处于危困状态、缺乏判断能力等情形，致使民事法律行为成立时显失公平的，受损害方有权请求人民法院或者仲裁机构予以

撤销。"根据该条文，认定显失公平的条件有两个，一个是主观要件，即一方故意利用其优势或者利用对方轻率、没有经验；另一个是客观要件，即双方的权利义务明显违反等价有偿原则。本案中申请方主张自己年事已高缺乏经验与判断能力，被对方所利用。但结合其委托了专业的代理人，以及身边有子女共同参与决策的情况，难以得到认可；客观上交易结果是否构成显失公平，要以交易当时的市场行情为依据来判断。根据评估报告该房产交易时的市场价值为 277 万多元，高于成交价 44 万多元。此情形是否构成显失公平一般取决于仲裁机构的自由裁量权，转让价格达不到交易时交易地的指导价或者市场交易价 70% 的，一般可以视为明显不合理的低价；对转让价格高出当地指导价或者市场交易价 30% 的，一般可以视为明显不合理的高价。该房屋的交易价与评估价之比达到了 84%，依司法解释尚不构成显失公平。

《民法典》第 151 条赋予了在显失公平民事法律行为中利益受到损害的一方以撤销权，但也同时规定了撤销权必须以诉讼或仲裁的方式行使，以避免撤销权的滥用。第 152 条第 1 款还规定了撤销权的行使期限是"当事人自知道或者应当知道撤销事由之日起 1 年内"，若本案中的被申请人能证明对方已过除斥期间的，则撤销权消灭。

引例 2

本案中酒业销售公司进行有奖销售，其内心意思和表示行为显然不一致。在民法理论上，这属于意思表示不一致中的错误。错误应是行为人自身或第三人的过失造成，不能是当事人故意所为。酒业销售公司宣布有奖销售设置一等奖 3 名、二等奖至五等奖若干名，而原告购买 50 瓶酒，就中了 19 个一等奖，显然该错误的后果比较严重，因此这种错误已经构成了重大误解。亦即本案中酒业销售公司的有奖销售行为属于重大误解的民事法律行为。

《民法典》第 147 条规定："基于重大误解实施的民事法律行为，行为人有权请求人民法院或者仲裁机构予以撤销。"因此，本案中的酒业销售公司可以依重大误解请求人民法院或者仲裁机构撤销该笔交易，一旦被撤销，该有奖销售行为发生自始无效的后果，双方当事人应当互相返还因该行为取得的财产，不能返还或者没有必要返还的，应当折价补偿。吴某如因此产生损失，可要求酒业销售公司赔偿。酒业销售公司在赔偿吴某的损失之后，可以向造成错误的印刷厂进行追偿。

相关法律规范

《中华人民共和国民法典》第 8、19~22、143~157、171、551、1123 条。

思考与练习

一、结合本项目原理，作出正确选择：

1. 就我国无效民事法律行为的确认权归属，下列说法中正确的是（　　）。

A. 只能由人民法院确认，不能由仲裁机关确认

B. 只能由仲裁机关确认，不能由人民法院确认

C. 既可由人民法院确认，又可由仲裁机关确认

D. 只能由人民法院或者仲裁机关任选其一

2. 潘某去某地旅游，当地玉石资源丰富，且盛行"赌石"活动，买者购买原石后自行剖切，损益自负。潘某花 5000 元向某商家买了两块原石，切开后发现其中一块为极品玉石，市场估价上百万元。商家深觉不公，要求潘某退还该玉石或补交价款。对此，下列哪一选项是正确的？（　　）

A. 商家无权要求潘某退货

B. 商家可基于公平原则要求潘某适当补偿

C. 商家可基于重大误解而主张撤销交易

D. 商家可基于显失公平而主张撤销交易

3. A 公司委托王某去某市 B 公司购买机械表 1000 只，王某见 B 公司还有电子表可供应，在 B 公司说明电子表是从正规渠道进货后，就在购销合同上添加了购买 2000 只电子表的条款。王某付款后将机械表和电子表运往 A 公司的途中，2000 只电子表被海关以走私品没收。A 公司收到机械表后，发现不好销售，遂以合同无效要求退货。下列论述正确的是（　　）。

A. 该购销合同中购买 2000 只电子表的条款无效

B. 该购销合同中购买 2000 只电子表的条款可撤销

C. 该购销合同中购买 2000 只电子表的条款效力未定

D. 该购销合同无效

4. 甲以绑架乙的儿子为由胁迫乙签订了一份合同。乙事后以受到胁迫为由主张撤销该合同。乙撤销合同的意思何时生效？（　　）

A. 乙作出意思表示之时

B. 乙撤销通知到达甲时

C. 乙的意思经甲同意时

D. 乙的意思经法院或仲裁机关同意时

5. 意思表示瑕疵的法定事由包括（　　）。

A. 欺诈　　　　　　　　　　B. 胁迫

C. 乘人之危　　　　　　　　D. 重大误解

6. 村民甲因外出打工，将自己的一台摩托车委托乙保管。乙因儿子结婚急需用钱，遂将该摩托车以自己的名义卖给邻村的丙。因丙未带够钱，双方约定，3 日后付款取车。对此，下列表述中，正确的有（　　）。

A. 乙卖车的行为为无权处分行为

B. 乙卖车的行为为无权代理行为

C. 乙丙所订合同为无效合同

D. 乙丙所订合同为效力待定合同

7. 李某（12 岁），其叔叔（30 岁）赠与其一台价格 5000 元的数码相机。因李某与其同学刘某（12 岁）关系甚好，李某便将该数码相机转卖给刘某。李某的叔叔和父亲听后都向刘某要求返还该相机，下列有关该事件的论述哪些是正确的？（　　）

　　A. 李某为限制行为能力人，其接受赠与的行为无效

　　B. 李某为限制行为能力人，其出卖行为效力未定

　　C. 李某在征得其父亲同意后，可以出卖数码相机

　　D. 李某在征得其叔叔同意后，可以出卖数码相机

8. 甲公司员工唐某受公司委托从乙公司订购一批空气净化机，甲公司对净化机单价未作明确限定。唐某与乙公司私下商定将净化机单价比正常售价提高 200 元，乙公司给唐某每台 100 元的回扣。商定后，唐某以甲公司名义与乙公司签订了买卖合同。对此，下列哪一选项是正确的？（　　）

　　A. 该买卖合同以合法形式掩盖非法目的，因而无效

　　B. 唐某的行为属无权代理，买卖合同效力待定

　　C. 乙公司行为构成对甲公司的欺诈，买卖合同属可变更、可撤

销合同

　　D. 唐某与乙公司恶意串通损害甲公司的利益，应对甲公司承担

连带责任

二、结合本项目原理，回答下列问题：

1. 欠缺有效要件的民事法律行为有哪些类型？举例说明。

2. 无效民事法律行为会产生怎样的法律后果？

3. 可撤销民事法律行为可能发生的法律后果有哪些？

4. 谈谈显失公平的民事法律行为与重大误解、欺诈、胁迫等行为之间的关系。

三、结合本项目原理，分析以下案例：

1. 小雨的父母热衷于购买彩票，15 岁的小雨深受影响，平时也比较关注彩票的中奖情况。一天，小雨放学途经一彩吧，花 10 元钱买了 5 张福利彩票，后得知其中 1 张中奖 1 万元。第二天，小雨拿着有效证件到彩吧领奖时，工作人员以小雨未成年为由，拒绝支付，并认为小雨作为未成年人，购买彩票的行为无效。小雨的父母知道后，与彩吧发生纠纷，后以小雨的名义将彩吧告上法庭。

本案应如何处理？

◇思考方向：

（1）确认小雨的民事行为能力及其购买彩票的行为性质。

（2）判断彩吧工作人员的理由是否成立。

（3）分析小雨父母起诉行为的合法性。

（4）根据法律规定和本案事实，作出正确处理。

2. 张某与王某是养母子关系，王某 17 周岁，未考上大学，在家待业。一天，王某

在养母的衣柜内发现已逝养父的遗嘱，遗嘱内容为：生前没有积蓄，死后留下祖产 8 间，其中 2 间归养子王某所有，其余 6 间归妻子张某所有。王某随手将遗嘱藏了起来。由于王某与张某所居住的房屋为街面房，租金已涨至每月 4000 元，王某得知邻居宋大伯正四处觅房，想开点心店，便提出将自己的卧室出租给宋大伯使用，租期 5 年，租金每年 4.5 万元。宋大伯欣然同意，并签订了租赁合同。宋大伯随即请木工拆改房屋，装修店面。张某见此情景，经再三追问王某，才知实情。张某随即对宋大伯表示，租赁合同无效，要求宋大伯恢复原状。宋大伯置之不理，继续施工，张某无奈，诉至法院。

王某与宋大伯所签订的租约的效力如何？张某是否有权要求宋大伯立即停工、恢复原状？

◇思考方向：

（1）房屋出租人必须对该房屋享有所有权或者使用收益权，明确租赁合同中涉及房屋的所有权归属。

（2）王某与宋大伯签订租约，张某毫不知情，这种情形在法律上如何定性？

（3）判断张某是否有权主张租赁合同无效。

3. 李某的父亲生前是一个集邮爱好者，去世时还留有几本邮票。李某对邮票从不感兴趣，觉得这些邮票不好处理。一日，李某的朋友刘某来吃饭，无意间发现了几本邮票。刘某也是一集邮爱好者，他随即表示愿意全部购买，最后以 5000 元的价格将邮票全部拿走，李某对这一价格也比较满意。事过不久，李某从父亲生前的一朋友处得知，他父亲所留的邮票中，有 5 张相当珍贵，可能每张都值 5000 元；同时另一朋友告诉他，刘某正在寻找买主。李某立即找到刘某，要求退还刘某的 5000 元钱，取回邮票，但刘某坚决不同意。双方协商不成，李某诉至法院，要求撤销合同，返还邮票。

法院应如何对待李某的请求？

◇思考方向：

（1）明确撤销合同的法定条件。

（2）判断李某与刘某间买卖邮票行为的性质，是否属于可撤销合同的情形。

（3）根据法律规定和本案事实，确定法院的处理方法。

情境训练　无效民事法律行为的判定

情境案例

2013 年陈某按规定购买了一套经济适用房。2015 年 3 月，陈某与邹某签订《房屋买卖协议》，将该套经济适用住房作价 60 万元转卖给邹某，房屋价款一次性支付。由于陈某购入该房未满 5 年，双方约定满 5 年后就办理过户手续，房屋所有权证书由邹某保管。邹某依约向陈某交付了全部购房款，并入住该房屋。2017 年 9 月，陈某以前述房屋所有权证书丢失为由，向房屋管理部门申请补办，并于当年11月27日领取了新的所有权证书。2018年1月10日，陈某与王某协议离婚，离婚协议书中称：双方于2018年1月4日登记结婚，婚后无子女；离婚后，陈某名下的那套经济适用房归王某所有。当日，双方办理了离婚登记，并向房屋管理部门申请办理房屋所有权转移登记。不久，该套经济适用房的所有权登记至王某名下。2018年8月17日，王某与李某登记结婚，结婚3天后两人办理了离婚登记，双方在离婚协议书中约定，离婚后王某名下的该套经济适用房归李某所有。2018年8月24日，该套经济适用房的所有权转移登记至李某名下。之后，李某以房屋所有权人的身份要求邹某搬离该房，邹某才得知陈某的一系列操作，她拒绝腾退。

邹某认为，陈某虚构事实，骗取补办已经卖给自己的房屋的所有权证书，是违法行为；又通过与他人结婚、离婚的方式将该房的所有权先转移登记在王某名下后转移至李某名下，是恶意串通损害自己的合法权益。王某是外地人，其与陈某办理该经济适用房所有权变更时并不具备当地购房资质，因而她取得该房屋的所有权缺乏法律依据，也无权与李某约定转移该房屋所有权。李某同样也没有当地的购房资质。陈某、王某及李某均主张自己有结婚和离婚自由，离婚时双方就孩子抚养、财产分割等问题自愿达成协议，符合法律有关婚姻的规定，与邹某无关。邹某认为两份离婚协议均涉及对他人财产的处分，应当符合法律有关合同效力问题的规定，并非与其无关。

训练目标

通过实训，进一步掌握无效民事法律行为的法律规定，能够正确判断民事活动中各种行为的性质，能够正确处理相关民事纠纷。

完成以下工作任务：

（1）判断本案是否存在无效民事法律行为，准确把握恶意串通的判断标准。

（2）分析判断各个当事人的行为性质，正确处理当事人之间的民事争议。

训练方法

1. 收集相关资料，了解经济适用房和房屋所有权转移的有关规定，了解离婚协议的法律适用。

2. 课堂讨论。针对案例由教师或者学生提出问题，由学生自主进行探讨、论证，教师进行辅导、点评。

3. 角色模拟。学生分组，每组4~6人，分别模拟邹某、陈某、王某、李某和法官，根据案情提出各自主张，模拟纠纷的发生及解决的过程。

训练步骤

步骤1. 确认案例中有哪些民事法律关系，概括各方当事人在相关民事法律关系中的权利义务。

步骤2. 归纳当事人争议的焦点，列出各方主张所涉及的法律规范。

步骤 3. 判断各个当事人的行为在法律上的性质及可能导致的法律后果。

步骤 4. 确定解决当事人纠纷的途径。

步骤 5. 作出处理结果。

情境训练 可撤销民事法律行为的处理

情境案例

刘某与陈某是高中学生，同班同学，均未成年。一日课间休息，两人在教室里打闹，使用身体来回相撞，陈某突然撞袭，刘某猝不及防，被撞后身体向后倾倒撞到讲台桌角而受伤。班主任得知后马上将刘某送往医院治疗，经诊断，刘某脾破裂、急性弥漫性腹膜、肠梗阻。刘某入院后，陈某的父亲陈某庆向刘某的父亲刘某建赔礼道歉，表示愿意赔偿。双方签订了一份协议书，约定"由陈某家长一次性支付刘某家长医药费 3000 元，双方家长不再互相追究其他责任"，陈某庆当场将 3000 元交给刘某建。之后，刘某通过鉴定获知自身损伤构成六级伤残，虽经治疗也会有中等功能障碍，还可能有并发症，其在医院治疗已经花费了 10 867 元，后续的治疗和康复费用还需要至少 8 万元。刘某建要求陈某庆增加赔偿，陈某庆以双方在《协议书》中约定不再追究责任并且该协议已履行完毕为由予以拒绝。刘某建认为《协议书》内容显失公平，严重损害刘某的合法权益，《协议书》应当撤销，双方应就赔偿事宜重新协商。

训练目标

通过实训，进一步掌握可撤销民事法律行为的法律规定，能够正确判断民事活动中各种行为的性质，判断当事人的权利义务内容，能够正确处理相关民事纠纷。

完成以下工作任务：

（1）正确判断本案中是否存在可撤销的民事法律行为，把握显失公平的认定标准。

（2）准确列举相关法律事实，判断当事人的权利义务内容，正确处理双方争议。

训练方法

1. 收集相关资料，了解伤残等级的认定标准和赔偿依据。

2. 课堂讨论。针对案例由教师或者学生提出问题，由学生自主进行探讨、论证，教师进行辅导、点评。

3. 角色模拟。学生分组，每组 4~6 人，分别扮演刘某、刘某建和陈某、陈某庆及其他相关人员如律师、法官等，根据案情提出各自主张，模拟纠纷的发生及解决的过程。

训练步骤

步骤 1. 判断各当事人的行为在法律上的性质，确定当事人之间存在哪些民事法律关系。

步骤 2. 分析双方当事人协议书的内容及其法律效力。

步骤 3. 归纳当事人争议的焦点，对各自主张的正确性作出判断。

步骤 4. 分析当事人维护自身权益的途径及可能产生的结果。

步骤 5. 为当事人拟定解决争议的方案。

情境训练 效力待定民事法律行为的确认

情境案例

阿拓是一名 11 岁的小学生，暑假的时候用爸爸郑某的手机打游戏。阿拓和爸爸有个共用的微信号，这个号绑定了郑某的一张银行卡。阿拓有时要给同学发微信红包，每次数额都是 10 元以下，郑某觉得这算是孩子间的一种娱乐，就把微信支付的密码告诉了阿拓。2015 年 10 月底，郑某发现阿拓多次购买 QQ 游戏币，花光了该张银行卡上的 10 万元存款。原来阿拓沉迷于游戏，在 3 个月里多次通过微信支付购买游戏币以升级游戏装备。阿拓第一次买游戏币花了 78 元，后来每次都花 4700 多元，换来价值 5000 元的游戏币。郑某认为阿拓是未成年人，不知道网络游戏币和实际金钱的关联，其作为监护人不认可购买游戏币这些交易，要求把阿拓购买的游戏装备退回去，微信支付平台退还相关费用。

训练目标

通过实训，进一步掌握效力待定民事法律行为的法律规定，能够正确判断民事活动中各种行为的性质，能够正确处理相关民事纠纷。

完成以下工作任务：

（1）正确认识效力待定民事法律行为的类型，把握其认定标准。

（2）正确判断案例中有关行为是否为效力待定的民事法律行为，掌握正确的举证方法。

训练方法

针对案例由教师或者学生提出问题，由学生自主进行探讨、论证，教师进行辅导、点评。有不同观点的，可由学生组成若干小组，分组辩论，最后总结处理意见。

训练步骤

步骤 1. 判断案例中各当事人的民事行为能力及其民事活动范围。

步骤 2. 确定当事人争议的焦点。

步骤 3. 判断各当事人的行为在法律上的性质及可能导致的法律后果。

步骤 4. 列举当事人可以支持自己主张的法律事实。

项目三　代　理

王某因公司派其出国学习半年，遂将市场价值为 9000 元的笔记本电脑交其好友陈某保管。李某为陈某的同事，一日在陈某家见到该笔记本电脑非常喜欢，陈某告之该电脑为其朋友所有，因不喜欢电脑的样式欲出售。李某立即表示愿意购买，两人遂就价格、付款等问题进行协商。最后，谈妥价格为 6000 元，李某分三次付款，每月一次，每次付款 2000 元。当日，双方签订了转让该笔记本电脑的书面协议。协议还约定，李某付足 4000 元价款后，陈某应将电脑交付于李某。2 个月后，李某付清了 4000 元价款并从陈某处取走了电脑。此时王某回到国内，发现电脑已被陈某卖与李某，遂向李某索要电脑。

李某认为，陈某作为王某的代理人，与其签订的转让协议是有效合同，王某应向陈某索要 4000 元价款，并提出愿意将余款 2000 元直接交付给王某。王某否认陈某是其代理人，声称自己从未委托陈某出售电脑。经多次协商未果，王某遂向人民法院提起诉讼。

问题：

1. 陈某出售王某的电脑是否属于代理行为？

2. 王某是否有权要求李某返还电脑，其法律依据是什么？

一、代理概述

（一）代理的含义及特征

现代社会，一个人由于时间、知识、精力有限，不可能事事亲力亲为，客观上有他人帮忙做事的需要。而他人代为处理有关事务，从总体上来说，可以分为独立劳动与非独立劳动两种，后者事事需听从委托人的指挥，基本没有自己个人的独立意志。而前者中，委托人尽管对受托人有一定的指示，但大抵属于一种宏观的控制，在委托事项的范围内，受托人在授权的范围内往往可以根据自己的专业知识，为委托人的利益作出独立判断和决定。这就属于法律上的代理问题。

1. 代理的含义

代理，是指代理人以被代理人的名义进行民事活动，其产生的法律效果直接归属于被代理人。《民法典》第 161 条第 1 款规定，"民事主体可以通过代理人实施民事法律行为"，第 162 条规定，"代理人在代理权限内，以被代理人名义实施的民事法律行为，对被代理人发生效力"。简而言之，代理法律关系中涉及的主体有三方，即代理人、被代理人以及相对人，其中相对人是与代理人实施民事法律行为的民事主体。

在一个代理活动中，包含了三种法律关系：

（1）被代理人和代理人之间的关系。他们之间的关系有两方面，一是基础关系，解决被代理人授予代理人以代理权的原因，比如基于委托合同、雇佣合同等，其最主要的功能在于确定被代理人和代理人之间的权利和义务关系；二是授权关系，解决代理人代理权的表征问题，即使得代理人在第三人面前表明其是有代理权的，这种关系主要以授权委托书的形式表现出来。

（2）代理人和相对人之间的关系。在这一关系中，代理人要向相对人表明身份，在代理权限范围内，以被代理人的名义向相对人为意思表示或者接受意思表示。

（3）被代理人与相对人之间的关系。代理人在代理权限内以被代理人名义与相对人所实施的行为，其法律效果由被代理人承担。

2. 代理的特征

代理制度实际上是规定一个主体为另一个主体从事民事活动或者实施其他法律行为时所应遵循的规则，一般而言，代理的法律特征如下：

（1）代理人以被代理人的名义实施行为。按照《民法典》的规定，代理人在对外从事民事活动时，必须以被代理人的名义进行，也即通常所说的要表明自己的代理人身份，让相对人明白其实际上是在和被代理人这个主体产生法律关系，也只有这样，由此产生的法律效果才由被代理人承担。如果代理人以自己的名义从事民事活动，一般而言只能认为是代理人自己的行为，代理人将自己承担由此引起的法律效果。

（2）代理人在进行代理行为时，独立进行意思表示。从代理内容的角度来说，代理为一种表意行为，即代理人在进行代理行为时，必须作出意思表示。并且代理人在进行代理行为时，虽然法律规定其出发点是为了被代理人的利益，但是代理人在从事代理行为的过程中，不是机械地执行被代理人的意志，而是根据自己的知识，在授权的范围内独立作出意思表示，因此说代理行为本质上是属于反映代理人自己意志的行为。这一点是代理人与传达人的区别所在，传达人仅是转达委托人的意思表示的人。

（3）代理人在代理权限内实施代理行为。代理人虽然以被代理人的名义进行活动，但毕竟不是被代理人本人的行为。因此将代理人的行为控制在为被代理人利益的范畴内，一个非常重要的方面就是代理人必须在一定的权限范围内进行活动。法律对法定代理作出的限制规定在《民法典》第35条第1款，即"监护人除为维护被监护人利益外，不得处分被监护人的财产"。而在委托代理中，代理人的权限表现为授权委托书的规定，超出授权委托书的权限而为的行为属于无权代理的行为，除非经被代理人的追认或者特殊情形下构成表见代理外，由代理人本人承担相应的后果。

（4）代理行为的法律效果直接归于被代理人。根据《民法典》的规定，代理人以被代理人名义与第三人从事民事法律行为，由此产生的效果归属于被代理人。也就是说代理所产生的权利义务应当由被代理人承担，无论是有利的后果抑或是不利的后果，被代理人都必须承受。

代理适用于各种民事法律行为，诸如买卖、承揽、租赁、债务履行、接受继承等，均可以委托代理人代为办理。其他一些法律行为同样可以适用代理，包括房屋产权登记、法人登记、商标注册、专利申请等行政行为，税务登记、交纳税款等财政行为，民事诉讼等。当然，本教材的代理的概念表述属于民事代理的概念，其他特别法上的代理和程序法上的代理，除需具备民事代理的本质特征外，特别法或程序法本身也规定了特殊的规则，根据特别法优于一般法的原则，自然应当优先适用特殊的规则。

但是，依照法律规定、当事人约定或者民事法律行为的性质，应当由本人亲自实施的民事法律行为，不得代理。具体而言，以下两种行为，不得代理：①具有人身性质的行为，必须由本人的意思决定，比如立遗嘱、婚姻登记、收养子女等行为不得适用代理；②法律规定或者双方当事人约定应当由特定人亲自为之的，如某些与特定人身相关联的债务的履行（预约撰稿、演出、授课、讲演、特定的技术转让合同等）也不得适用代理。

（二）代理的分类

在民法学理论上，依据不同的标准，代理可以分成不同的种类：

1. 委托代理和法定代理

这是根据代理权产生的根据的不同所作的分类，也是法律上对代理最基本、最重要的分类。

委托代理是指根据被代理人的委托而进行的代理。委托代理人所享有的代理权，是被代理人授予的，所以又被称为授权代理或意定代理。委托代理的本质是基于被代理人的意思而享有代理权的代理类型，其意思一般表现为被代理人的授权行为。此外，也可能体现于被代理人和代理人之间的雇佣、委托等法律关系对代理人职权的确认，如《民法典》在第170条中对职务代理予以规范，该条第1款规定："执行法人或者非法人组织工作任务的人员，就其职权范围内的事项，以法人或者非法人组织的名义实施的民事法律行为，对法人或者非法人组织发生效力。"也就明确了职务代理是委托代理的一种特殊形式。其立法理由认为，职务代理是依据作为被代理人的法人或者非法人组织的意思而产生，故同样属于委托代理的一种。当然，此种委托代理与一般委托代理相比而言，其特殊性有两点：一是授权为概括性授与，对执行其工作任务之人，法人、非法人组织无须单独出具授权委托书，代理权的授与依据授与该人职权的行为即发生。二是代理权范围的概括性确定，职务代理的权限范围直接依据职权范围概括性地确定，而不像一般委托代理中授权行为需依据授权委托书个别、具体地确定。正因为如此，为保护相对人的利益及维护交易安全，《民法典》第170条第2款规定："法人或者非法人组织对执行其工作任务的人员职权范围的限制，不得对抗善意相对人。"

法定代理是指根据法律的直接规定而发生的代理。在法定代理中，代理人所享有的代理权是法律直接规定的，与被代理人的意志无关。法定代理主要是为无民事行为能力人和限制民事行为能力人的利益而设立的，其设立的依据是代理人与被代理人之间存在的血缘关系、婚姻关系等，其内容主要规定在《民法典》总则部分的自然人之监护章节中。

2. 单独代理和共同代理

这是以代理权是授予一人还是数人为标准进行的分类。单独代理中代理权仅授予一人。共同代理是指代理权授予二人以上的代理。共同代理除涉及代理人与被代理人的关系外，还涉及代理人内部之间的关系。在代理人为二人以上的情况下，各代理人的代理权限应在授权时明确规定每个代理人的代理事项及权限。如果法律或授权人没有特别规定，则应认为多数代理人为共同代理人，应当共同行使代理权。因此，每个代理人在进行代理事项范围内的活动时，应与其他代理人协商。如果未与其他代理人协商，其实施的行为侵害被代理人权益的，由实施行为的代理人承担民事责任。

除了以上两种分类外，依据代理权限范围的不同，可将代理分为一般代理和特别代理；根据代理权是直接授权产生还是转委托产生，可将代理分为本代理和复代理，其法律规则在本单元后面相应的部分有所阐述，这里暂不赘述。

二、代理关系的产生与消灭

（一）代理关系的产生

代理权是代理人以被代理人名义为法律行为的资格或者地位，此种资格在法定代理中是基于法律的规定而产生，在委托代理中是基于被代理人的授权行为而产生的。

1. 授权行为的性质

我国《民法典》对授权行为的性质并没有作出明确的法律规定。依通说，在委托代理中，授权行为是以发生代理权为目的的单方行为，仅有一方的意思表示就可以成立。授权行为主要是为了让相对人知晓被代理人的授权，从而使相对人明确其与代理人之间的法律行为的后果将由被代理人承担。所以授权行为只需有被代理人的单方意思表示即可，无需代理人及相对人的同意。

2. 授权行为的表现形式

如上所述，委托代理的授权来自于委托人的授权。这种授权行为在本质上也是一种法律行为，按照法律行为形式多元化的趋势，《民法典》对授权行为的表现形式也不作特别规定，其第165条规定："委托代理授权采用书面形式的，授权委托书应当载明代理人的姓名或者名称、代理事项、权限和期限，并由被代理人签名或者盖章。"从该规定可以推论，授权委托书可以采取书面形式和口头形式以及其他的形式。此外，在默示授权的场合，是根据被代理人的行为，在特殊情况下推定本人具有授权的意思。

根据上述第 165 条的规定，书面的授权委托书应当载明代理人的姓名或者名称、代理事项、权限和期间，并由被代理人签名或者盖章。应当注意的是，代理人的代理权限可分为一般代理和特别代理。一般代理的权限范围及于代理事项的全部，但一般情况下只涉及被代理人的基本权利或义务，实践中往往被有关当事人称为"全权代理""总委托"等，实际上代理人的权利是有限的。特别代理的权限则往往涉及被代理人重要的权利义务，如《民事诉讼法》第 59 条第 2 款规定，授权委托书必须记明委托事项和权限。诉讼代理人代为承认、放弃、变更诉讼请求，进行和解，提起反诉或者上诉，必须有委托人的特别授权。

知识链接

委托代理书

兹有_____（自然人姓名、性别、年龄、职业、住址/法人或其他组织名称、住所、法定代表人姓名）授权委托_____（自然人姓名、性别、年龄、职业、住址/法人或其他组织名称、住所、法定代表人姓名）代理下列活动：

（授权的范围和具体权限）

_____

_____

授权人：（签字或者盖章）_____

_____年_____月_____日

（二）代理关系的消灭

所谓代理关系的消灭，亦称为代理权的终止，是指代理人与被代理人之间代理关系的消灭。对于代理权消灭的原因，由于代理权产生的根据不同，其代理权消灭的原因也就各异。

1. 法定代理的终止原因

按照《民法典》第 175 条的规定，法定代理消灭的原因主要有：

（1）被代理人取得或者恢复完全民事行为能力。法定代理主要是为了保护无民事行为能力或者限制民事行为能力人的利益而设定的，如果被代理人已成年或者精神病人恢复精神健康等，则其设立的基础不复存在，代理权即应终止。

（2）代理人丧失民事行为能力。代理人在代理权限内要做出独立的意思表示，因此，代理人应当具备相应的行为能力。代理人丧失行为能力，将导致代理关系的终止。

（3）代理人或者被代理人死亡。无论是代理人还是被代理人死亡，法定代理的基础不再存在，代理权自然终止。

（4）法律规定的其他情形：法定代理的终止主要是基于客观的因素，这一兜底条款具有更大的包容性，能适应未来的立法情况，也给法官根据实际情况作出裁判留下一定的解释空间。

2. 委托代理的终止原因

根据《民法典》第 173 条的规定，委托代理可基于下列原因而终止：

（1）代理期限届满或者代理事务完成。代理期限是代理人被授予代理权的时间，在该期限内代理人享有代理权。超过该期限，如果被代理人没有延长期限，则不应当行使代理权。代理事务完成后，代理权就不具有存在的理由。在此情况下，代理人应当停止以被代理人的名义从事代理活动。

（2）被代理人取消委托或者代理人辞去委托。从某种意义上说，代理关系是基于被代理人和代理人之间的信任关系产生的，一旦基于某种原因使得双方的信任关系不复存在的话，应当允许双方当事人解除委托关系。因此，无论双方是否存在委托合同，在任何时候，被代理人都有权取消委托，代理人也可以辞去委托。从法律性质上来说，取消委托或者辞去委托都是一种单方行为，只需要以单方意思通知对方即可，而无需征得对方同意。

（3）代理人死亡或者丧失民事行为能力。其原因在法定代理中已阐述，这里不再赘述。

（4）被代理人的死亡或者作为被代理人的法人、非法人组织终止。这里应当注意的是，这种情形仅是发生代理的原则上的终止。按照《民法典》第 174 条第 1 款的规定，被代理人死亡后，有下列情形之一的，委托代理人实施的代理行为有效：①代理人不知道并且不应当知道被代理人死亡的；②被代理人的继承人予以承认的；③授权中明确代理权在代理事务完成时终止；④在被代理人死亡前已经实施、而在被代理人死亡后为了被代理人的继承人的利益继续完成的。同时，第 2 款规定，作为被代理人的法人、非法人组织终止的，参照适用前款的规定。

3. 代理权消灭的法律效果

代理关系消灭以后，代理权归于消灭。代理人无权以被代理人的名义继续进行代理活动。但是代理权消灭后，代理人应依据双方当事人约定或者按照法律规定，履行如下义务：

（1）及时报告代理事宜和移交财产。代理人在代理关系结束后，应就有关代理的事务和财产事宜，向被代理人及时报告和移交，妥善处理善后事宜。

（2）及时交回代理证书。代理证书是证明代理人有代理权的法律文件，在双方代理关系终止后，代理人应及时交回。

（3）履行忠实、保密等附随义务。尽管代理关系终止后，双方不复有法律上的关系，但代理人在履行代理事项的过程中，可能会获悉被代理人的不愿向他人透露的秘密。依据诚实信用原则，代理人应履行忠实、保密等义务，不得向他人泄露有关被代理人的秘密，不得利用被代理人的有关文件从事不正当的行为。

案例

石平科技公司曾委托陆某推销一种新技术产品，双方签有代理协议。由于代理业务进展的需要，石平科技公司向陆某出示了该新产品的技术图纸及其他相关资料，陆某将这些资料进行了拍照、复印。在双方的代理协议终止后，陆某与一乡镇企业联营，利用其所获得的石平科技公司新产品的技术图纸和资料生产相同的产品。石平科技公司发现后，遂以陆某为被告、以联营企业为第三人，向人民法院提起诉讼，要求联营企业立即停止生产、销售该项产品，要求陆某赔偿经济损失。法院经审理查明，陆某在其与石平科技公司的代理关系终止后未履行保密义务，构成侵权，依法判决原告石平科技公司胜诉。

三、代理权的行使

（一）代理权行使的原则

代理权的行使是指代理人在代理权限范围内，为实现被代理人所希望的利益而完成代理事务的一切活动。由于代理人在代理权限内以被代理人的名义所为的代理行为，其后果由被代理人承担。因此，为了维护被代理人的利益，实现代理制度的设立目的，法律对于代理人行使代理权的行为提出了相应的要求，具体表现在：

1. 代理人应当依法实施代理行为

根据《民法典》第167条的规定，代理人知道或者应当知道代理的事项违法仍然实施代理行为，或者被代理人知道或者应当知道代理人的代理行为违法未作反对表示的，由被代理人和代理人承担连带责任。

2. 代理人应当在代理权限范围内行使代理权

依照《民法典》的精神，代理人只有在授权范围内进行代理行为，其法律后果才由被代理人承担。代理人不得超越代理权范围以被代理人的名义实施代理行为，否则构成无权代理。

3. 代理人应当忠实地、勤勉地履行代理职责

代理人应为了委托人的利益，按照委托人的要求，在授权范围内积极、认真、有效地进行代理行为，如果由于代理人疏于职责而致使委托人遭受损失的，代理人应对委托人负赔偿责任。代理人不得从事任何有损于委托人利益的行为，这既是一般伦理的要求，又是法律规定的代理人的义务。代理人在为代理行为时应尽到一定的注意义务，而根据代理属于有偿或无偿，代理人所尽到的义务也并不相同。在无偿代理的情况下，代理人应当尽到与处理自己事务相同的所谓的"同一的注意义务"；而在有偿代理关系中，代理人应当负担善良管理人的注意义务，如造成被代理人损失则应当承担赔偿责任。

《民法典》第922条规定："受托人应当按照委托人的指示处理委托事务。需要变

更委托人指示的，应当经委托人同意；因情况紧急，难以和委托人取得联系的，受托人应当妥善处理委托事务，但是事后应当将该情况及时报告委托人。"代理人在代理过程中，原则上应当遵从委托人的指示。委托人的指示，是在代理过程中委托人以自己的意思干预代理人在代理权限范围内的意思表示的自由，由于代理的效果归属于委托人，且通常委托人更清楚后果对于自己的利害关系。因此，代理人应遵从委托人指示。但在法定代理的情况下，以及代理人有充足理由证明委托人的指示不利于其利益，且当委托人知道这种不利的存在时可以推定委托人不会为指示的场合下，应当解释为代理人不负担遵从委托人指示的义务，但应当得到委托人的事先同意或事后及时告知委托人。

4. 代理人原则上应当亲自完成代理事务

被代理人之所以选择代理人来完成有关事务，源于被代理人对代理人知识、专业或品行等方面的信任，因此，要实现被代理人的利益，原则上代理人应当亲自完成代理事务，而不得擅自转委托。

所谓转委托，是指代理人将其享有的代理权的全部或部分转委托给他人行使的行为。转委托又称转代理或复代理。在某些特殊的情况下，法律也允许转委托。根据《民法典》第169条的规定，转委托原则上应当取得被代理人的同意或者追认，但在紧急情况下代理人为了维护被代理人的利益需要转委托第三人代理的除外。如果经被代理人同意或追认，则被代理人就可以直接指示转委托的第三人，也即复代理人。代理人仅就该第三人的选任及对其对第三人的指示承担责任。如果转委托代理未经被代理人同意或追认，则代理人应当对转委托的第三人的行为承担责任。

（二）滥用代理权的禁止

在法律制度中，不仅要从正面规定代理人的行为规则，更为重要的是，为了维护被代理人的利益，对代理人的一些行为要作出限制或者禁止。一般而言，代理人在代理行为过程中，不得有下列行为：

1. 代理人不得为自己代理或双方代理

所谓自己代理，是指代理人以被代理人的名义与自己实施法律行为。所谓双方代理，又称同时代理，是指一个代理人以被代理人的名义与自己同时代理的其他人实施民事法律行为的情况，如在一个买卖合同中，代理人既作为卖方的代理人又作为买方的代理人的情况。

在交易中，当事人双方的利益总是互相冲突的，通过讨价还价，才能使双方的利益达到平衡。而由同一个人代表双方利益，可能会只反映了代理人一人的意志，难免顾此失彼，其存在的最大风险是代理人欺骗被代理人从中渔利。由于自己代理和双方代理不符合市场交易的基本原则，有可能会诱发道德风险，所以各国法律一般予以禁止。我国也遵循了这一国际的通行做法，在《民法典》第168条进行了明确规定，自己代理和双方代理行为是否无效，要做具体分析。如果自己代理和双方代理事先得到了当事人的同意或事后得到了其追认，法律承认其效力。如自己代理和双方代理未经当事人事先同意且事后未得到各方的追认，被代理人可因此而解除代理关系，如造成损失亦应由代理人承担责任。

2. 代理人不得与第三人恶意串通损害被代理人的利益

代理人和第三人串通，是指代理人和第三人通谋进行有非法目的的不正当的意思表示。因此，"串通"的一个显著特征是，双方都意识到意思表示有着不正当目的却有意追求，其目的往往是以损害被代理人的利益为代价来为自己谋取不正当利益，这完全违背了设定代理权的宗旨。因此，代理人与第三人之间的串通是不具有代理行为性质的共同侵权行为。

除收受约定的报酬外，代理人不得在其所进行的代理行为中谋取额外的利益，这是保证代理人能为被代理人的利益行事的重要机制。站在被代理人的立场，代理人在从事代理活动时，与第三人应该是站在对立的立场上，但代理人如果因为收受了好处，与第三人共谋侵犯被代理人的合法权益，则属于侵害被代理人权益的行为，是代理人滥用代理权的极端表现。《民法典》第 164 条第 2 款明确规定，代理人与相对人恶意串通，损害被代理人合法权益的，代理人和相对人应当承担连带责任。

四、无权代理

（一）无权代理的含义

所谓无权代理，是指没有代理权而以他人的名义进行代理活动的民事法律行为。代理人为被代理人进行代理活动时拥有代理权是代理行为有效成立的首要条件，无权代理虽然具备代理成立的其他要件，但唯独欠缺代理权这一根本要件。因此，代理人没有代理权却以"被代理人"的名义进行民事活动，在民法上就称之为无权代理。

无权代理有三种表现形式：①根本没有代理权的"代理"。即当事人实施代理行为，根本未获得被代理人的授权。②超越代理权的代理。即代理人虽然获得了被代理人的授权，但他实施的代理行为不在被代理人授权的范围之内，就其超越代理权限所实施的代理行为，成立无权代理。例如：甲厂委托乙某代理其向丙厂购买电视，并签订了授权委托书，乙某在完成代理事项后见空调市场前景不错，遂擅做主张以甲厂名义与丙厂订立了空调买卖合同，此时，乙某擅做主张与丙厂订立合同的行为就属于超越代理权的代理。③代理权终止以后所进行的代理。即代理人获得了被代理人的授权，但在代理证书所规定的期限届满后，代理人继续实施代理的行为，就其超过代理权存续期间所实施的代理行为成立无权代理。

应当注意的是，无权代理除了代理权存在瑕疵之外，其本身应是合法行为。

（二）无权代理的法律后果

根据《民法典》第 171 条的规定，没有代理权、超越代理权或者代理权终止后的行为，只有经过被代理人的追认，被代理人才承担相应义务；未经追认的行为，对被代理人不发生效力。由上述规定可以得出，无权代理的法律后果主要有：

1. 被代理人行使追认权，则无权代理变为有效代理，由被代理人承担相应的法律后果

从原则上来说，无权代理对"被代理人"是不发生法律效力的，但是如果"被代理人"认为无权代理行为符合自己愿望或者利益则可以追认。经追认以后，该项代理行为便对被代理人发生法律效力。这里的追认，既可以通过明示的方式，也可以通过作为的默示的方式，如《民法典》第503条规定，无权代理人以被代理人的名义订立合同，被代理人已经开始履行合同义务或者接受相对人履行的，视为对合同的追认。

被代理人进行追认，则无权代理转化为有权代理，产生与有权代理一样的法律效果；反之，若拒绝追认，则被代理人不需承担相应的义务。对第三人而言，其与无权代理人的有关交易的法律效力处于不确定的状态，这将有损第三人的利益。为解决这一问题，《民法典》第171条第2款规定，相对人可以催告被代理人自收到通知之日起30日内予以追认；被代理人未作表示的，视为拒绝追认；行为人实施的行为被追认前，善意相对人有撤销的权利。

2. 被代理人拒绝追认，则无权代理人应对善意相对人承担相应的法律后果

善意相对人不知道行为人为无权代理而被代理人拒绝追认，相对人的合法权益则受到损害。从规范市场交易、保护善意相对人出发，《民法典》第171条第3款规定，行为人实施的行为未被追认的，善意相对人有权请求行为人履行债务或者就其受到的损害请求行为人赔偿，但赔偿的范围不得超过被代理人追认时相对人所能获得的利益。

3. 被代理人拒绝追认，相对人与无权代理人按照各自过错承担责任

相对人知道或者应当知道行为人无权代理的，在被代理人拒绝追认的情况下，相对人和行为人按照各自的过错承担相应责任。

案例

2018年8月，沈某的女儿在沈某不知情的情况下替其立据向彭某借款50 000元，约定月利率为2%。此后经彭某多次追要，沈某于2019年初分别归还6000元和4000元，2020年5月归还10 000元，同年12月归还3000元。彭某追要余款无果，遂于2021年1月诉至法院请求依法判处。沈某答辩称其女向彭某借款并未经过他的同意，出于道义才向彭某返还部分借款。法院审理认为：被告沈某女儿以被告名义立据向原告借款应属无权代理，是效力待定的民事法律行为，原告依借据向被告追要借款本息时，被告没有表示否认，且已实际偿还了部分本息，应视为被告已追认其女儿的行为，故而被告应承担该行为的法律后果，偿还全部借款本息。

五、表见代理

(一) 表见代理的含义

所谓表见代理，是指代理人虽无代理权，但有可使相对人有理由相信其有代理权的事由，法律强使被代理人对无过错的相对人承担被代理人责任的一种特殊的无权代理。《民法典》第 172 条规定："行为人没有代理权、超越代理权或者代理权终止后，仍然实施代理行为，相对人有理由相信行为人有代理权的，代理行为有效。"表见代理从行为的性质上来看，属于无权代理的行为，但从法律效果来说，产生的是有权代理的效果，即被代理人不得否认该"代理行为"的效力，而是应当承担该"代理行为"的法律效果。

从表见代理的内涵上分析，首先，在外部关系上，当第三人主张代理行为的效力时，表见代理发生与正常的代理相同而且对等的法律效果，即代理人代理行为所设定的权利义务由被代理人承受，并在双方之间产生一种民事法律关系，其所产生的法律责任也一并由被代理人来负担，代理人因过失致第三人损害的，第三人有权请求被代理人予以赔偿。其次，在内部关系上，由于代理人与被代理人之间并不存在代理权的授予，当然也就不发生民事法律关系。需要说明的是，对于表见代理，被代理人无权主张该代理行为无效，以便保护第三人的合法权益不受侵犯。例如，张某系某公司的职工，负责业务的开展，后张某因故被公司开除，但张某仍持有该单位的盖章介绍信、合同书文本。那么，张某如果利用持有的文件以该单位的名义与第三人订立合同，即构成了表见代理。如果该单位主张合同无效，从法理分析，是不能成立的，因为第三人完全有理由相信张某有代理权。

(二) 表见代理的合理性分析

表见代理中，代理人在表象上是有代理权的，但从实质上来说，代理人无代理权。法律强制被代理人承担无权代理的法律后果，这似乎有悖常理。但是，在实际生活中，相对人对某人是否享有代理权、其代理权的范围如何，由于法律并未规定被代理人公示其代理人及其权限的义务，相对人往往只能凭代理人持有的授权委托书或基于被代理人的某些行为来判断。如果相对人判断失误，就存在一个无过失的相对人的信赖利益问题，这本质上关系到市场交易安全的问题。如果善意相对人的利益不受法律的保护，与代理人进行民事活动的相对人就会由于安全感的缺失而放弃交易的机会。所以，通过保护善意相对人的利益来维护代理制度的信用，增强代理制度的社会效益，就是表见代理制度价值所在。另一方面，相对人之所以相信代理人有代理权，在某些情形下往往是由被代理人的过失行为引起的，如解除委任后没有收回授权委托书，对代理人原来的代理权加以限制后没有通知相对人等。在这种情况下，为维护无过失的相对人的利益，让有过失的被代理人为表见代理人的无权代理承担责任，也是合理的。

（三）表见代理的构成要件

1. 表见代理应当符合代理的表面要件

表见代理中，代理人须以被代理人的名义进行活动，与相对人形成民事法律关系。表见代理作为代理的一种，它就应当符合代理的表面要件，否则，就不成为代理，而是行为人与相对人之间形成的民事法律关系，只对缔约双方存在法律效力，不涉及他人。

2. 代理人具有被授权的表象

无权代理之所以成为表见代理，是因为代理人具有被授权的表象。客观上须有使相对人相信表见代理人具有代理权的情形，并能使相对人在主观上形成该代理人不容置疑地具有代理权的认识，如本人的口头表示、借用的合同章、介绍信等，尽管代理人没有被实际授权，但任何一个正常的交易人能根据表象而得出代理人具有代理权的结论。

3. 相对人须为善意且无过错

相对人善意是指相对人不知道行为人没有代理权，相对人所处的客观条件也不能使其有较大可能获知行为人无代理权，并且相对人尽了努力去了解但仍不能发现行为人无代理权。此种情况下，相对人的权益应当予以保护。相对人明知代理人无权代理或者相对人与代理人串通，均不构成表见代理。因为在上述两种情况中，如果赋予了相对人向被代理人主张代理行为法律效果的权利，将在一定程度上损害被代理人的利益。要求相对人在客观上必须表现为无过失，以便更好地保护交易中处于弱势地位的被代理人的合法权益。

4. 被代理人对无权代理行为未予以追认

表见代理是在本人对无权代理行为不予追认的情况下产生的。无权代理人的代理行为在被认为表见代理前，首先是无权代理，如果本人在代理行为发生后，对该无权代理行为进行追认，自然构成有权代理。这样就没有必要审查是否构成表见代理。

5. 具备代理成立的有效条件

表见代理是有效代理，就必然要具备代理的其他生效要件。即行为人具有相应的民事行为能力，意思表示真实，内容不违背法律或社会公共利益。如果表见代理人与相对人之间的民事法律行为欠缺成立的有效条件，那么该行为从一开始就不产生法律效力，该行为也就没有约束被代理人的可能。

（四）表见代理的类型

根据《民法典》第172条的规定，理论上可将表见代理类型分为三种：即授权型表见代理、越权型表见代理及权限延续型表见代理。

1. 授权型表见代理

授权型表见代理即以自己的行为表示（可以明示，也可以默示）授予他人代理权，但却实际上未授予，或明知他人以自己的名义从事民事法律行为而不作否认表示造成相对人（即第三人）误以为行为人有代理权时，本人要对相对人承担实际授权人的责任。现实生活中有以下几种情况：

（1）本人以明示形式（即书面、口头）直接或间接地向相对人（即第三人）表示已经授权而实际上未授权，相对人依赖本人的表示而与行为人进行的交易行为。这种情况下，本人的意思表示可以是直接的，也可以是间接的；可以是口头的，也可以是书面的；相对人可以是特定的，也可以是不特定的。本人对于自己的授权，可以撤回，但应在相对人与"代理人"的民事活动成立之前撤回，撤回的通知应有效地到达相对人。

（2）将具有代理权证明的文书、印章交与他人，他人凭此以本人的名义从事民事活动，相对人对此信赖而进行的交易。这些文书或印章虽然不是授权委托书，但其与本人有密切联系，具有专用性，起着证明代理权的作用，善意相对人相信行为人有代理权而与之订立合同，构成表见代理。

2. 越权型表见代理

越权型表见代理可以称为超越代理权的表见代理。代理人的代理权，通常都有一定的限制，但这一限制不一定为相对人所知，如果表现在外的客观情况，能使善意相对人误以为行为人有代理权，与其为民事法律行为，就构成表见代理，由本人承担其后果，其有两种表现形式：

（1）本人虽对行为人的代理权作了某些限制，但未在委托授权书中说明，或者本人授予代理人一定的代理权，但事后又加以限制，代理人不顾其限制而按原来的代理权进行代理活动，对此相对人并不知情，此时应构成表见代理，由本人承担其后果。

（2）本人委托授权不明，而客观情况又能使善意相对人误信行为人有代理权，即使行为人的行为超越了本人意思的授权范围，也成立表见代理。

3. 权限延续型表见代理

这种类型指本人与代理人曾有代理关系，但代理权已经终止或撤回后，本人未及时向外部公示，相对人并不知情。其主要有两种情况：

（1）代理期间的届满或代理事务完成后的代理。本人应当在公示给第三人的授权委托书中载明代理期间及代理事务。如果本人没有作出明确记载，即使其与代理人对代理权消灭事由有过约定，只要第三人不知道这种情况，仍与代理人订立合同，则成立表见代理。

（2）本人撤回委托后的代理，这种撤回行为属于单方法律行为，撤回的通知送达代理人即发生法律效力。如果代理人仍代理民事法律行为，而相对人对撤回的事实不知情的话，则构成表见代理。

（五）表见代理的法律效果

表见代理作为无权代理的一种特殊形态，对不同的当事人而言，其法律效果是不一样的。

1. 对于被代理人而言，发生代理效力

如前所述，在表见代理中，尽管代理人无代理权，但基于维护交易安全的价值考虑，对第三人的信赖利益予以保护，被代理人不得否认表见代理行为的效力，对其发生的后果相当于有权代理的效果。

2. 对于相对人而言，既可主张无权代理，也可以主张表见代理

在司法实践中，处理表见代理的案件应坚持如下的原则：

（1）在外部关系上，当相对人主张代理行为的效力时，表见代理发生与正常代理同样的效果，即代理人代理行为所设定的权利、义务由本人承受。代理人因过错导致相对人损害的，相对人有权请求本人赔偿。

（2）在内部关系上，本人承受代理行为的法律效果后，如因此造成损失，有权向表见代理人索赔。

（3）对表见代理，本人不得主张无效，但相对人有权主张无效。代理行为因相对人撤回意思表示而无效后，其处理适用一般无权代理的有关规定。

（4）在诉讼中，主张无权代理有效的相对人应对自己的无过错负举证责任。[1]

案例

陆某是某市一套房屋的产权人，其儿子拿着他的印章、身份证和房屋产权证原件委托一家房产中介公司出售该套房屋。中介公司找到了买家徐某，陆某儿子遂拿着陆某的印章和徐某签了房屋买卖合同，并到房地产交易中心办理了房屋过户手续。2个月后，徐某要求入住房屋时，遭到陆某拒绝。陆某认为，自己的印章、身份证和房屋产权证是被儿子偷出去的，他对儿子的所作所为并不知情。双方在交涉无果的情况下，陆某起诉到法院，要求法院宣告房屋买卖合同无效。

法院经审理查明，徐某与陆某儿子签订的房屋买卖合同符合法律规定，在该房屋买卖中，陆某儿子拿出的陆某印章、身份证和房屋产权证都是真实的；陆某声称不知道儿子拿自己印章、身份证和房屋产权证签订买卖合同，但没有拿出证据予以证明。法院认为，即使陆某确实不知情，陆某儿子为无权代理，但存在足以让徐某相信其有代理权的事实，具备表见代理的构成要件，陆某应当承受该房屋买卖的后果。法院依法判决驳回陆某的诉讼请求。

引例分析

本案的焦点在于陈某出售王某电脑的行为是否构成代理。如构成代理或者表见代理，则陈某与李某签订的转让电脑协议有效，王某不能要求李某返还电脑。根据案情，王某仅委托陈某保管电脑，双方并无代理关系，陈某以王某名义出售电脑给李某，属

---

〔1〕 尹田："论'表见代理'"，载《政治与法律》1998年第6期。

于无权代理。王某得知实情后要求李某返还电脑，可见其对陈某的无权代理是拒绝追认的。而该电脑市场价值为 9000 元，陈某与李某谈妥的价格为 6000 元，转让价格不到市场交易价的 70%，属于以"明显不合理的低价"转让财产的行为，李某应当对陈某的"代理权"有合理怀疑（知道或者应当知道陈某没有代理权），因此李某并非善意的相对人，不具备表见代理的构成要件。陈某的无权代理行为不能产生有效代理的法律效果。依照《民法典》第 164 条第 2 款或者第 171 条第 4 款的规定，陈某和李某应当对王某承担连带责任（双方恶意串通情形）或按照各自的过错承担责任，王某有权要求李某返还电脑。

相关法律规范

1. 《中华人民共和国民法典》第 161~175、503、919~936 条。

2. 《中华人民共和国民事诉讼法》第 57~60 条。

3. 《最高人民法院关于适用〈中华人民共和国民事诉讼法〉的解释》第 62、71、83、86、89 条。

思考与练习

一、结合本项目原理，作出正确选择：

1. 甲委托乙代签合同，乙因病并征得甲同意后又委托丙代签合同，则乙丙之间为（　　）。

A. 共同代理　　　　　　　　B. 指定代理

C. 复代理　　　　　　　　　D. 法定代理

2. 下列各项中，不能当然引起委托代理关系终止的原因是（　　）。

A. 被代理人取消委托

B. 被代理人死亡

C. 代理人辞去委托

D. 代理人死亡

3. 王某，16 岁，高中学生。其外祖父去世时曾在遗嘱中指明，给王某 180 万元购买一处房屋，但未指定由谁来购买。王某的父亲便以王某的名义用该 180 万元买了一套商品房，下列论述中正确的是（　　）。

A. 王某的父亲所为的代理属于法定代理

B. 王某的父亲所为的代理属于委托代理

C. 王某的父亲所为的代理属于表见代理

D. 王某的父亲所为的代理属于无权代理

4. 刘某欣赏黄某的字画，打算委托吴某为其代理人，与黄某协商购买字画的事宜。刘某授权的意思（　　）。

A. 只能向吴某表示

B. 只能向黄某表示

C. 既可以向吴某表示，也可以向黄某表示

D. 需同时向吴某和黄某表示

5. 下列行为中，可适用代理的有（   ）。

A. 代理合同订立　　　　　　　B. 代理税款缴纳

C. 代理订立遗嘱　　　　　　　D. 代理专利申请

6. 下列行为中，不属于代理的是（   ）。

A. 甲有朋自远方来，甲不在，乙代甲招待客人

B. 甲为公司的董事长，甲以该公司的名义与乙公司签订合同

C. 甲为贸易商行，将乙委托自己出售的自行车以自己的名义卖给了丙

D. 甲将快递员送来的给乙的包裹交给乙

7. 许某委托宋某为自己的代理人，授权宋某代为购买一台冰箱，宋某亲自购买了一台冰箱。他们之间的代理关系属于（   ）。

A. 委托代理　　　　　　　　　B. 一般代理

C. 单独代理　　　　　　　　　D. 特别代理

8. 乙为矿工，甲灯具厂委托其为代理人在矿区出售矿灯。乙设立甲灯具厂矿灯销售处。因煤矿塌方，乙死亡。其子丙将剩余的矿灯继续以甲灯具厂的名义出售。对此，下列说法中，正确的有（   ）。

A. 丙为无权代理

B. 丙为转代理

C. 甲应直接承受丙出售矿灯行为的后果

D. 甲可以选择承受丙出售行为的后果，也可以不承受其出售行为的后果

二、结合本项目原理，分析以下案例：

1. 陈某为了让自己即将参加高考的儿子能够进入某高校学习，经人介绍与许某相识，许某承诺找其朋友帮忙。许某从陈某处取走 25 000 元人民币，双方口头约定由许某将其中的 20 000 元交予该高校具体帮忙的人员，以确保陈某之子能被该高校录取；另 5000 元作为许某的"辛苦费"；如陈某之子不能进入该高校，则 25 000 元如数退还。后因陈某之子的高考分数未达到该高校的录取最低分数线，入学的事没有办成，陈某遂向人民法院起诉，要求许某返还 25 000 元。

许某是否应当将 25 000 元返还给陈某？

☆思考方向

（1）分析陈某与许某是否有形成代理关系的意思表示。

（2）判断陈某与许某有关约定的内容是否合法。

2. 洛某有二子，大儿子洛某林 7 岁，二儿子洛某佳 2 岁。洛某有房屋两幢，一幢赠与洛某林、一幢赠与洛某佳，并已办理所有权移转登记。黄某委托洛某代为租赁房

屋，洛某即一方面代理洛某林与洛某佳，一方面代理黄某，订立了黄某与洛某林及黄某与洛某佳之租赁合同。

洛某与洛某林、洛某与洛某佳之间的房屋赠与是否有效？黄某与洛某林、黄某与洛某佳之间的租赁合同是否有效？

☆思考方向

（1）明确有关赠与的法律规定，洛某与洛某林、洛某与洛某佳之间的房屋赠与是否有效取决于是否具备合同的有效要件。

（2）判断洛某与洛某林、洛某佳之间以及与黄某之间的法律关系。

（3）分析洛某有关代理行为的法律性质，黄某与洛某林、黄某与洛某佳之间的租赁合同是否有效取决于其代理是否有效。

3. 李某委托向某某代为管理及处理其名下房屋的相关事宜，并出具《委托书》一份给向某某，注明"向某某就前述委托事宜所签署的相关法律文书，李某均予以认可并承担相应的法律责任，委托期限至办完委托事宜为止"。李某就前述委托在公证处进行了公证。此后，李某（甲方，向某某代理其签字）与孟某（乙方）签订了《房屋买卖合同》，约定李某将该房屋出售给孟某，总价款 329 800 元；当天乙方须向甲方支付定金 10 000 元，3 天后支付房款 100 000 元，于银行放款之日支付房款 219 800 元；甲方在收到第一笔房款后需将该房屋及其附属设施移交给乙方，同时结清水、电、气、电话、物管等费用。孟某按照合同约定将定金和第一笔房款交给向某某，向某某亦将该房屋交付孟某使用。孟某和向某某到房产交易部门办理过户手续，以便孟某办理银行按揭贷款，但房产交易中心以相关公证委托书中"委托向某某代为管理及处理房屋相关事宜"的委托事项中没有"出卖房屋"字样为由，不予办理过户手续，并要求李某本人签字或者法院判决或调解确认合同效力。孟某找李某签字，才得知在前述《房屋买卖合同》签订之前李某已经过世。孟某遂要求李某的继承人李某 1、李某 2 签字协助其办理过户手续，但李某 1、李某 2 拒绝签字，认为李某已经去世，向某某无权代理李某签订房屋买卖合同。

此案应当如何处理？

☆思考方向

（1）分析李某与向某某有关约定的法律性质，判断两人是否建立了代理关系。

（2）如果李某与向某某之间存在代理关系，李某死后，该代理关系是否随之消灭？

（3）孟某是否有权请求李某 1、李某 2 签字协助其办理过户手续？

情境训练 委托代理关系的确立与判断

情境案例

2020 年 10 月 12 日，甲市 A 粮油经销公司（以下简称"A 公司"）经理沈某，委托去乙市办事的 B 贸易商行（以下简称"B 商行"）经理刘某，将该公司的营业执照副本和盖有该公司合同专用章的空白合同转交给 A 公司驻乙市办事处的孙某。刘某到达乙市后，因孙某外出，转交未成。数日后，刘某得知乙市 C 粮油加工厂（以下简称"C 工厂"）欲购豆粕，便持 A 公司的营业执照副本和空白合同文本与 C 工厂签订了供给 1000 吨豆粕的合同。双方还约定，C 工厂在订立合同后 3 天内交付 10 万元定金；如 B 商行不能按时供给豆粕，应双倍返还定金。10 月 20 日，C 工厂将 10 万元定金汇入 B 商行的账户。此后，刘某组织货源不成，致使合同无法履行。C 工厂要求刘某双倍返还定金 20 万元。到 11 月末，B 商行只给 C 工厂定金款 12 万元。12 月中旬，B 商行倒闭，经理刘某下落不明。C 工厂便找到 A 公司，A 公司经理沈某以该合同非其公司人员订立为由拒绝承担责任，C 工厂遂向人民法院起诉，要求 A 公司返还定金 8 万元。

C 工厂诉称，刘某持有 A 公司的营业执照副本和盖有该公司合同专用章的空白合同，足以使其相信刘某有代理权，刘某以 A 公司名义签订合同构成表见代理，A 公司应当向 C 工厂承担被代理人的责任；20 万元定金刘某已经返还 12 万元，A 公司应当返还余下的 8 万元。

A 公司辩称，只有授权委托书才能证明刘某与 A 公司之间有无代理关系，刘某并未取得 A 公司委托授权，C 工厂与刘某签订合同时未尽注意的义务，上了刘某的当，应当自己承担相应后果。

训练目标

通过实训，使学生进一步理解代理制度，掌握形成代理关系的条件，能够正确判断代理行为的法律性质，正确处理涉及无权代理、表见代理的民事争议，学习授权委托书的制作。

完成以下工作任务：

（1）正确认识委托代理关系成立的条件，判断无权代理的具体情形及其可能产生的法律效果。

（2）制作授权委托书。

训练方法

1. 课堂讨论。针对案例由教师或者学生提出问题，由学生自主进行探讨、论证，教师进行辅导、点评。

2. 角色模拟。学生分组，每组 4~6 人，分别扮演刘某、C 工厂负责人和沈某，根据案情模拟刘某与 C 工厂签订合同、C 工厂要求 A 公司返还定金的过程。

训练步骤

步骤 1. 分析案例中各当事人之间是否存在民事法律关系。

步骤 2. 确认刘某与 C 工厂签订的合同的效力。

步骤 3. 判断 A 公司与刘某及 B 商行之间是否存在代理关系。

步骤 4. 判断 A 公司是否应承担向 C 工厂返还定金的责任。

步骤 5. 制作 A 公司委托刘某代为销售粮食的授权委托书。

拓展阅读

1. 王利明："法律行为制度的若干问题探讨"，载《中国法学》2003 年第 5 期。

2. 朱庆育："意思表示与法律行为"，载《比较法研究》2004 年第 1 期。

3. 董学立："论效力未定的法律属性"，载《法学论坛》2012 年第 6 期。

4. 耿卓："民事代理制度的新发展"，载《河北大学学报（哲学社会科学版）》2014 年第 1 期。

5. 宗鸣："民事法律行为与情谊行为之区别"，载《江苏法制报》2015 年 4 月 17 日。

6. 杨立新："《民法总则》规定的虚假民事法律行为的法律适用"，载《法律科学（西北政法大学学报）》2018 年第 1 期。

时效与期限

时效是指一定事实状态经过一定期间即产生一定法律效果的法律制度，包括取得时效和消灭时效。期限是指权利义务产生、变更和终止的时间，分为期日和期间。时效与期限都关涉民事权利及民事义务，民事主体在进行民事活动时应当注意法律的相关规定。我国现行立法中无取得时效制度，《民法典》确立了与消灭时效相当的诉讼时效制度，对期限也有较为详细的规定。

知识目标

1. 了解时效的种类，理解诉讼时效的含义及其制度意义。
2. 明确诉讼时效的分类，掌握诉讼时效期间的起算和计算方法。
3. 掌握诉讼时效中止和中断的法定事由及法律效果。

能力目标

1. 能够判断民事权利基于时间的变化而产生的不同法律效果。
2. 能够正确确定不同案件诉讼时效的起算点，准确计算诉讼时效期间。
3. 能够熟练适用时效中止和时效中断的法律规定。

项目一　时效

引例

甲公司与乙公司于 2015 年 4 月 10 日签订一份合同，约定由甲向乙供应一套设备并负责送货、安装，货款总额 300 万元。同年 6 月 10 日，甲公司将设备运抵乙方，设备安装后，调试运转正常。乙公司即付货款 280 万元，双方同意剩余 20 万元待设备运转3 个月后如果没有质量问题时再行支付。3 个月后，乙未向甲提出质量问题，甲去函要求乙支付余款 20 万元。乙以目前尚不能肯定设备有无质量问题为由，要求再等 3 个月。甲未允，去函要求乙方至迟到 2015 年 10 月 10 日前结清全部货款及迟延利息，乙未答复。此后 3 年内，双方未再就此事交涉。2019 年 5 月，甲公司清理合同时发现乙公司尚欠其 20 万元设备款，遂派人到乙公司追讨。经双方协商，于 2019 年 6 月 30 日达成书面协议，乙公司同意于 2019 年 10 月 30 日前付清所欠货款。至 10 月 30 日，乙公司仍未付清此款，甲公司遂起诉于法院。

甲公司能不能对 4 年前的欠款进行追讨？本案有没有超过诉讼时效？该如何处理？

基本理论

一、民事时效概述

（一）时效的含义

通说认为，时效是民法规定的一定事实状态经过一定期间即产生一定法律效果的法律制度。有关时效的规定是强制性规范，哪些事实状态、经过多长时间、产生什么法律效果，都由法律直接规定。在时效进行前及进行中，当事人均不能以约定排除时效规范的适用。

时效是导致民事法律关系发生、变更和消灭的法律事实，适用时效制度，当事人可取得一定的权利或使某种权利的效力发生减损。取得权利或权利效力减损并非基于当事人的自由意志，而是由法律规定的当事人在一定时间内为一定行为或不为一定行为的结果。

（二）时效的种类

时效依事实状态和法律效果的不同，可以分为两种：取得时效与消灭时效。

所谓取得时效，又称占有时效，是指无权占有人以行使所有权或其他财产权的意思公然、和平、持续地占有他人的财产，经过法律规定的期间，即依法取得该财产所有权或其他财产权的法律制度。取得时效起源于古罗马法。在近代，取得时效制度率先为法国的民法典所采纳，后来为大多数大陆法系国家采纳。1917 年后形成的社会主义法系各国基本上未采纳取得时效制度。

在取得时效中，决定取得时效制度的根本因素是公共利益和占有人利益而不是原所有权人利益。当占有人长期、合法、善意并且不中断地占有他人之物时，如果原所有权人怠于追索自己的物品，则出于公共利益考量，法律应当赋予占有人就该物享有所有权，从而避免影响进一步的经济流转。

所谓消灭时效，又称诉讼时效，是指权利人在法定期限内不行使权利，将导致其权利丧失或者法律将不予救济的制度。例如，甲欠乙一笔钱，到期未还，但乙不闻不问，这种状况持续一定期间后，乙便可能丧失请求甲还款的权利，或者行使该项权利难以得到法律的支持。

大陆法系国家中法国、奥地利、日本等国民法建立统一的时效制度，将取得时效和消灭时效一并规定。德国将取得时效与消灭时效分立，将取得时效规定于物权篇，将消灭时效规定于总则篇。我国于 1986 年颁布的《民法通则》和 2017 年颁布施行的《民法总则》以及 2020 年颁布的《民法典》均采纳了统一时效模式，只规定了消灭时效（诉讼时效）制度，取得时效制度至今尚无规定。

二、诉讼时效的含义及功能

诉讼时效是指权利人在法定期间内不行使权利即丧失请求人民法院依法保护其民事权利的法律制度。这里的"法定期间"即诉讼时效期间，权利人在该期间内有权请求人民法院保护其权利；一旦诉讼时效期间届满，权利人则不再享有请求人民法院保护的权利。

诉讼时效具有以下特征：

1. 诉讼时效属于消灭时效

诉讼时效完成仅消灭权利人的实体请求权。实体请求权是权利人取得胜诉的根据，又称胜诉权，诉讼时效一旦完成后，程序上的请求权并未消灭，但权利人丧失了通过诉讼获得救济的权利，其权利也不再受法院保护。但权利人仍有程序意义上的诉权，仍可依法向人民法院提起诉讼。

2. 诉讼时效具有强制性

它的强制性是指当事人既不能协议排除对诉讼时效的适用，也不得以协议变更诉讼时效期间。《民法典》第197条规定："诉讼时效的期间、计算方法以及中止、中断的事由由法律规定，当事人约定无效。当事人对诉讼时效利益的预先放弃无效。"这就意味着：①民法关于时效的规定不得由当事人依自由意思予以排除；②时效期间不得由当事人协议予以加长或者缩短；③时效利益不得由当事人预先予以抛弃。因此，当事人关于排除时效适用、变更时效期间或预先抛弃时效利益的约定，依法当然无效。

3. 诉讼时效具有普遍性

诉讼时效制度为普遍性规范，除法律有特别规定外，诉讼时效适用于各种民事法律关系。我国《民法典》第188条规定："向人民法院请求保护民事权利的诉讼时效期间为3年。法律另有规定的，依照其规定。"依此规定，除法律另有规定外，都应适用3年期间的诉讼时效。

诉讼时效具有维护社会秩序和交易安全的功能，主要体现在如下两个方面：

第一，督促权利人及时行使自己的权利，以维持社会的稳定。在社会生活中，一定的事实状态的继续必然会产生相应的法律秩序。在交易中，如果请求权人长期不向义务人主张权利，就会使义务人认为权利人已经放弃其请求权，这就会在社会中形成一种信赖利益，所以法律要通过时效制度来维护既定的财产秩序和交易秩序。如果经过相当长的时间，权利人行使权利将推翻既定的社会秩序，不利于法律秩序的稳定，所以有必要设立诉讼时效制度。

第二，有利于证据的收集和判断，节约司法资源，促进及时解决纠纷。因为有些事实可能年代已久远，一方长期没有提出请求，许多证据难以查找，年代越久远，讼累越重，如无时间限制，会造成原权利人举证负担沉重，现在的权利人也深受其影响，也会增加法院审判负担。

应当注意，诉讼时效与除斥期间在制度功能上有某些共同之处，但两者的适用不能混淆。除斥期间，亦称预定期间，是指法律预定或者当事人约定当一定期限届满时某种形成权消灭的期间；权利人在除斥期间内未行使权利的，期间届满时其权利消灭。诉讼时效与除斥期间都是对权利人行使权利进行时间限制，都起着督促权利人及时行使权利、保护社会法律关系稳定的作用，也都有期间届满将会导致某种特定权利消灭的法律效果。二者的区别主要有：

（1）适用对象不同。诉讼时效主要适用于债的请求权，如债权人请求债务人清偿债务；除斥期间则主要适用于形成权，如债权人的撤销权、合同当事人的解除权等。

（2）法律效果不同。虽然诉讼时效与除斥期间的法律后果都表现为某种权利的消灭，但是诉讼时效期间届满，义务人获得抗辩权，权利人仅丧失胜诉权，实体权利本身并不消灭，只是因丧失强制义务人履行的效力而转化为"自然债"；而除斥期间届满，权利人丧失形成权，即消灭的是实体权利本身。

（3）期间属性不同。诉讼时效为法定期间，不允许当事人自行约定或变更；除斥期间由法律直接规定，也可以由当事人自行约定。

（4）期间计算不同。诉讼时效的短期时效期间自权利人知道或者应当知道权利受到损害以及义务人之日起计算；最长时效期间自权利被侵害之日起计算，并且诉讼时效是可变期间，可因法定事由而中止、中断，例外情形下还可以延长。除斥期间一般自权利人知道或者应当知道权利产生之日起计算（法律另有规定的除外），至于权利人能否行使权利，一般不影响期间计算，因此不能适用中止和中断。

（5）法律功能不同。诉讼时效主要是为了惩罚让权利睡眠的权利人，故其目的是为了维护与原法律关系相对立的新的法律关系。而除斥期间则是从保护既存法律关系权利人权益的角度出发，是为了维持持续到现在的过去的法律关系。

（6）法院援引适用上的不同。对诉讼时效，人民法院既不能主动释明，也不能积极审查、主动援引，只能由当事人在诉讼中提出时效抗辩时加以援引适用。对除斥期间，则是由人民法院依职权予以援用，法院在作出裁判时必须依法审查，依除斥期间是否届满作出处理。

法条链接

《中华人民共和国民法典》

第一百九十二条　诉讼时效期间届满的，义务人可以提出不履行义务的抗辩。

诉讼时效期间届满后，义务人同意履行的，不得以诉讼时效期间届满为由抗辩；义务人已经自愿履行的，不得请求返还。

第一百九十三条　人民法院不得主动适用诉讼时效的规定。

第一百九十九条　法律规定或者当事人约定的撤销权、解除权等权利的存续期间，除法律另有规定外，自权利人知道或者应当知道权利产生之日起计算，不适用有关诉讼时效中止、中断和延长的规定。存续期间届满，撤销权、解除权等权利消灭。

第五百四十一条　撤销权自债权人知道或者应当知道撤销事由之日起一年内行使。自债务人的行为发生之日起五年内没有行使撤销权的，该撤销权消灭。

第五百六十四条　法律规定或者当事人约定解除权行使期限，期限届满当事人不行使的，该权利消灭。

法律没有规定或者当事人没有约定解除权行使期限，自解除权人知道或者应当知道解除事由之日起一年内不行使，或者经对方催告后在合理期限内不行使的，该权利消灭。

三、诉讼时效的适用范围

诉讼时效的适用范围，是指诉讼时效制度所适用的权利类型。诉讼时效制度适用的权利范围，涉及哪些权利因诉讼时效期间届满、义务人提出诉讼时效抗辩而不会得到法院保护的重大问题，对权利人的权利保护意义重大。该问题既是司法实务亟需规定的问题，又是争论较大的问题，各国的立法不尽一致：①规定为债权，如《瑞士债务法》；②债权及其他非所有权之财产权，如《日本民法典》；③请求权，如《德国民法典》。我国《民法典》则在第 196 条首次明确规定了不适用诉讼时效制度的情形，结合《最高人民法院关于审理民事案件适用诉讼时效制度若干问题的规定》（以下简称《适用诉讼时效制度规定》），我国诉讼时效制度不适用于支配权、抗辩权和形成权，主要适用于以下请求权：

1. 债权请求权

一般债权请求权适用诉讼时效，但支付存款本金及利息请求权和兑付国债、金融债券、向不特定对象发行的企业债券本息请求权以及基于投资关系产生的缴付出资请求权等债权请求权不适用诉讼时效。因为前两种请求权的实现关系到社会公共利益的保护，如果适用诉讼时效将使民众的切身利益受到损害；后一种请求权如果适用诉讼时效将有违公司资本充足原则，且不利于保护其他足额出资的股东及公司债权人的利益。

2. 继承回复请求权和受遗赠请求权

为了尽快确定财产继承关系，及时有效地保护继承人和受遗赠人的财产继承权，以利于维护交易安全，各国法律均专门规定保护继承回复请求权和受遗赠人取得移转遗赠物之请求权。当继承权受到不法侵害时，继承人有权直接向侵权人提出恢复继承权原状、返还遗产、赔偿损失或请求法院给予法律保护，强制侵权人恢复继承权未被侵害时的原状，返还被侵占的遗产或赔偿继承人遭受的损失。

3. 物权请求权之返还财产请求权

财产被他人非法占有，物权人应当在诉讼时效内行使返还财产请求权，但不动产物权和登记的动产物权的权利人行使返还财产请求权不受诉讼时效限制。

下列请求权则不适用诉讼时效制度：

（1）物权请求权之非财产性请求权，如请求停止侵害、排除妨害、消除危险、恢复原状等请求权。

（2）人格权上之非财产性请求权，如停止侵害、赔礼道歉、消除影响请求权。

（3）身份关系上之请求权，如离婚请求权、解除收养关系请求权、抚养费请求权、赡养费请求权、扶养费请求权。

（4）共有财产分割请求权。

（5）未授权给自然人、法人经营、管理的国家财产因受侵害而产生的请求权。

法条链接

《中华人民共和国民法典》

第一百九十六条　下列请求权不适用诉讼时效的规定：

（一）请求停止侵害、排除妨碍、消除危险；

（二）不动产物权和登记的动产物权的权利人请求返还财产；

（三）请求支付抚养费、赡养费或者扶养费；

（四）依法不适用诉讼时效的其他请求权。

第九百九十五条　人格权受到侵害的，受害人有权依照本法和其他法律的规定请求行为人承担民事责任。受害人的停止侵害、排除妨碍、消除危险、消除影响、恢复名誉、赔礼道歉请求权，不适用诉讼时效的规定。

第一千零一条　对自然人因婚姻家庭关系等产生的身份权利的保护，适用本法第一编、第五编和其他法律的相关规定；没有规定的，可以根据其性质参照适用本编人格权保护的有关规定。

《最高人民法院关于适用〈中华人民共和国公司法〉若干问题的规定（三）》

第十九条　公司股东未履行或者未全面履行出资义务或者抽逃出资，公司或者其他股东请求其向公司全面履行出资义务或者返还出资，被告股东以诉讼时效为由进行抗辩的，人民法院不予支持。

公司债权人的债权未过诉讼时效期间，其依照本规定第十三条第二款、第十四条第二款的规定请求未履行或者未全面履行出资义务或者抽逃出资的股东承担赔偿责任，被告股东以出资义务或者返还出资义务超过诉讼时效期间为由进行抗辩的，人民法院不予支持。

四、诉讼时效的效力

诉讼时效的效力，是指诉讼时效完成即诉讼时效期间届满而发生的法律效果。各国关于诉讼时效效力的立法有所不同。在我国，一般认为，诉讼时效期间届满，权利人丧失胜诉权，也就是说权利人因诉讼时效期间届满而丧失请求人民法院以国家强制力强制义务人来实现自己实体权利的权利。

关于诉讼时效的效力应注意以下几个方面：

1. 诉讼时效期间届满，权利人依然享有起诉权

我国《民事诉讼法》第119条规定的起诉条件包括：原告是与本案有直接利害关系的公民、法人和其他组织；有明确的被告；有具体的诉讼请求和事实、理由；属于人民法院受理民事诉讼的范围和受诉人民法院管辖。根据此条规定，不管权利人是否在诉讼时效期间内起诉，只要符合法定的起诉条件，人民法院就应当受理。《最高人民法院关于适用〈中华人民共和国民事诉讼法〉的解释》（以下简称《适用民诉法解释》）第219条明确规定，"当事人超过诉讼时效期间起诉的，人民法院应予受理"。

2. 诉讼时效期间届满，权利人起诉也仍有可能胜诉

民事诉讼的基本规则是"不告不理"，《民法典》第193条规定："人民法院不得主动适用诉讼时效的规定。"最高人民法院《适用诉讼时效制度规定》第2条规定："当事人未提出诉讼时效抗辩，人民法院不应对诉讼时效问题进行释明。"最高人民法院《适用民诉法解释》第219条也规定："受理后对方当事人提出诉讼时效抗辩，人民法院经审理认为抗辩事由成立的，判决驳回原告的诉讼请求。"如果对方当事人以超过诉讼时效为由请求驳回权利人的诉讼请求，经审查确认的，法院应当判决驳回权利人之诉求。如果对方当事人未提出时效抗辩，则法院不得仅以诉讼时效届满这一事实驳回起诉，也即权利人仍有可能胜诉。

3. 诉讼时效期间届满，权利人丧失胜诉权，但不因此丧失实体权利

法律规定的诉讼时效期间届满，人民法院对权利人的权利不再予以保护，但权利人的实体权利仍然存在，已过诉讼时效的债务转化为"自然债务"。根据《民法典》第192条的规定："诉讼时效期间届满后，义务人同意履行的，不得以诉讼时效期间届满为由抗辩，义务人已经自愿履行的，不得请求返还。"也就是说，诉讼时效期间届满后，义务人愿意履行的，权利人有权受领。义务人履行义务后，又以诉讼时效已经完成为理由而反悔，或主张权利人受领履行属于不当得利的，人民法院不予支持，权利人也可以予以拒绝。

4. 诉讼时效期间届满，主债权及从权利均不受法律保护

主债权因诉讼时效期间届满而丧失请求人民法院予以保护的权利时，人民法院对于权利人因主债权而取得的各种从权利，也不予以保护。例如主债权诉讼时效期间届满后，抵押权人的抵押权也不再受法律的强制保护。

5. 诉讼时效期间届满后，当事人重新确认原债权债务关系，诉讼时效重新计算

当事人在诉讼时效期间届满后就原债务达成新的协议，或者订立具体还款协议的，视为重新确认原债权债务关系，重新确认的债权债务关系受法律保护，因而重新起算诉讼时效期间。例如超过诉讼时效期间后，银行向借款人发出催收到期贷款的通知，债务人在通知单上签字或盖章的，应当视为对原债务的重新确认，重新计算诉讼时效。

因为诉讼时效的目的是督促权利人及时地行使权利，诉讼时效虽有可能使义务人不负责任的现象发生，但其目的并不在于保护义务人不承担责任。

五、诉讼时效期间的种类及起算

（一）诉讼时效期间的种类

诉讼时效期间是指权利人向人民法院请求保护其民事权利的法定期间。依适用范围的不同，诉讼时效期间可分为普通诉讼时效期间和特别诉讼时效期间。

1. 普通诉讼时效期间

普通诉讼时效期间，又称一般诉讼时效期间，指由民事基本法统一规定的，普遍适用于法律没有作特别规定的各种民事权利请求权的时效期间。对此各国立法规定不一，比如《法国环境法》规定的诉讼时效期间为 30 年，其他一般诉讼时效期间曾为 30 年，2008 年改为 5 年；日本规定债权请求权的时效期间为 10 年，其他财产权请求权的诉讼时效为 20 年。我国《民法典》第 188 条第 1 款规定："向人民法院请求保护民事权利的诉讼时效期间为 3 年。法律另有规定的，依照其规定。"这表明，我国民事诉讼的普通诉讼时效期间为 3 年。

值得注意的是，自 1987 年以来我国一直适用《民法通则》第 135 条的规定，普通诉讼时效期间为 2 年，直至 2017 年 10 月 1 日开始才适用《民法总则》规定的 3 年诉讼时效。这一立法上的变化是根据我国社会发展的需求与司法实践情况经过反复研究论证之后作出的，从制度上给予权利人更多保护，给义务人进一步的法律约束，有利于诚信社会的建立，更好地树立法律权威。《民法典》沿用了 3 年诉讼时效的规定，继续为权利人提供制度保护。

2. 特别诉讼时效期间

特别诉讼时效期间，是指法律规定仅适用于某些特定的民事请求权的诉讼时效期间。民事基本法、民事特别法均可规定特别诉讼时效期间。特别时效优于普通时效，也就是说，凡有特别时效规定的，适用特别时效，《民法典》188 条也规定了"法律另有规定的，依照其规定"。

特别诉讼时效期间可分为以下两种：

（1）短期诉讼时效。短期诉讼时效的期间短于普通诉讼时效期间，如我国曾于《民法通则》第 136 条规定了四种诉讼时效为 1 年的情形，包括：身体受到伤害要求赔偿的；出售质量不合格的商品未声明的；延付或者拒付租金的；寄存财物被丢失或者损毁的。《民法总则》没有单独规定这四种情形的诉讼时效。从法律的适用情况来看，短期时效不利于保护权利人；从立法发展的趋向上看，短期诉讼时效日渐减少是大势所趋。同样，《民法典》也没有规定短期诉讼时效，因此 1 年的诉讼时效在我国不再适用。

（2）长期诉讼时效。长期诉讼时效的期间超过普通诉讼时效期间。例如：《民法典》第 594 条规定国际货物买卖合同和技术进出口合同纠纷的诉讼时效期间为 4 年；《保险法》第 26 条第 2 款规定，人寿保险的被保险人或者受益人向保险人请求支付保险金的诉讼时效期间为 5 年，自其知道或者应当知道保险事故发生之日开始计算。

（二）诉讼时效期间的起算

诉讼时效期间起算点的确定，实际上与诉讼时效制度的立法目的有关。《民法典》第 188 条第 2 款规定："诉讼时效期间自权利人知道或者应当知道权利受到损害以及义务人之日起计算。"换言之，即自权利人"能够"行使权利之日起计算。这是请求人民法院保护其权利的基础，从这一时间点开始计算诉讼时效期间，符合诉讼时效是权利人请求法院保护权利的法定期间的宗旨。所谓"知道"，是指权利人已明确自己的权利被侵害，并且知道侵权人是谁；所谓"应当知道"，是指根据客观事实推定权利人能够知道权利被侵害和被何人侵害，即权利人即使主观上不明了自己权利已被侵害的事实，但客观上存在使其知道的条件，其对权利被侵害的不知情是因对自己的权利未尽必要的注意而造成的。这两个时间节点都是法律规定的诉讼时效的具体起算点。比如在借款合同关系中，明确约定了借款人应当在某年某月某日偿还借款，实际到了这一天借款人没有还款，这个还款到期之日就属于"权利人知道"的日期，也属于原告诉讼时效起算的日期。另外需要特别注意的是，《民法典》第 201 条第 1 款规定："按照年、月、日计算期间的，开始的当日不计入，自下一日开始计算。"据此，诉讼时效期间的计算是从法律规定的起算点的次日开始的。

因此，我国法律对诉讼时效期间起点的计算采用的是主客观相结合的方式。这一规定要求权利人行使权利的要件包括：①客观上权利受到侵害；②主观上权利人知道或应当知道权利被侵害；③权利人有行使权利的可能，即知道或应知道侵害人是谁。

由于各种民事法律关系的性质不同，权利人应当知道其权利被侵害的时间也不完全相同，因此，对于诉讼时效期间的起算时间，在实践中还应区分不同具体情况而确定。《民法典》第 189 条规定："当事人约定同一债务分期履行的，诉讼时效期间自最后一期履行期限届满之日起计算。"第 190 条规定："无民事行为能力人或者限制民事行为能力人对其法定代理人的请求权的诉讼时效期间，自该法定代理终止之日起计算。"第 191 条规定："未成年人遭受性侵害的损害赔偿请求权的诉讼时效期间，自受害人年满 18 周岁之日起计算。"其中第 191 条关于未成年人受到性侵害案件的民事诉讼时效期间起算规则更是时效立法上的重大突破。受我国社会传统观念影响，不少遭受性侵害的未成年人及其监护人不愿、不敢公开寻求法律保护；受害人成年后自己寻求法律救济，却往往已超过诉讼时效期间。这种困境因《民法典》第 191 条而改变了。如果儿童期遭遇了性侵害，那么即便当时没有主张自己的权利、追究侵权人的责任，年满 18 周岁后仍可以要求侵权人承担民事责任。

除上述规定外，还应当注意以下几种情形的时效期间起算规则：

（1）人身损害，伤害明显的，从受伤害且知道义务人之日起计算；伤害当时未曾发现，后经检查确诊并能证明是由侵害引起的，从伤势确诊且知道义务人之日起计算。

（2）有约定履行期限的债务，诉讼时效期间从履行期限到来之日起算。未约定履行期限的债务，依照《民法典》第510条与第511条可以确定履行期限的，从履行期限届满之日起计算；不能确定履行期限的，从债权人要求债务人履行义务的宽限期届满之日起计算；但债务人在债权人第一次向其主张权利之时明确表示不履行义务的，从债务人明确表示不履行义务之日起计算。

（3）可撤销的合同被撤销后，请求返还不当得利、承担缔约过失责任的3年诉讼时效期间从合同被撤销之日起计算。

（4）侵权行为具有持续性的，从侵权行为实施终了之日起计算。

（5）请求他人不作为的债权请求权，从义务人违反不作为义务之日起计算。

案例

张甲（哥哥）因患病成为无民事行为能力人后，法院于2017年6月1日指定张乙（张甲的弟弟）为张甲的法定监护人。2019年3月1日，张乙因生气将张甲打成重伤，2020年4月1日，法院重新指定张丙（张甲的妹妹）为张甲的法定监护人。这个例子适用《民法典》第190条的规定，张甲因于2019年3月1日遭受人身伤害而对张乙享有的侵权损害赔偿请求权的3年诉讼时效期间，自张甲、张乙间的法定代理关系终止之日（2020年4月1日）开始计算。

（三）权利的最长保护期限

《民法典》第188条第2款规定："诉讼时效期间自权利人知道或者应当知道权利受到损害以及义务人之日起计算。法律另有规定的，依照其规定。但是自权利受到损害之日起超过20年的，人民法院不予保护；有特殊情况的，人民法院可以根据权利人的申请决定延长。"条款中的"20年"并非诉讼时效期间，而是对民事权利的最长保护期限。也就是说，从权利被侵害之日起20年内，权利人不知道或不可能知道权利被侵害，20年后才知道权利被侵害，才向人民法院提起诉讼的，人民法院将不予保护。因此，权利人只有在最长保护期间内起诉，才有可能获得司法保护；从权利被侵害之日起满20年权利人才提起诉讼，是不能胜诉的。

设置最长权利保护期限，目的在于克服诉讼时效制度可能导致的无限期保护权利的缺点。这一最长保护期限必须连续计算，因此不适用时效中止或时效中断，但可以适用诉讼时效延长的规定。

⬛⬛⬛ **案例**

曹某于 1998 年 2 月向杜某借款 3.5 万元，约定 1 年后还款。2 个月后杜某突发心脏病死亡，其遗产由儿子杜小明和女儿杜小梅依法继承，但杜小梅并不知晓杜某与曹某之间的债权债务关系。1999 年 2 月底，曹某将该项借款的本金和利息交给杜小明，杜小明没有告诉杜小梅。2019 年 8 月，杜小梅与曹某拉家常时才得知杜小明私吞了该笔遗产，遂要求哥哥将该款项的一半及 20 年来的利息还给自己，遭到杜小明拒绝。杜小梅愤而起诉，请求人民法院维护自己的继承权。法院经审理后认定，杜小梅取得杜某有关遗产的权利确实为杜小明所侵害，但其权利被侵害已经超过 20 年，已过法律规定的最长保护期间，因此判决驳回杜小梅的诉讼请求。

六、诉讼时效的中止

（一）诉讼时效中止的含义

诉讼时效期间的中止，也称"诉讼时效期间不完成"，指在诉讼时效期间进行中，因发生一定的法定事由使权利人不能行使请求权，暂时停止计算诉讼时效期间，待阻碍时效期间进行的法定事由消除后，继续进行诉讼时效期间的计算。

诉讼时效制度的设立目的在于使怠于行使权利者承担不利后果，但权利人不行使权利并非出于怠惰，而是因为不得已的事由时，使权利人承担与怠于行使权利者同样的不利后果，未免失之不公。因此时效立法中应当设有中止制度，以求衡平。我国《民法典》在其第 194 条对时效中止作出了规定。

（二）诉讼时效中止的适用条件

根据《民法典》第 194 条第 1 款的规定，诉讼时效期间中止的适用条件主要包括：

1. 须存在中止的法定事由

法定事由一是不可抗力，即不能预见、不能避免并不能克服的客观情况；二是无民事行为能力人或者限制民事行为能力人没有法定代理人，或者法定代理人死亡、丧失民事行为能力、丧失代理权；三是继承开始后未确定继承人或者遗产管理人；四是权利人被义务人或者其他人控制；五是其他导致权利人不能行使请求权的障碍，如夫妻之间或者家庭成员之间的请求权。

2. 法定事由必须发生在时效期间的最后 6 个月

包括法定事由在期间最后 6 个月内发生和在最后 6 个月之前发生而延续至最后 6 个月内两种情况，因为此时发生中止事由，可能会导致权利人没有足够的时间去行使权利，而中止事由在最后 6 个月之前的期间发生并且未延续至最后 6 个月的，权利人还有足够的时间去行使权利。

（三）诉讼时效中止的法律效力

诉讼时效期间中止的效力在于使时效暂停计算，待中止的原因消灭后，即权利人能够行使其请求权时，再继续计算时效期间。《民法典》第 194 条第 2 款规定："自中止时效的原因消除之日起满 6 个月，诉讼时效期间届满。"这就意味着诉讼时效期间中止后，中止的期间不计入时效期间内，待中止事由消除后，自消除之日起顺延 6 个月，诉讼时效期间才届满。即待中止时效的原因消除之日起，剩余期间不足 6 个月的补足 6 个月，一律继续计算 6 个月的时效期间。

案例

甲、乙婚后购买一套房屋，登记在甲名下。为了偿还所负的赌债，未经乙同意，甲谎称该房屋为己有，以市价出卖给不知情的丙并办理过户登记。乙很快得知此事，但因孩子年幼，乙未理会此事。5 年后甲、乙离婚，乙立即诉请甲就其 5 年前擅自处分房屋的行为承担损害赔偿责任。

甲认为乙对其提起诉讼请求已经超过时效期间。法院认为，甲擅自处分夫妻共有财产，致丙善意取得房屋所有权，甲侵害了乙的所有权，乙有权请求甲承担侵权损害赔偿责任，诉讼时效期间为 3 年，自乙知道或者应当知道甲侵害自己权利之日起计算；但在甲乙婚姻关系存续期间，乙对甲主张侵权损害赔偿存在客观障碍，构成时效中止的法定事由，直到甲乙离婚之日该客观障碍才消除，继续计算时效期间 6 个月。因此，乙对甲行使侵权损害赔偿请求权并未超过时效期间。甲擅自处分共同共有的房屋造成乙的损失，离婚时乙请求甲赔偿损失，法院予以支持。

七、诉讼时效的中断

（一）诉讼时效中断的含义

诉讼时效期间的中断，是指在诉讼时效期间进行中，因发生一定的法定事由，致使此前已经过的时效期间全归无效，待该法定事由消除后，诉讼时效期间重新计算的制度。

（二）诉讼时效中断的适用条件

根据《民法典》第 195 条的规定，中断诉讼时效的事由包括权利人一方提出履行请求或者义务人同意履行义务；权利人提起诉讼或者申请仲裁；或者与提起诉讼或者申请仲裁具有同等效力的其他情形。

这些事由区别于中止诉讼时效的事由，都是依当事人主观意志而实施的行为。诉讼时效的目的是促使权利人行使请求权，消除权利义务关系的不稳定状态，因而诉讼时效进行的条件是权利人不行使权利，如果当事人通过实施上述行为，使权利义务关系重新明确，则诉讼时效已无继续计算的意义，当然应予以中断。

1. 权利人向义务人提出履行请求

权利人直接向义务人作出请求履行义务的意思表示，是权利人在诉讼程序外向义务人行使请求权，是其行使权利的行为，不符合诉讼时效制度不保护怠于行使权利者的宗旨，因而使诉讼时效期间中断。

根据《适用诉讼时效制度规定》第8条的规定，下列情形均可产生诉讼时效中断的效力：①当事人一方直接向对方当事人送交主张权利文书，对方当事人在文书上签字、盖章、按指印或者虽未签字、盖章、按指印但能够以其他方式证明该文书到达对方当事人的；②当事人一方以发送信件或者数据电文方式主张权利，信件或者数据电文到达或者应当到达对方当事人的；③当事人一方为金融机构，依照法律规定或者当事人约定从对方当事人账户中扣收欠款本息的；④当事人一方下落不明，对方当事人在国家级或者下落不明的当事人一方住所地的省级有影响的媒体上刊登具有主张权利内容的公告的，但法律和司法解释另有特别规定的，适用其规定。

2. 义务人同意履行义务

义务人在诉讼时效进行中直接向权利人作出同意履行义务的意思表示，可产生诉讼时效中断的效力。基于义务人认诺所承担的义务，使双方当事人之间的权利义务关系重新得以明确，诉讼时效自此中断。义务人对权利人的认诺表示，可以各种方式作出，以口头或书面方式对权利人或其代理人作出通知、请求延期给付、提供担保、支付利息或租金、清偿部分债务等义务人的行为，在法律上均可构成。

3. 权利人提起诉讼或申请仲裁

权利人依诉讼程序主张权利，请求人民法院或仲裁机关强制义务人履行义务。"提起诉讼或申请仲裁"是权利人请求法院或仲裁机关这一国家机关运用公权力对其权利进行保护的公力救济方式。它表明权利人正在积极地行使自己的权利，使诉讼时效失去了适用理由，因而使诉讼时效期间中断。故各国立法均将"提起诉讼或申请仲裁"作为诉讼时效中断的法定事由。

应当注意的是，如果权利人因起诉不合法被法院驳回的，不构成提起诉讼，则不能使诉讼时效期间中断。但起诉后撤诉的，应区别对待，起诉书副本尚未送达被告的，不应中断诉讼时效期间；如果已经送达，应按当事人主张权利处理，可作中断事由。

4. 与提起诉讼或者申请仲裁具有同等效力的其他情形

下列情形与提起诉讼、申请仲裁具有同等效力，可引起诉讼时效中断：①申请支付令；②申请破产、申报破产债权；③为主张权利而申请宣告义务人失踪或死亡；④申请诉前财产保全、诉前临时禁令等诉前措施；⑤申请强制执行；⑥申请追加当事人或者被通知参加诉讼；⑦在诉讼中主张抵销。

权利人向人民调解委员会以及其他依法有权解决相关民事纠纷的国家机关、事业单位、社会团体等社会组织提出保护相应民事权利的请求；或者向公安机关、人民检察院、人民法院报案或者控告，请求保护其民事权利，亦与提起诉讼、申请仲裁有同等效力，可引起诉讼时效的中断。

（三）诉讼时效中断的法律效力

对于中断时效的效力，各国的规定大致相同。分为对时效和对人两种效力。对时效的效力是指中断事由发生前，已经经过的时效期间全归无效；中断事由存续期间，时效不进行；自中断事由终止时起，时效重新开始进行。对人的效力是指时效中断的效力只对当事人、继承人、受让人有效。诉讼时效中断后，出现新的中断事由可以引起诉讼时效再次中断，但要受 20 年最长诉讼时效的限制。

关于在"提起诉讼"的情形下，诉讼时效期间应从何时中断，理论界存在争议，分别有从当事人向法院提起诉讼之日、人民法院受理之日和起诉状副本送达义务人之日中断三种观点。《适用诉讼时效制度规定》第 10 条规定，当事人一方向人民法院提交起诉状或者口头起诉的，诉讼时效期间从提交起诉状或者口头起诉之日起中断。因为权利人以"提起诉讼"的方式主张权利的，由于其请求保护权利的对象为法院，故只要其向法院提交起诉材料或者口头起诉，就应认定其向法院提出了权利主张，诉讼时效中断，而无需等待法院受理。

权利人向有权解决民事纠纷的国家机关、事业单位、社会团体提出保护相应民事权利的请求，诉讼时效从提出请求之日起中断。权利人向公安机关、人民检察院、人民法院报案或者控告，请求保护的，诉讼时效从其报案或者控告之日起中断。上述机关决定不立案、撤销案件、不起诉的，诉讼时效期间从权利人知道或者应当知道不立案、撤销案件或者不起诉之日起重新计算；刑事案件进入审理阶段，诉讼时效期间从刑事裁判文书生效之日起重新计算。

（四）诉讼时效中止与中断的比较

诉讼时效期间中止与中断是两种不同的法律制度，其区别主要表现如下：

（1）发生的事由不同。中止的法定事由出自当事人的主观意志所不能决定的事实；中断的法定事由为当事人的主观意志所能左右的事实。

（2）发生的时间不同。中止只能发生在时效期间届满前的最后 6 个月内；中断可发生于时效期间内的任何时间。

（3）法律效果不同。中止不将中止事由发生的时间计入时效期间，中止事由发生前后经过的时效期间合并计算为总的时效期间；而中断于中断事由发生后，已经经过的时效期间全部作废，重新开始计算时效期间。

八、诉讼时效期间的延长

诉讼时效期间的延长，是指法院对已经完成的诉讼时效期间延长其期限，仍对权利人的权利予以保护的制度。通常时效期间届满后，权利人向法院要求保护权利的，法院不予支持。但有的权利人在诉讼时效期间内未能行使权利确有正当原因，而中止和中断的事由倾向于采取法定主义，不可能包罗所有使权利人不能及时行使权利的事由，因此各国民事立法上多有诉讼时效延长的规定，由法官行使自由裁量权以弥补立法列举规定的不足。《民法典》第 188 条规定，有特殊情况的，人民法院可延长诉讼时效期间。

诉讼时效期间延长的条件包括：

（1）诉讼时效期间已经完成。

（2）权利人在诉讼时效期间未行使权利确有正当理由。

（3）是否延长由人民法院决定。《民法典》第 188 条规定"可以"延长，而不是"必须"延长，即为由法院自由裁量；"特殊情况"也有限制，所谓特殊情况必须是指权利人由于客观的障碍在诉讼时效期间不能行使请求权的情况，如不可抗力、客观障碍、国家民族分裂等。

（4）延长期间必须适当。需注意的是，法院对什么是"客观障碍"以及可以延长多少时效期间是享有很大的自由裁量权的，在司法实践中容易被操作，同时也容易产生违背法律公正的现象，有必要对其进一步的完善。

引例分析

本案的关键在于确定诉讼时效的起止时间。我国《民法通则》《民法总则》都对诉讼时效作出过规定。根据相关法律规定，甲乙两公司的纠纷适用普通诉讼时效。普通诉讼时效《民法通则》规定为 2 年，《民法总则》规定为 3 年。乙公司尚未支付的 20 万元余款在甲、乙双方合同约定的截止时间——2015 年 10 月 10 日前应予付清，在此日期届至时乙未向甲付款，诉讼时效开始计算，按照当时施行的《民法通则》的规定，该诉讼时效期间从 2015 年 10 月 11 日始至 2017 年 10 月 10 日止。但 2017 年 10 月 1 日适逢《民法总则》开始实施，因此其诉讼时效期间延长至 2018 年 10 月 10 日。如果甲乙双方的交涉仅限于此，则本案的诉讼时效在甲提起诉讼时已经超过，但是作为权利人甲丧失的仅仅是一定程度上的诉权，实体上的权利并不因此而消灭，甲仍然有权要求乙清偿债权，乙也有义务清偿。双方在诉讼时效届满之后又达成协议，乙公司同意于 2019 年 10 月 30 日前付清所欠货款，根据最高人民法院相关批复，这应视为债务人对原债务的重新确认，该债权债务关系应受法律保护，诉讼时效重新计算，根据《民法典》的规定，其诉讼时效期间从 2019 年 10 月 31 日开始至 2022 年 10 月 30 日截止。法院应予受理，并支持原告的诉讼请求。

相关法律规范

1. 《中华人民共和国民法典》第 152、188~199、541、564、995 条。

2. 《中华人民共和国民事诉讼法》第 239 条。

3. 《最高人民法院关于审理民事案件适用诉讼时效制度若干问题的规定》（2008 年 8 月 21 日发布，2020 年 12 月 29 日修正）。

4. 《最高人民法院关于适用〈中华人民共和国民事诉讼法〉的解释》第 219 条。

思考与练习

一、结合本项目原理，作出正确选择：

1. 关于诉讼时效的表述，下列哪些选项是正确的？（　　　）

A. 当事人可以对债权请求权提出诉讼时效抗辩，但法律规定的有些债权请求权不适用诉讼时效的规定

B. 当事人不能约定延长或缩短诉讼时效期间，也不能预先放弃诉讼时效利益

C. 当事人未提出诉讼时效抗辩的，法院不应对诉讼时效问题进行阐明及主动适用诉讼时效的规定进行裁判

D. 当事人在一审、二审期间都可以提出诉讼时效抗辩

2. 祝某于 2016 年 10 月 2 日因过失致马某人身伤害，造成马某损失 5000 元。祝某无力赔偿，马某也未主动请求祝某赔偿。祝某外出打工，赚了一些钱，2020 年 4 月 1 日主动向马某支付了 2000 元作为赔偿金。后来祝某得知马某的赔偿请求权已过诉讼时效，则（　　　）。

A. 祝某有权要求马某返还 2000 元赔偿金

B. 马某接受 2000 元属于不当得利

C. 马某有权接受 2000 元，祝某无权请求返还

D. 马某无权接受，该 2000 元应收归国家或集体所有

3. 下列有关期间的立法表述中，属于除斥期间规定的有（　　　）。

A. 限制民事行为能力人订立的合同中，相对人可以催告法定代理人自收到通知之日起 30 日内予以追认

B. 因重大误解订立合同的撤销权，自权利人知道或者应当知道撤销事由之日起 90 日内行使

C. 赠与人的继承人对赠与的撤销权，自知道或者应当知道撤销原因之日起 6 个月内行使

D. 租赁期间不得超过 20 年，超过 20 年的，超过部分无效

4、甲 8 周岁，多次在国际钢琴大赛中获奖，并获得大量奖金。甲的父母乙、丙为了甲的利益，考虑到甲的奖金存放银行增值有限，遂将奖金全部购买了股票，但恰遇股市暴跌，甲的奖金损失过半。关于乙、丙的行为，下列哪些说法是正确的？（　　　）

A. 甲应当在 3 年内要求乙、丙赔偿损失

B. 乙、丙的行为是管理被监护人财产，无须承担责任

C. 甲可以在其与乙丙的法定代理关系终止之日起 3 年内起诉

D. 如主张赔偿，甲对父母的诉讼时效期间待其成年后开始计算

5. 2001 年 3 月 1 日晚张某被人打成重伤。经过长时间的访查，张某于 2020 年 6 月 30 日掌握确凿的证据证明将其打伤的是李某。张某应在哪个日期之前向李某提出赔偿

的请求才能得到人民法院的支持？（　　　）

  A. 2001 年 3 月 1 日   B. 2020 年 6 月 30 日

  C. 2023 年 6 月 30 日   D. 2021 年 3 月 1 日

  6. 甲家的玻璃窗 2016 年 9 月 30 日被人打破，但直至 2016 年 10 月 23 日甲才得知是乙踢球时不小心砸破的。2019 年 8 月 5 日甲所在地发生地震，一直到 8 月 14 日才与外界取得联系。甲向人民法院起诉乙而不丧失胜诉权的最后日期是（　　　）。

  A. 2019 年 9 月 30 日   B. 2019 年 10 月 23 日

  C. 2020 年 2 月 5 日   B. 2020 年 2 月 14 日

  7. 诉讼时效因当事人一方提出要求而中断，下列哪一情形不能产生诉讼时效中断的效力？（　　　）

  A. 对方当事人在当事人主张权利的文书上签字、盖章的

  B. 当事人一方以发送信件或数据电文方式主张权利，该信件或数据电文应当到达对方当事人的

  C. 当事人一方为金融机构，依照法律规定或当事人约定从对方当事人账户中扣收欠款本息的

  D. 当事人一方下落不明，对方当事人在下落不明当事人一方住所地的县（市）级有影响的媒体上刊登具有主张权利内容的公告的

  8. 丙于 2018 年 9 月 10 日向丁借款 1 万元，双方约定借款期限为 1 年。1 年后，丙没有还款，但表示将在 1 个月内还清款项，丁表示应允。对此，下列说法中正确的有（　　　）。

  A. 丁请求丙还款的诉讼时效期间至 2022 年 9 月 10 日届满

  B. 丁请求丙还款的诉讼时效期间至 2022 年 10 月 10 日届满

  C. 丙在 1 个月内还款的表示引起时效期间的中断

  D. 丙在 1 个月内还款的表示引起时效期间的延长

  二、结合本项目原理，分析以下案例：

  1. 甲公司向乙公司催讨一笔已过诉讼时效期限的 10 万元货款。乙公司书面答复称："该笔债务已过时效期限，本公司本无义务偿还，但鉴于双方的长期合作关系，可偿还 3 万元。"甲公司遂向法院起诉，要求偿还 10 万元。乙公司接到应诉通知后书面回函甲公司称："既然你公司起诉，则不再偿还任何货款。"

  请问：乙公司是否需要偿还货款？

  ◇思考方向：《民法典》第 192 条第 1 款规定："诉讼时效期间届满的，义务人可以提出不履行义务的抗辩。"第 2 款规定："诉讼时效期间届满后，义务人同意履行义务的，不得以诉讼时效期间届满为由抗辩；义务人已自愿履行的，不得请求返还。"

  2. 2016 年 3 月 1 日，北京市某贸易公司（借款方）与某灭火设备公司北京办事处（出借方）签订了借款合同，贸易公司从设备公司处借到 15 万元整，双方约定于 2016

年 8 月 31 日前偿还全部借款及利息。借款到期后，设备公司北京办事处多次通过电子邮件、传真及电话向贸易公司催讨，最后一次追讨时间是 2017 年 12 月 29 日，贸易公司承诺 2018 年 2 月 1 日前履行债务，但实际上并未清偿欠款。设备公司遂于 2018 年 3 月 7 日向法院提起诉讼并被受理。

设备公司就该项借款主张权利的诉讼时效期间应当如何计算？

◇思考方向：

（1）确定本案适用哪一种类型的诉讼时效。

（2）确定其诉讼时效期间的起止时间。注意《民法通则》《民法总则》《民法典》的生效时间及其对同一问题的不同规定。

（3）考察在该诉讼时效进行过程中有无导致时效中止、时效中断的事实发生。

情境训练 诉讼时效的期间计算

情境案例

郭某与某房地产公司于 2015 年 11 月 25 日签订了《商品房购销合同》。合同约定房屋总价款为 450 万元，交房时间为 2016 年 3 月 31 日，交房后 90 日之内办理房产证；付款方式为分期支付，合同签订后 7 日内支付第一笔款项 180 万元，剩余款项付款时间为 2016 年 3 月 31 日，开发商逾期交房的，剩余款项在交房后支付。合同还对逾期付款及逾期交房的违约责任作了约定。合同签订后，郭某按时支付了第一笔款项，后开发商未能按约交付房屋，郭某由此也未支付尾款，其间郭某多次通过电话、短信、发邮件等方式联系开发商要求交房和支付违约金，开发商一直没有满足其要求，直到 2019 年 10 月才通知郭某收房付款和办理房产证。郭某办理了收房手续，但拒绝支付剩余款项，他认为房地产公司逾期三年交房之违约金已经超过剩余款项，因此主张两相冲减，开发商不同意其解决方案。郭某于 2019 年 12 月诉至法院，要求法院判定剩余款项与开发商违约金相冲抵。开发商认为，逾期交房的违约金是按日计算并支付的继续性债权，应从约定的交房之日起就每日发生的个别违约金债权单独计算诉讼时效，郭某主张的违约金有一部分已超过诉讼时效，只同意支付诉讼时效内的违约金，要求郭某付清其余房款。

训练目标

通过实训，使学生进一步理解诉讼时效的法律规定，掌握诉讼时效期间的计算方法，能够正确判断诉讼时效的起止时间，正确处理时效进行中出现的中止、中断等问题。

完成以下工作任务：

（1）确定本案适用的诉讼时效类型及其期间的计算方法，判断是否存在诉讼时效中止或者中断的法定事由。

（2）判断本案双方当事人的主张是否合法，列举其主要证据。

训练方法

1. 课堂讨论。针对案例由教师或者学生提出问题，由学生自主进行探讨、论证，教师进行辅导、点评。

2. 角色模拟。学生分组，每组 3~5 人，分别模拟郭某、房地产公司和法官，根据案情模拟当事人各自的主张和解决纠纷的过程。

训练步骤

步骤 1. 明确争论焦点。根据民法具体规定，判断本案双方当事人的主张是否合法，明确双方当事人的争论焦点，列举其主要证据，找到论辩的切入口。

步骤 2. 确定诉讼时效的起算点及期间的计算。以《民法典》为基础，结合论辩双方主张的案件事实要素，确定本案适用的诉讼时效类型及其期间的计算方法，判断是否存在诉讼时效中止或者中断的法定事由，逐一辨别案情的具体时间。

步骤 3. 提出诉讼代理意见。根据诉讼时效的相关理论及法律规定，结合具体法律规定的要求，在详细分析案中所涉及时间的基础上，形成严密的论证观点，进而提出自己的综合意见。

项目二　期限

引例

2020 年彭某向杨某购买一辆桑塔纳轿车，约定当年自 10 月 23 日起算 2 个月交车，具体交车日期是什么时候？如果这 2 个月期间是从当年 12 月 31 日起算，何日为交车之日？

基本理论

一、期限的含义

期限，指权利义务产生、变更和终止的时间。民事法律关系都有一个产生、变更和终止的过程，与时间有着密切关系。期限分为期日和期间。期日是指不可分或视为不可分的特定时间，如某年某月某日或某日。期间是指一定的时间段，即自某一时间点始至某一时间点止的时间段，如从 2017 年 5 月 17 日至 2020 年 5 月 17 日。期间表示时间长度中的"线"，与期日所表示的时间之"点"不同。

期限分为法定期限、指定期限和约定期限。法定期限是指由法律直接规定的期限，如时效期间即是。指定期限是指由法院或有关机关确定的期限，如法院或仲裁机关指定的债务履行期日或期间、宣告死亡的期日。约定期限是指当事人自行约定的期限，如附期限法律行为中所附的期限。

任何民事法律关系的发生、变更和消灭都在一定的时间内进行。没有期限，即不能确知和确定权利义务的产生、变更、消灭和持续的时间，因此，期限在民法上具有重要意义。具体而言，期限在法律上的意义主要表现在以下方面：①期限是确定民事主体权利能力和行为能力开始和终止的尺度；如出生之时为自然人民事权利能力开始之时。②期限是作出法律推定的根据，如失踪人下落不明的期间，即为作出宣告死亡推定的根据。③期限是确定权利的取得或丧失的根据，时效期间即有这种作用。④期限是行使权利和履行义务的时间段，如合同履行期限、保证期限等。⑤期限是法律行为效力的起点或终点，如附期限民事法律行为中的期限。

二、期限的确定和计算

（一）期限的确定

（1）规定日历上的某一具体时刻为期限。

（2）规定一定的具体时间段为期限。

（3）规定某一必然发生的事件的发生时刻为期限。

（4）规定以当事人提出请求的时间为期限。

（二）期限的计算方法

期日为不可分的特定时间点，不发生计算问题。期间为一定的时间段，存在计算方法问题。就期间的计算，有自然计算法和历法计算法两种方法。前者以实际的精确时间计算，以时、分、秒为计算单位；一天为 24 小时。后者以天为计算单位，以日历所定的日、月、年计算。自然计算法虽然较为精确，但不够简便，如用来计算长期间就不适宜。历法计算法虽然较为简便，但却有欠精确。依《民法典》的规定，我国民法的期间计算法兼采二者。

1. 以小时为单位的期间计算法

以规定时或约定时为起点，经过规定或约定的期间所达到的时为届满点。《民法典》201 条第 2 款规定："按照小时计算期间的，自法律规定或者当事人约定的时间开始计算。"

2. 以日、月、年为单位的期间计算法

《民法典》201 条第 1 款规定："按照年、月、日计算期间的，开始的当日不计入，自下一日开始计算。"按照年、月计算期间的，到期月的对应日为期间的最后一日；没有对应日的，月末日为期间的最后一日。期间的最后一天算至当日的第 24 时；有业务时间的，算至业务活动停止之时。最后一天为星期日和其他节假日的，以其次日为期间的最后一天。若星期日和其他法定节假日有变通，则以实际休假日的次日为期间的最后一天。这里所说的"节假日"是指国家统一规定的节假日，比如：星期六、星期日、国际劳动节、国庆节、春节等，但像妇女节、教师节等专为某一类人规定的节假日或某些民间节日，不包括在内。当事人非以月、年的第一天为起算点的，则一个月以 30 天计，一年以 365 天计。

期间以月、年计算的，期间届满日期为届满月或年相对应的日。如果届满没有相对应的日时，届满月的最后一天即为期间届满日。例如：法院于 11 月 30 日发出公告，宣布公告 3 个月后即发生法律效力，这里期间届满日期应是次年的 2 月 30 日，但是 2 月份只有 28 天，因此，期间届满日只能是 2 月 28 号。

在期限的计算中，有"以上""以下""以内""届满"用语的，均包括本数；有"不满""超过""以外"用语的，均不包括本数。当事人对期间的起算时间有约定的，从其约定。

引例分析

期间以月、年计算的，期间届满日期为届满月或年相对应的日。引例中彭某与杨某约定自 2020 年 10 月 23 日起算两个月交车，故交车之日应为届满月的对应日即 2020 年 12 月 23 日。如果该两个月期间系自 12 月 31 日起算，届满月应是次年的 2 月，届满月的最后一天即为期间届满日，2 月份只有 28 天，因此，期间届满日是 2 月 28 号，即交车之日是 2021 年 2 月 28 号。

相关法律规范

《中华人民共和国民法典》第 200~204、1259 条。

思考与练习

1. 下列关于民法期间、期日的表述中正确的有（　　）：

A. 规定按照小时计算期间的，从规定时开始计算

B. 规定按照日计算期间的，从规定日开始计算

C. 规定按照月计算期间的，从下一月开始计算

D. 期间的最后一天是星期六的，以星期六当日为期间的最后一天

2. 甲于 4 月 1 日与乙签订买卖合同，双方约定，乙应在合同订立之日起 6 个月内交货，交货时甲付款。关于合同履行期间的计算，下列说法中正确的有（　　）。

A. 期间从 4 月 1 日开始计算　　　　B. 期间从 4 月 2 日开始计算

C. 期间至 10 月 1 日届满　　　　　　D. 期间至 10 月 4 日届满

3. 《公司法》第 102 条第 1 款规定，"召开股东大会会议，应当将会议召开的时间、地点和审议的事项于会议召开 20 日前通知各股东"，此项期间如何计算？某股份有限公司于 2014 年 10 月 7 日通知各股东于同年 10 月 27 日上午 9 时召开股东大会，其召集程序是否违法？

◇思考方向：

注意"20 日前"的起止时间，判断"10 月 27 日"的 20 日前是哪一天，在此基础

上判断该公司召集程序的合法性。

拓展阅读

1. 高圣平："诉讼时效立法中的几个问题"，载《法学论坛》2015 年第 2 期。

2. 王轶："民法总则之期间立法研究"，载《法学家》2016 年第 5 期。

3. 房绍坤："诉讼时效停止制度的立法选择"，载《广东社会科学》2016 年第 1 期。

4. 吴奕锋："论侵害未成年人性自主决定权的特别时效制度——评《中华人民共和国民法总则》第 191 条"，载《法律科学（西北政法大学学报）》2018 年第 1 期。

参考文献

1. 周枏:《罗马法原论》,商务印书馆 1994 年版。

2. 史尚宽:《民法总论》,中国政法大学出版社 2000 年版。

3. 王泽鉴:《民法总论》,中国政法大学出版社 2001 年版。

4. 王利明主编:《民法》,中国人民大学出版社 2020 年版。

5. 王利明、杨立新、王轶、程啸:《民法学》,法律出版社 2017 年版。

6. 梁慧星:《民法总论》,法律出版社 2017 年版。

7. 郭明瑞主编:《民法学》,北京大学出版社 2011 年版。

8. 李仁玉主编:《民法原理与实务》,北京大学出版社 2002 年版。

9. 李开国主编:《民法原理与实务》,中国政法大学出版社 2002 年版。

10. 王利明主编:《中国民法案例与学理研究(总则篇)》,法律出版社 2003 年版。

11. 郭明瑞主编:《民法总论案例教程》,北京大学出版社 2004 年版。

12. 姚辉编著:《民法学原理与案例教程》,中国人民大学出版社 2007 年版。

13. 马特主编:《民法总则讨论教学教程》,对外经济贸易大学出版社 2006 年版。

14. 王利明主编:《合同法分则研究》,中国人民大学出版社 2013 年版。

15. 董安生:《民事法律行为》,中国人民大学出版 2002 年版。

16. 冯恺:《诉讼时效制度研究》,山东人民出版社 2007 年版。

17. [德]迪特尔·梅迪库斯:《德国民法总论》,邵建东译,法律出版社 2000 年版。

18. [德]卡尔·拉伦茨:《德国民法通论》,王晓晔等译,法律出版社 2012 年版。

19. 张新宝:《〈中华人民共和国民法总则〉释义》,中国人民大学出版社 2017 年版。

20. 杜万华主编:《〈中华人民共和国民法总则〉实务指南》,中国法制出版社 2017 年版。

21. 沈德咏主编:《〈中华人民共和国民法总则〉条文理解与适用》,人民法院出版社 2017 年版。

22. 中国审判理论研究会民商事专业委员会编著:《〈民法总则〉条文理解与司法适用》,法律出版社 2017 年版。

23. 中国审判理论研究会民商事专业委员会编著：《〈民法典〉条文理解与司法适用》，法律出版社 2020 年版。

24. 杨立新主编：《〈中华人民共和国民法典〉条文精释与实案全析》，中国人民大学出版社 2020 年版。